Thomas Zingelmann

Die Ausstellung

Ästhetik und Epistemologie des Zeigens

Meiner

Bibliographische Information der Deutschen Nationalbibliothek

Die Deutsche Nationalbibliothek verzeichnet diese Publikation in der Deutschen Nationalbibliographie; detaillierte bibliographische Daten sind im Internet über ‹http://portal.dnb.de› abrufbar.

ISBN 978-3-7873-4402-4
ISBN eBook 978-3-7873-4403-1

 Satz: mittelstadt 21, Vogtsburg-Burkheim. Druck und Bindung: Stückle, Ettenheim. Gedruckt auf alterungsbeständigem Werkdruckpapier, hergestellt aus 100 % chlorfrei gebleichtem Zellstoff. Printed in Germany. *www.meiner.de*

Inhalt

Meiner Lehrerin Sabine Butzlaff gewidmet

Einleitung

Ästhetik ist heute immer auch Alltagsästhetik. Das ist keine Selbstverständlichkeit.

Denn: Die Geschichte der Ästhetik ist auch eine Geschichte der Berührungsängste. Orientiert man sich an den drei großen Klassikern der Ästhetik – Alexander Gottlieb Baumgarten, Immanuel Kant und Georg Wilhelm Friedrich Hegel –, dann erscheint die Ästhetik als eine Disziplin, die ihren Gegenstandsbereich immer weiter verengte: von Wahrnehmung über Schönheit zu Kunst. Die Zuständigkeit der Ästhetik betraf dann nur noch einen geringen Ausschnitt möglicher Phänomene. So war Ästhetik schließlich synonym mit Kunstphilosophie.

Aber: Man hat es heute glücklicherweise mit einer Entwicklung der Ästhetik zu tun, die eine gegenläufige Tendenz nimmt: Ihr Gegenstandsbereich weitet sich konsequent aus. Damit werden Themen möglich, die die Klassiker noch nicht vor Augen hatten – zum Teil auch nicht vor Augen haben konnten, wie beispielsweise die Fotografie. Hat die Ästhetik danach gefragt, was ein künstlerisches Bild ist, fragt sie inzwischen, was überhaupt ein Bild ist. Damit werden Gegenstände für die Ästhetik interessant, die vorher keiner Beachtung gewürdigt wurden.

Wie kam es zu dieser Entwicklung? Genau genommen beginnt diese indirekt sogar schon mit Hegel, und zwar durch seinen Schüler Karl Rosenkranz. Dieser ist insbesondere durch seine *Ästhetik des Häßlichen* bekannt geworden. Es lassen sich womöglich auch schon früher Arbeiten in der Geschichte der Philosophie finden, die nicht eines der drei Kernthemen der Ästhetik betreffen, von denen man aber *avant la lettre* sagen würde, dass es sich um Ästhetiken handelt. Das Besondere an Rosenkranz ist jedoch, dass er es explizit macht. Es geht ihm dezidiert darum, das Hässliche als ein ästhetisches Phänomen aufzufassen. Wenn auch Rosenkranz dem Schönen noch normativ verhaftet bleibt, so ist es sein Verdienst, dass er den Zuständigkeitsbereich der Ästhetik wieder öffnet.

Mit Beginn des 20. Jahrhunderts vollzieht sich dann die Expansion der Ästhetik: Es entwickelt sich die systematische Einsicht, dass es nicht die Themen sind, über die sich die Ästhetik definiert. Damit wird die Perspektive möglich, dass Baumgarten eine Vermögens-, Kant eine Erfahrungs- und Hegel eine Objektästhetik geschrieben hat. Je nach Perspektive können spezifische Vermögen oder Handlungen, Erfahrungen und Objekte zum Thema einer Ästhetik werden. So gibt es heute eine kaum noch überschaubare Fülle an ästhetischen Themen. Das kann die schon angesprochene Hässlichkeit sein, das Erotische, das Gruselige oder gar das Langweilige. Aber auch Sammeln, Konsum, Sport und Autofahren werden zu Themen der Ästhetik. Film, Mode, Kitsch und Designgegenstände werden für die Ästhetik interessant, wenn nicht gar zu ihren eigentlichen Gegenständen. Kunstphilosophie ist jetzt hingegen ein Teilbereich der Ästhetik. Die Vielfalt der Gebiete zeigt, dass auch das Alltägliche als Besonderes thematisiert und erfahren werden kann.

Das vorliegende Buch rückt ein Thema für die Ästhetik in den Vordergrund, dem bisher nur selten Aufmerksamkeit geschenkt wurde: Ausstellungen. Ausstellungen werden vornehmlich in Bezug zum (Kunst-)Museum thematisch. Aber so wie sich Kunst und Bild zueinander verhalten, lässt sich dies auch von Museum und Ausstellung sagen: So wie nicht jedes Bild ein Kunstwerk ist, ist auch nicht jede Ausstellung eine Museumsausstellung. Der Anspruch besteht darin, eine Bestimmung dessen zu geben, was eine Ausstellung ist und wie sie einen Erkenntniswert haben kann. Es geht darum, die logischen Bedingungen zu klären, unter denen eine Ausstellung zu einer Ausstellung wird. In diesem Sinn lässt sich auch sagen, dass sich das Buch die Aufgabe stellt, eine formale Ästhetik der Ausstellung zu begründen. Unter dieser Perspektive wird es möglich, den gesamten Bereich von Ausstellungen und Grenzphänomenen abzustecken und zu prüfen, welche Rolle Ausstellungen für Erkenntnis haben.

Die Ästhetik als Alltagsästhetik ermöglicht es, das Selbstverständliche, Routinierte und Unauffällige als bedeutsam für Selbst- und Weltbezug auszuweisen.

1. Ausstellung und Erkenntnis: ein selbstverständlicher Anspruch?

a) Das Selbstverständnis im Ausstellungswesen

Der Ausstellungsmacher Joachim Baur spricht in seinem Artikel »Ausstellen. Trends und Tendenzen im kulturhistorischen Feld« davon, dass, »wo auch immer wir unsern Schritt hinsetzen, [...] wir auf eine Ausstellung von irgend etwas« stoßen.[1] Wenn auch überspitzt formuliert, trifft Baur den Zeitgeist: Ausstellungen sind weitverbreitet und erfreuen sich immer größerer Beliebtheit bei Publikum und Organisatoren. Dies lässt sich gut an der Entwicklung des Museums nachvollziehen: Das Museum ist der Ort der Aufbewahrung und Erforschung einer Sammlung, welche oft als Dauerausstellung präsentiert wird. Seit der zweiten Hälfte des 20. Jahrhunderts geht der Trend allerdings in die Richtung, das Museum als Gastraum für Wechsel- und Wanderausstellungen zu nutzen, wohingegen die Sammlung als Dauerausstellung vermehrt in den Hintergrund rückt. Diese Entwicklung hänge, so Baur, hier exemplarisch für das Kunstmuseum, eng damit zusammen, dass sich das Museum nach dem Zweiten Weltkrieg dahin entwickelt habe, auch gegenwärtige Kunst zu präsentieren, und es damit zu einer Aufgabenverschiebung »weg vom Sammeln, Konservieren und Erforschen hin zum Ausstellen, Kuratieren und Vermitteln« gekommen sei.[2] Laut Wolfgang Ullrich haben wir es seit den 1960ern mit einem »Zeitalter des Ausstellens«[3] zu tun. Mit dieser Entwicklung verschob, oder besser gesagt: erweiterte sich auch das Publikum und insbesondere richtete sich das Museum damit vermehrt auf ein breites Publikum aus.[4] Man kann Baur in der Rede vom »Ausstellungsspektakel«[5] nur zustimmen: Die Ausstellung »Vernichtungskrieg. Verbrechen der Wehrmacht 1941 bis 1944« des *Hamburger Instituts für Sozialforschung* unter Leitung von Jan Philipp Reemtsma polarisierte seinerzeit in beträchtlichem Maße und stieß eine gesellschaftliche Debatte an, die ihren Gipfel am 13. März 1997 in einer Sitzung zur aktuellen Stunde im Bundestag erreichte. Aber auch die Erschließung neuer Räume und Orte für Ausstellungen abseits des Museums rechtfertigt die Rede vom Spektakel: Erinnert sei beispielsweise an die Ausstellung »mittendrin. Sachsen-Anhalt in der Geschichte«[6], welche im ehemaligen Kraftwerk Vockerode stattfand.

Abseits thematischer Polarisierung und der Erschließung neuer Terrains kann man sich fragen, warum Ausstellungen eben diesen Stellenwert haben und so weitverbreitet sind. Ullrich fasst für die Kunst zusammen, was man auch als übliche Begründung für Ausstellungen lesen könnte: »Extreme Emotionen ließen sich ausgleichen und Integrationsfortschritte erzielen, ja Kunst könne sinnstiftend wirken, zu Seelenheil und zu kognitiven Mehrleistungen führen«[7]. Baur spricht vom Ausstellen als einer »grundlegenden Kulturtechnik«[8]. Ullrich konstatiert, dass man dazu neige, »Ausstellungen selbst die Veranschaulichung komplizierter Thesen zuzutrauen – und daher auch zuzumuten«[9]. Damit macht er auf einen Umstand aufmerksam, der auch in diesem Buch im Mittelpunkt steht: Ausstellungen liegen häufig Thesen oder Fragestellungen zugrunde, die sie durch die Praxis des Ausstellens zu beweisen, zu belegen oder zu erörtern versuchen. Ausstellungen verfolgen neben ihrer vermittelnden Funktion oft inzwischen auch eine explizit epistemische: Ausstellungen werden als Mittel zur Generierung von Erkenntnis angesehen. Dies ist insoweit besonders, als es den üblichen Anspruch, nämlich den, ein Lern- und Vermittlungsort zu sein, übersteigt und sich stattdessen als Ort der Erkenntnisgewinnung versteht. So spricht u.a. Alexandra Nöcke in ihrem Ausstellungsentwurf *50 Jahre Deutschland – Israel – Menschliche Beziehungen* explizit von der Ausstellung als »Erkenntnisort«[10]. Es geht also vielerorts nicht mehr darum, ein gesichertes Wissen weiter zu vermitteln, sondern überhaupt erst Wissen mit den Mitteln des Ausstellens zu produzieren: »Das Museum soll Ort der Besinnung und der Erkenntnis durch historische Erinnerung sein. Es soll informieren, die Besucher darüber hinaus zu Fragen an die Geschichte anregen und Antworten auf ihre Fragen anbieten.«[11] So lautet ein Auszug aus der Konzeption der Sachverständigenkommission für das *Deutsche Historische Museum* in Berlin aus dem Jahr 1987. Diese Sachlage lässt sich auch daran erkennen, dass es üblich ist, davon zu sprechen, dass eine Ausstellung eine These vertritt oder behauptet. Man hat es hierbei mit einem weitverbreiteten Verständnis von der Praxis des Ausstellens zu tun, dem man in Ausstellungstexten oder auch Rezensionen immer wieder begegnet. Martin Warnke beispielsweise leitet seine Rezension der Ausstellung »Macht zeigen – Kunst als Herrschaftsstrategie« mit den Worten ein: »Die Ausstellung hat eine klare These«[12]. Aber auch die wiedereröffnete – und hier schon erwähnte – Wehrmachtsausstellung wird in einer Rezension im *Stern* wie folgt betitelt: »Neue Ausstellung mit alter These«[13]. Diese Sätze mögen trivial erscheinen, da sie in unserem Alltagsverständnis übliche Formulierungen sind, die allerdings eine nicht zu unterschätzende Tragweite haben. Der Umstand lässt sich als epistemische Potenzierung des Ausstellens beschreiben.

Im Folgenden soll diesem Selbstverständnis nachgegangen werden, indem einige prototypische Selbstverständnisse, -beschreibungen und -behauptungen rekonstruiert werden. Was hat es damit auf sich, wenn das Museum in Relation zu Wissen, Erkenntnis und Bildung gesetzt wird? Welche sind die konkreten epistemischen Behauptungen über die Funktion des Museums? Was genau am Museum soll den epistemischen Wert garantieren? Lassen sich die Behauptungen epistemologisch typologisieren?

Museum und Erkenntnis

Was sich jedoch anhand all dieser Diskussionen feststellen lässt, ist, dass Rolle und Funktion des Museums inzwischen in überwältigendem Maße fast ausschließlich in Relation zu epistemischen Zwecken gedacht werden, ob diese nun als Wissen, Erziehung, Bildung oder Erkenntnis bezeichnet werden. Ganz gleich, ob es sich dabei um Ausstellungskataloge, -ankündigungen oder -flyer handelt: Es lässt sich kaum noch ein Museum finden, das nicht mit einer seiner Ausstellungen einen epistemischen Zweck zu erfüllen versucht. Andere Funktionen werden diesem untergeordnet. Die Unterhaltung wird der Bildung beispielsweise dienstbar gemacht. So bewirbt das *DDR Museum Berlin* seine Ausstellung damit, dass sie zeige, dass Geschichte nicht langweilig sein müsse.[14] Oft hegen Museumsausstellungen den Anspruch, die Besucher über ein bestimmtes Thema zu informieren, indem sie Positionen, Meinungen, Objekte hierzu sammeln und zur Schau stellen. So bespricht man im Geschichtsunterricht in der Regel die deutsche Teilung und vielleicht besucht man im Rahmen einer Exkursion das *DDR Museum Berlin*. Die Vermittlung von Wissen über die DDR wird hier über die Interaktion oder mindestens die Zurschaustellung von typischen Objekten des – einmal mehr, ein andermal weniger – alltäglichen Lebens zu erreichen versucht. Ein Wissen soll also über den Umgang mit den Objekten generiert werden, etwa ein Wissen darüber, wie so ein Alltag wohl ausgesehen sein muss, beispielsweise durch die simulierte Fahrt mit einem *Trabant P 601*. Viele der Exponate werden von Texten begleitet, die die Objekte erklären und kontextualisieren. Sofern möglich, soll der Besucher dann mit diesen interagieren. So oder so ähnlich sind viele Museumsausstellungen organisiert, um Besuchern Wissen zu vermitteln – ob es sich nun um Naturgesetze, Alchimie, Knöpfe, Bienen, Barockmalerei oder die Geschichte des Buchdrucks handelt. Vornehmlich sollen Ausstellungen aber nicht mehr nur als Vermittlungsinstitution wissenschaftlicher Erkenntnisse gelten, sondern Erkenntnis selber mit den eigenen Mitteln generieren.

Ein Beispiel: Die Ausstellung »Making van Gogh. Geschichte einer deutschen Liebe« des *Städel Museums* bietet nicht nur eine Schau von Werken van Goghs: Darüber hinaus liegen ihr einige Fragen zugrunde: »Wie kam es, dass van Gogh gerade in Deutschland so populär wurde? Wer engagierte sich für sein Werk und wie reagierten die Künstler auf ihn?«[15] Das Besondere – und eben auch Prototypische – ist nun folgende Aussage: »Die Ausstellung zeigt van Gogh als Schlüsselfigur für die Kunst der deutschen Avantgarde und leistet damit einen entscheidenden Beitrag zum Verständnis der Kunstentwicklung in Deutschland zu Beginn des 20. Jahrhunderts.«[16] Die Ausstellung zeigt also nicht nur die Werke, sondern etwas über die Werke van Goghs hinaus. Es handelt sich also nicht um eine Ausstellung der Werke van Goghs, sondern um eine Ausstellung *über* die Werke van Goghs. Zeigen bedeutet hier belegen, beweisen oder begründen. Der Einfluss van Goghs soll durch Gegenüberstellung seiner Werke mit beispielsweise denen von Max Beckmann und Ludwig Kirchner belegt werden. Ob der Besucher von dieser These überzeugt wird, hängt davon ab, ob sie visuell evident begründet werden kann. Die Exponate beziehungsweise ihre Gegenüberstellungen werden so verwendet, als ob sie Argumente wären. Die These soll bewiesen werden, indem bestimmte Dinge auf eine bestimmte Weise gezeigt werden.

Ein anderes prototypisches Beispiel: Es hat wohl nur selten im Ausstellungswesen so ein Spektakel gegeben wie jenes, das die beiden Fassungen, aber insbesondere die erste Fassung der Wanderausstellung »Vernichtungskrieg. Verbrechen der Wehrmacht 1941 bis 1944« begleitet hat. So tourte die Ausstellung durch 34 Städte und konnte in den Jahren 1995–1999 ca. 900 000 Besucher anlocken, dabei wurde die Ausstellung jeweils mit der Rede einer bekannten Persönlichkeit eröffnet. Über die Beteiligung an und Initiierung von Kriegsverbrechen durch die deutsche Wehrmacht während des Zweiten Weltkriegs lagen bis zu den Neunzigerjahren die Ergebnisse ausführlicher Forschungen und genügend Beweise vor. Gleichwohl glaubte die deutsche Öffentlichkeit in weiten Teilen nach wie vor an den Mythos von der »sauberen Wehrmacht«[17]. Um diesen Mythos in der Öffentlichkeit zu widerlegen, organisierte das Hamburger Institut für Sozialforschung besagte Ausstellung, die sich inhaltlich vor allem auf Verbrechen während des deutschen Überfalls auf die Sowjetunion konzentrierte. Das öffentliche politisch-publizistische Echo ist bis heute unerreicht: Es wurden teilweise Großanzeigen in Zeitungen geschaltet, um die Menschen von einem Besuch abzuhalten. In Bremen zerbrach beinahe die große Koalition aus CDU und SPD wegen der Eröffnung der Ausstellung, die erst aufgrund eines Senatsbeschlusses eröffnet werden konnte. Es kam sogar so weit, dass 1997 der Bundestag zweimal über diese Ausstellung debattierte. Begleitet wurde die Ausstellung auch immer wieder von Gegendemonstrationen durch Rechtsextreme. Trauriger Höhepunkt der Rezeption war ein Sprengstoffattentat 1999 in Saarbrücken. Kritik kam allerdings auch aus den Geschichtswissenschaften, die sowohl die Quellen selbst als auch den Umgang mit ihnen kritisierten, was dazu führte, dass die Ausstellung überarbeitet wurde und 2001 unter dem Titel »Verbrechen der Wehrmacht. Dimensionen des Vernichtungskrieges 1941–1944« auf erneute Wanderschaft ging.[18]

Beide Ausstellungen waren strukturell nicht die ersten ihrer Art, aber sie können als prototypisch gelten: Die Ausstellungen versuchen mit ihren Mitteln jeweils eine Position zu begründen oder zu beweisen. Diese Position wird insofern durch die Mittel des Ausstellens begründet, als die Ergebnisse wissenschaftlicher Forschung gesammelt und in Beziehung zueinander gesetzt werden. Die Ausstellungen wollen also nicht nur Ergebnisse der Wissenschaft präsentieren – denn dann könnte man auch wissenschaftliche Beiträge lesen. Was sie besonders macht, ist, dass sie den Anspruch vertreten, die Besucher nicht nur über den Ausstellungsgegenstand zu informieren, sondern darüber hinaus auch eine eigene These zu begründen: Die Verbrechen der Wehrmacht waren keine Einzelfälle, Verzweiflungstaten oder Ähnliches, sondern sie fanden systematisch statt; die Wehrmacht war an der Planung und Durchführung des Holocaust beteiligt; die Beteiligung ging nicht von einzelnen Menschen, sondern ganzen Truppenteilen aus und stieß kaum auf Widerstand; Antisemitismus und Rassismus waren weit verbreitet in der Wehrmacht; häufig wurden Befehle gegeben, die zu Kriegsverbrechen aufriefen – und auch oftmals ausgeführt wurden –; beabsichtigt war die Vernichtung der osteuropäischen Bevölkerung. Die zweite Fassung der Ausstellung legte den Fokus insbesondere auf die Zerschlagung des Mythos, dass die Soldaten und Offiziere nicht anders hätten handeln können. Es konnte gezeigt werden, dass sie, wenn sie einen Befehl verweigert hätten, lediglich mit einer Versetzung hätten rechnen müssen. Es ging den Ausstellungen um zweierlei: Zum einen sollten die Ergebnisse wissenschaftlicher Arbeiten der Öffentlichkeit zugänglich gemacht werden und zum anderen wollten beide Ausstellungen selbst eine These unter Beweis stellen. Die Ausstellungen versammelten wissenschaftliche Ergebnisse zu einzelnen Orten, Tätern, Daten und Ereignissen und versuchten somit den totalitären Terror der Wehrmacht aufzuzeigen. Damit ging der Anspruch über reine Vermittlung hinaus: Sie zeigten, wie systematisch die Verbrechen der Wehrmacht angelegt waren.

Diesen Anspruch findet man bereits 1923 und womöglich auch schon früher: Ernst Friedrich gründete in diesem Jahr das *Anti-Kriegs-Museum*, das durch das Zeigen von Bildern der Folgen und Konsequenzen des ersten Weltkrieges die Besucher vom Grauen des Krieges überzeugen und damit zu einem pazifistischen Wandel beitragen wollte. Ein pazifistisches Weltbild war zu dieser Zeit keine Selbstverständlichkeit, was die vielen Anfeindungen und Prozesse gegen Friedrich wegen seiner pazifistischen Bestrebungen zeigen. Im Jahr 1924 erschien das Buch *Krieg dem Kriege*, das das Material von Friedrichs Sammlung präsentiert, wie sie in seinem Museum ausgestellt war. Friedrich war insbesondere der Meinung, dass Bilder der Überzeugung mehr dienten als Worte.[19]

Prototypisch sind diese Beispiele deswegen, weil sich unzählige Ausstellungen an diesem Format orientieren: Es sollen eigene Thesen und Aussagen vorgebracht und begründet werden. Hierin liegt der epistemische Anspruch. Schaut man sich unterschiedliche Ausstellungskonzepte und -selbstverständnisse an, dann stößt man darauf, dass Ausstellungen zeigen, darstellen, vergegenwärtigen, etwas ermöglichen, inszenieren, hinterfragen, vermitteln, Thesen aufstellen, Antworten suchen, sich Antworten annähern, erzählen, sich mit etwas auseinandersetzen, etwas betrachten, nach Definitionen suchen, etwas deutlich machen, etwas augenfällig machen, etwas evozieren, Labore sind, ästhetische Erfahrung ermöglichen, Experimente erzwingen, Forschungsplattformen sind, Versuchsanordnungen sind, etwas zu erkennen geben, etwas erfahrbar machen und etwas dokumentieren sollen. Es gibt also zwar unzählige unterschiedliche, aber doch jeweils epistemische Selbstverständnisse. Zur Klarstellung: Immer wieder wird betont, dass es nicht die Ausstellungstexte sein sollen, die den spezifischen epistemischen Wert ausmachen.[20] Der Erkenntniswert der Ausstellung soll vielmehr in der Praxis, also im Umgang mit oder dem Zeigen von Exponaten liegen. So auch das Selbstverständnis des Studienprogramms *Kulturen des Kuratorischen* der *Hochschule für Grafik und Buchkunst Leipzig*: »Das Kuratorische versteht sich [...] als eine kulturelle Praxis, die über das Ausstellungmachen selbst deutlich hinaus geht und sich zu einem eigenen Verfahren der Generierung, Vermittlung und Reflexion von Erfahrung und Wissen entwickelt hat.«[21]

Ein großer Fundus für diese Form epistemischer Ansprüche an das Ausstellen bietet in Form von Selbstverständnissen der Band *Themen zeigen im Raum* des Deutschen Hygiene-Museums Dresden. Das Kapitel »Reflexionen. Kuratorische und gestalterische Praktiken des Ausstellens« beinhaltet viele verschiedene Zusammenfassungen verschiedener Kuratoren und Kuratorinnen über erfolgte Ausstellungen sowie Interviews, Stellungnahmen und Diskussionen hierzu. Der Titel dieses Kapitels ist doppeldeutig: Er meint nicht nur Reflexionen über das Ausstellen, sondern behauptet, dass das Ausstellen eine reflektierende Praxis sei. Das DHMD möchte durch seine Ausstellungen Standpunkte beziehen, ja sie mit den Ausstellungen begründen. Damit geht seinem Selbstverständnis nach auch einher, mit den Exponaten selbst zu argumentieren.[22] Das DHMD ist dabei der Überzeugung, dass Ausstellungen anderen medialen Aufbereitungen zu einem Thema gegenüber, wie etwa einem Buch oder einer Reportage, ein Mehrwert zukommt, indem durch das Ausstellen ein Thema auf eine besondere Art erschlossen werden kann. Demgemäß stehe vor jeder Ausstellung die Frage: »Muss es eine Ausstellung sein?«[23] Dass Ausstellungen in dieser Hinsicht ein epistemischer Mehrwert zukomme, versuchen die einzelnen Zusammenfassungen deutlich zu machen, was im Folgenden anhand einiger Beispiele rekonstruiert wird.

Bodo-Michael Baumunk spricht in seiner Zusammenfassung der Ausstellung »Darwin und Darwinismus. Eine Ausstellung zur Kultur- und Naturgeschichte« davon, dass Ausstellungen »am Ende ganz andere Akzente, oft sogar wortlos-selbsterklärende Pointen anstelle der ursprünglich beabsichtigten«[24] setzten. Was eine wortlose Pointe sein soll, darüber wird nichts gesagt, lediglich dass die Ausstellung dies bewiesen habe und die Exponate nicht bloß Veranschaulichungsmaterial für Thesen seien. Annette Lepenies, Kuratorin der Ausstellung »Alt & Jung. Das Abenteuer der Generationen«, ist der Meinung, dass Ausstellungen »nicht die ›Wahrheit‹ eines Themas, sondern jeweils bestimmte Interpretationen davon«[25] präsentieren. Die Ausstellung ist ihrer Ansicht nach ein »Lernort«[26], der sich allerdings dadurch auszeichne, dass die Besucher ihr Wissen »›konstruieren‹«[27], da die Ausstellung eben keine Geltungshoheit beanspruche.

Die Ausstellung »Der Neue Mensch. Obsessionen des 20. Jahrhunderts« von Nicola Lepp versuchte »die Arbeit am Menschen im 20. Jahrhundert«[28] zu thematisieren. Interessant, insbesondere in epistemologischer Hinsicht, ist, dass diese Ausstellung um »eine nicht vorrangig sprachliche, sondern visuelle Argumentation«[29] bemüht war. Diese Form des Ausstellens zeichne sich dadurch aus, dass »das Erzählen mit den Dingen sich vom sprachlich-logischen

Erzählen dadurch [unterscheidet], dass es auf diese Kontextualisierung durch andere Dinge angewiesen ist«[30]. Eine klare Aufgabenstellung hatte die Ausstellung »Kosmos im Kopf. Gehirn und Denken«: Es »sollten herkömmliche Denkweisen aufgebrochen und neue Formen der Wissens- und Erkenntnisgewinnung initiiert werden«, indem »traditionelle Wissenskonzepte«[31] hinterfragt wurden. Einen anderen Weg, Besucherinnen und Besucher von etwas zu überzeugen, ging die Ausstellung »Kraftwerk Religion. Über Gott und die Menschen«, da sie sich zum Ziel setzte, dass der Besucher »beim Gang durch die Ausstellung vielleicht manche sicher geglaubte Wahrheit«[32] aufgeben sollte. Es ging hier also darum, spezifische Meinungen als falsch zu überführen. Die Ausstellung »Images of the Mind. Bildwelten des Geistes aus Kunst und Wissenschaft« stellte einen besonderen Anspruch an die Besucher: Die szenografische Gestaltung der Ausstellung sollte die »sinnlichen Erkenntnismöglichkeiten«[33] ansprechen: »Die Szenografie leitet die Besucher*innen durch die Ausstellung und vermittelt ihnen fühlbare Erkenntnis.«[34] Einen äußerst engagierten Anspruch vertrat die Ausstellung »tanz! Wie wir uns und die Welt bewegen«: Die Ausstellung »war ein Versuch, die Grenzen musealen Ausstellens zu überschreiten und durch Einbindung weiterer Erkenntniswege die Dominanz des Sehens zu überwinden«[35].

Die Aufzählung ließe sich problemlos weiterführen. Es ließe sich nun einwenden, dass das Hygiene-Museum ein spezifisches Ausstellungskonzept verfolgt, das einem Ausstellen zuzuordnen ist, dass eben einen epistemischen Anspruch erhebt. Sicherlich versteht sich das Hygiene-Museum als »Diskursort«, jedoch lassen sich auch genügend Ausstellungen finden, welche darum bemüht sind, die affektive Dimension der Besucher anzusprechen. Und dieser Punkt sollte nicht unterschlagen werden: Nicht jede Ausstellung stellt sich eine epistemische Aufgabe. Ausstellen bedeutet nicht per se Erkenntnis generieren. Jedoch: Diese funktionelle Verknüpfung findet man immer häufiger und das DHMD ist ein prototypisches Beispiel, welches diesen Anspruch institutionell verankert hat. Der Philosoph und Kurator Daniel Tyradellis fasst zusammen: »Jede Ausstellung ist der Versuch einer Antwort. […] Ihr kleinster gemeinsamer Nenner ist, unter der Vorgabe mindestens eines der vier ›E‹ – Erkenntnis, Erziehung, Erinnerung und Erbauung – Räume mit unterschiedlichsten Dingen zu füllen.«[36] Tyradellis ist es auch, der an der Schnittstelle zwischen Ausstellungswesen und -theorie ein vehementer Vertreter des epistemischen Potentials von Ausstellungen ist: In seiner 2014 erschienen Monografie *Müde Museen. Oder: Wie Ausstellungen unser Denken verändern können* versucht er zu begründen, dass das Museum oder die Ausstellung »Ort genuiner Wissensproduktion«[37] ist. Aber: »Ausstellungen sind Denken im Raum. Nach dem bisher Dargestellten dürfte klar sein, dass damit weniger eine Realität als ein Anspruch formuliert ist.«[38] Tyradellis – dazu wird im dritten Kapitel mehr zu sagen sein – spricht gar von einer eigenen Wissensart, die die Ausstellung konstituiere: »Das Wissen und das heißt: das Anders-Denken, entsteht aus dem Umgang mit den Dingen und mit den Wahrnehmungsweisen der Besucher. Ein solches Tun ist nicht theoretisch simulierbar; es erschöpft sich nicht in der Übersetzung existierenden Wissens, sondern stellt ein Wissen eigener Art dar«[39].

Diese Struktur – und darum soll es hier gehen und nicht darum, inwieweit diese Ansprüche jeweils erfüllt werden – lässt sich in gegenwärtigen Ausstellungen zuhauf wiederfinden. Es ist der Versuch, ein Thema mit den Mitteln des Ausstellens zu erschließen und eine Antwort oder auch Position zu begründen. Man ist also vermehrt der Auffassung, dass der (Museums-)Ausstellung die Rolle zukommt, auf verschiedene Weisen eine epistemische Institution für die Gesellschaft zu sein – analog zur Wissenschaft. Bis hierhin sollte ein Ausschnitt der Selbstverständnisse, die sich im Ausstellungs- und Museumswesen finden lassen, gegeben werden. Diese Behauptungen lassen sich inzwischen aber auch in Forschungsbeiträgen finden. Man findet hier eine regelrechte epistemische Potenzierung der Ausstellungen. Im Folgenden wird ein Überblick über den gegenwärtigen Stand der Debatte um das epistemische Potential der (Museums-)Ausstellung gegeben.

b) Die Behauptungen in der Forschung

Die Behauptung, dass Ausstellungen epistemisch relevant seien, lässt sich nicht nur in den Selbstverständnissen des Ausstellungs- und Museumswesens finden, sondern auch in der Fach- und Forschungsliteratur: Seit den 1990ern erscheinen vermehrt Monografien, Sammelbände oder Beiträge, die dieses Verhältnis thematisieren oder zumindest schneiden. Von einer regelrechten Debatte lässt sich aber nur schwerlich sprechen. Es sind doch eher historische, pädagogische oder gestalterische Aspekte von Ausstellungen, die in der Forschungsliteratur vor allem besprochen werden. Theorien im Sinne philosophischer Begriffsarbeit markieren dabei nur einen marginalen Teil, da dieses Forschungsfeld philosophisch bisher kaum erschlossen ist. Dementsprechend muss, wer dem Verhältnis von Ausstellung und Erkenntnis nachgehen will, vornehmlich im Bereich der Museumsforschung recherchieren. Dort wird deutlich, dass zwischen den Ansprüchen von Museumsausstellungen und der Geschichte des Museums ein enger Zusammenhang besteht.

Funktionswandel des Museums

Das Selbstverständnis, das dem im Jahr 2018 erschienenen Band *Themen zeigen im Raum* des Deutschen Hygiene-Museums in Dresden zugrunde liegt, steht prototypisch für diesen Trend in der Museums- und Ausstellungslandschaft überhaupt: Das Museum ist »ein Ort gesellschaftlicher Selbstreflexion«[40]. Auch wird festgestellt, dass es aufgrund der Vielfalt der Museumslandschaft immer schwieriger wird, eine Definition der Institution Museum aufzustellen. Diese Behauptung wird evident, wenn man sich vor Augen hält, welches Spektrum an Themen und Ausrichtungen angeboten wird: Neben den klassischen Kunst- und Technikmuseen finden sich vermehrt auch Heimat- und Spezialmuseen wie das Bratwurstmuseum, das Artistenmuseum, das Knopfmuseum, das Bienenmuseum, das Regenschirmmuseum, das Zusatzstoffmuseum oder auch das Spielkartenmuseum. Es gibt kein Thema, das nicht musealisiert werden könnte. Die Geschichte und Ausdifferenzierung des

Museums ist hierbei wissenschaftlich gut erschlossen und schon seit den 1980er Jahren fester Bestandteil der Forschung. Die Zahl der Studiengänge und Lehrstühle, welche sich weitestgehend auf Museen spezialisieren, ist in den letzten Jahren angewachsen. Es sprechen also strukturelle und institutionelle Gründe dafür, dass das Museum als Forschungsthema weiterhin und zunehmend von Interesse ist.[41] Wissenschaftliche Debatten haben gezeigt, wie bedeutsam und anschlussfähig das Thema ist. Die Zahl der Beiträge zum Museum als wissenschaftlichem Gegenstand ist kaum noch überschaubar. Sicher ist: Es gibt Fragestellungen und Probleme, die mehr und intensiver diskutiert werden als andere, und damit auch eher Kernthemen der wissenschaftlichen Forschung zum Museum. Darunter fällt nach wie vor sicherlich die Frage, ob das Museum eher ein Ort der Reflexion oder der Unterhaltung ist.[42] Aber auch pädagogische und didaktische Fragen und Probleme stehen oft im Zentrum der Forschung, weil gesamtgesellschaftliche Entwicklungen neue Konzepte erfordern, beispielsweise im Zusammenhang mit der Digitalisierung.[43] Besser formuliert: Wenn man sich einen Überblick verschafft hat, dann zeigt sich, dass es pädagogische, szenografische und didaktische Arbeiten sind, die das Gros der Museumsforschung ausmachen. Arbeiten aus diesen Bereichen bilden ein oft zwiespältiges Genre, da sie versuchen, den Spagat zwischen wissenschaftlicher Literatur und Anleitung zu schaffen.[44] Hat man es hier noch mit Themen zu tun, die das Museum im Allgemeinen und in seiner Gegenwart betreffen, differenziert sich die Vielfalt der Themen ins Unendliche aus, sobald man die verschiedenen Museumstypen in Betracht nimmt. Denn es handelt sich nicht nur um allgemeine, kategoriale Abhandlungen zum Museum[45], sondern es geht oftmals um spezifische Museumstypen[46] – Kunst-, Technik-, Geschichts- und Amateurmuseum beispielsweise – oder um bestimmte Museen[47] oder bestimmte Museumsausstellungen[48]. Nimmt man dann noch angrenzende Bereiche hinzu, wie das Science Center, die Wunderkammer und das Schaudepot[49], dann wird es rasch unübersichtlich.

Neben diesen museumsspezifischen Arbeiten, also zu allem, was Museen als Museen betrifft, gibt es allerdings auch noch Beiträge – und hier bewegt sich ein Großteil der aktuellen Veröffentlichungen –, die das Museum in Bezug zu anderen Themen setzen.

Es geht dann darum, welche Rolle das Museum in Relation zu Politik, Gesellschaft, Bildung, Erziehung und Kunst spielt.[50] Das Museum wird insbesondere als vergesellschaftende Instanz identifiziert.[51] Ausgehend von den Postcolonial Studies steht hierbei zur Debatte, inwieweit Museen durch ihre Sammlungen und deren Präsentationen Diskriminierung und Rassismus begünstigen oder reproduzieren.[52] Darüber hinaus wird auch diskutiert, welche Möglichkeiten Museen haben, um zur Demokratisierung beizutragen und die Integration der Bürger zu unterstützen.[53]

Diese thematische Vielfalt im Bereich Museum ist sicherlich kein Alleinstellungsmerkmal. Man kennt dies auch aus anderen Bereichen wie Sprache, Raum, Körper oder Bild. Von einem *museal turn*[54] zu sprechen, ist der Sache daher nicht angemessen, wenn auch das Museum mit all seinen Aspekten mehr und mehr in den Fokus der Forschung rückt. Dass das Museum dann der Ausgangspunkt für grundlegende Forschungsfragen sein soll, ja gar der unhintergehbare Horizont für das In-der-Welt-Sein oder das Denken[55], wie etwa die Sprache beim *linguistic turn*, ist vermessen. Denn es gibt Kulturen, die keine Museen haben, aber doch in der Welt sind.

Man kann es so formulieren: Die Funktionen, die dem Museum zugesprochen werden, sind vielfältig. Üblicherweise werden dem Museum drei grundlegende Aufgaben zugeteilt: das Sammeln, Bewahren und Ausstellen.[56] Hinsichtlich der Ausstellungsfunktion wird dann weiter ausdifferenziert. Typisch ist etwa folgende Forderung: »Ausstellungen sollen unterhalten, bilden und neue Erkenntnisse vermitteln.«[57] Der Ausstellung werden also auch unterschiedliche Funktionen – hier im Verbund – zugesprochen. Diese lassen sich dann weiter zergliedern, denn Unterhaltung und Bildung lässt sich auf verschiedene Weisen bewerkstelligen und verstehen.

Abseits dieser thematischen und funktionellen Vielfalt fällt jedoch auf, dass ein bestimmtes Thema verhältnismäßig konstant seit rund 40 Jahren von Interesse ist: In welcher Relation steht das Museum zur Erkenntnis? Auf welche Art erfüllt das Museum oder die Museumsausstellung eine epistemische Funktion? Nach der Rolle der Erkenntnis im Museum fragt etwa Bernadette Collenberg-Plotnikov: »Ist das Museum vor allem ein Ort der Dokumentation, der Gewinnung und Zirkulation wissenschaftlicher

Erkenntnis? Wandelt sich die Erkenntnisfunktion des Museums? Ist die Erkenntnisfunktion gefährdet, wenn Museen zunehmend einem Bedürfnis nach Unterhaltung zu entsprechen suchen?«[58]

Es ist insbesondere der Tagungsband *Das Museum. Lernort contra Musentempel*[59] aus dem Jahr 1976, der für nachhaltigen Furor in der Museumsdebatte sorgte, da er bereits im Titel die beiden womöglich kaum zu vereinbarenden Hauptpositionen nennt. Aber schon in dieser Debatte zeichnet sich ein Trend ab – oder begründet ihn vielleicht sogar –, der heute maßgeblich die Sicht auf Funktion und Rolle des Museums bestimmt. In besonderem Maße wird im besagten Band eine Position stark gemacht, die heute als eine Art Gemeinplatz in der Debatte um das Museum gelten kann: Museen sind Institutionen, in und durch die Menschen etwas über sich und die Welt lernen.[60] Der epistemische Wert des Museums wird dann in der Ausstellungsfunktion gesehen, ohne dass dies ausschließt, dass auch die anderen Funktionen zur Erkenntnisgewinnung beitragen. Diese Idee – die der Position, dass es sich beim Museum lediglich um einen Ort der kontemplativen Besinnung handle, konträr entgegensteht – setzt sich immer weiter durch. Dies lässt sich an Bemühungen zeigen, die darin bestehen, ein möglichst großes Publikum zu erreichen und damit möglichst vielen Menschen ein spezifisches Thema in Bildungsabsicht näher zu bringen. Genau genommen sind die Beschreibungen des Museums oder der Ausstellungen als Bildungs- und Wissenschaftsinstitutionen gar nicht so neu: Beispielsweise spricht schon Siegfried Giedion 1929 vom Museum als »Versuchslaboratorium«[61]. So zeigt auch Walter Hochreiter in seiner Arbeit *Vom Musentempel zum Lernort. Zur Sozialgeschichte deutscher Museen 1800–1914*, wie ein funktioneller Wandel stattgefunden beziehungsweise sich das Selbstverständnis geändert hat. Es lässt sich also feststellen, dass der epistemische Anspruch an Museen nicht unbedingt eine Modeerscheinung ist, sondern dass sich eine zumindest begriffliche Orientierung – insbesondere an den Naturwissenschaften[62] – schon seit rund 100 Jahren zeigt. Dies dürfte auch damit zusammenhängen, dass um die Zeit der Jahrhundertwende erstmals thematische Ausstellungen eröffnet werden und nicht nur Sammlungsschauen von Objekten zu sehen sind.[63] So oder so wird deutlich, dass der Ausstellungsfunktion im Museum vermehrt ein epistemischer Wert zugestanden wird.

Trotz der übersichtlichen Forschungslage zeigt sich, dass es in der Debatte zwei argumentative Grundpositionen gibt. Anke te Heesen thematisiert explizit das Verhältnis des Ausstellens zur Wissensgenerierung in kultur- und wissenschaftshistorischer Perspektive, vor allem in dem Sammelband *Dingwelten. Das Museum als Erkenntnisort*[64]. Hier werden die beiden Grundpositionen bezüglich epistemischer Ansprüche an Ausstellungen besonders ersichtlich: Museale Erkenntnis hat entweder die Form naturwissenschaftlicher oder reflexiver Erkenntnis.

Die Position, dass die museale vergleichbar mit naturwissenschaftlicher Erkenntnisgewinnung sei, ist dabei wohl die häufigste Auffassung. Exemplarisch sei hier der Sammelband *Wissenschaft im Museum. Ausstellung im Labor* genannt: Ausstellungen seien mindestens strukturell ähnlich zu Laboren, Experimenten oder Versuchsanordnungen, wenn sie nicht sogar als solche bezeichnet werden.[65] Es wird dann entweder historisch aufzuzeigen versucht, dass es schon immer eine Verschränkung von naturwissenschaftlicher Erkenntnis und Formen des Ausstellens gegeben habe, oder eben systematisch, indem untersucht wird, inwieweit man es entweder mit einem analogischen oder identischen Verhältnis von naturwissenschaftlicher und ausstellerischer Erkenntniserzeugung zu tun hat. Das heißt, dass es eine Position gibt, die eine Nähe – wenn nicht gar eine Identifizierung – mit der Naturwissenschaft oder ihren Methoden behauptet. Anke te Heesen und Margarete Vöhringer machen in Ihrem Sammelband folgende Feststellung: »Doch die Rolle des Präsentierens von Wissen und damit die Herausbildung der Ausstellungsbewegung selbst ist bislang kaum beleuchtet worden. Mit ihr stellt sich die Frage, wie die Praxis des Darstellens im Raum wiederum mit Wissen(-schaft) in Verbindung zu bringen wäre. […] Inwiefern sind die dem Museums- oder Ausstellungsraum zugewiesenen Verfahren bereits Teil eines Erkenntnis- und Arbeitsprozesses?«[66] Gefragt wird dann beispielsweise, ob »nicht das räumliche Präsentieren im Labor als wissenschaftliche Praxis verstanden werden«[67] müsse. Dabei beruft man sich auf die sogenannte Historische Epistemologie, für die stellvertretend Karin Knorr-Cetina und Hans-Jörg Rheinberger[68] genannt seien.

Ausstellen steht dann auf einer Ebene mit den Praxen des Beobachtens, Experimentierens oder Messens.[69]

Die andere Position zur Erkenntnisform von Ausstellungen sieht eine Nähe zu Formen geisteswissenschaftlicher oder künstlerischer Erkenntnisgenerierung: Ausstellen als Form der Reflexion. Hierbei wird dann beispielsweise vom »diskursiven Museum«[70] oder dem Museum als »Diskursort«[71] gesprochen. Man beruft sich auf Alexander Gottlieb Baumgarten oder auf Immanuel Kant. In dieser Argumentation dominieren Ansätze, die eine Verschränkung künstlerischer mit philosophischer Erkenntnisgenerierung behaupten. Auf den Punkt gebracht soll das heißen, dass in Ausstellungen Philosophie betrieben wird – bloß ohne Sprache. Das wohl bekannteste Beispiel für diese Überzeugung und ein entsprechend umgesetztes Ausstellungskonzept ist *Les Immatérieux* des Philosophen Jean-Francois Lyotard.[72] Ähnliche Überzeugungen findet man aber auch in dem 2018 erschienen Band *Das Museum als Provokation der Philosophie. Beiträge zu einer aktuellen Debatte.*[73] Aber auch der Band *Evidenzen des Expositorischen* geht der Frage nach, ob die Ausstellung ein Medium der Reflexion sei.[74] Es kommt gar zu Meta-Fragen wie: »Ist eine Ausstellung immer auch eine Reflexion über das Ausstellen oder sollte sie es zumindest sein?«[75]

c) Fehlende Erkenntniskritik: Fragen einer Philosophie des Ausstellens

Auch wenn sich die genannten Beispiele in ihrer jeweiligen Position zum Verhältnis von Ausstellung und Erkenntnis unterscheiden, so teilen sie doch bemerkenswerterweise eine gemeinsame Ansicht: Ausstellen ist dann eine epistemisch relevante Tätigkeit, wenn sie entweder im Museum erfolgt oder diese Tätigkeit irgendwo erfolgt, wo sie sich mit der im Museum vergleichen lässt, beispielsweise im Labor (stellvertretend seien noch einmal die beiden Titel *Das Museum als Erkenntnisort* und *Wissenschaft im Museum* genannt). Das Museum selbst ist demzufolge der entscheidende Faktor dafür, dass Ausstellungen eine epistemische Funktion zukommt. Dies hat mit einer weit verbreiteten Sprechweise zu tun, in der die Wörter ›Ausstellung‹ und ›Museum‹ nahezu äquivok verwendet werden.

Mindestens aber lässt sich feststellen, dass, wenn von Ausstellungen die Rede ist, damit entweder Museums- oder Kunstausstellungen gemeint sind. Auch wenn explizit beispielsweise vom »Ausstellungswesen«[76] die Rede ist, täuscht doch dieser allgemeine Begriff darüber hinweg, dass nur die musealen Ausstellungsphänomene im Fokus der jeweiligen Arbeit stehen oder aber es um die Ausstellung von Kunst geht.[77]

Zwar wird – und dafür ist die Studie von Mai ganz prototypisch – oft auf die Geschichte des Ausstellens verwiesen, in der den Weltausstellungen eine erhebliche Bedeutung zukommt, aber Weltausstellungen sind keine musealen Ausstellungen und sind oder waren nicht nur darauf bedacht, Kunst auszustellen. Es lässt sich also eine Verengung des Ausstellungsbegriffs konstatieren. Dies ist insofern problematisch, als es bedeutend mehr Beispiele und auch Formen des Ausstellens gibt, als in der Forschungsliteratur behandelt werden. Denn wenn dem Ausstellen ein Erkenntniswert beigemessen wird, gilt dieser dann auch für Ausstellungen abseits des Museums? Ein anderes Problem ist, dass diese historischen Arbeiten in der Regel eher an den Erscheinungsformen als am Begriff interessiert sind. Dementsprechend wird schon vorweg mit einem impliziten Verständnis von Ausstellung gearbeitet, etwa wenn konstatiert wird, dass sich die Erscheinungsformen von Ausstellungen historisch wandeln.[78] Gerade bei Autoren wie Gottfried Korff[79] wird ganz selbstverständlich vom epistemischen Potential von Ausstellungen gesprochen – aber eben in Museen. Selbst Autoren wie Alexander Klein[80], die einen umfassenderen Ausstellungsbegriff haben, reduzieren ihn, sobald es um das epistemische Potential von Ausstellungen geht, auf museale Formen. Vergegenwärtigt man sich das Beispiel der Wanderausstellung über die Verbrechen der Wehrmacht, verwundert diese verbreitete Ansicht, die Praxis des Ausstellens mitsamt einem epistemischen Anspruch institutionell zu binden. Sicherlich finden die meisten der Ausstellungen mit epistemischem Anspruch in Museen statt, aber eben nicht ausschließlich. Dazu, warum nun das Museum diesen epistemischen Stellenwert hat und andere Orte des Ausstellens kaum bis gar keine Erwähnung finden – obwohl der Erkenntniswert mittels Ausstellungsfunktion behauptet wird –, wenn es um den Zusammenhang von Ausstellung und Erkenntnis geht, wird nichts gesagt.

Es geht in der Debatte mit Selbstverständlichkeit immer ums Museum. Dadurch wird nahegelegt, dass sich der epistemische Wert dadurch ergibt, dass die Ausstellung im Museum stattfindet, und nicht dadurch, dass es sich überhaupt um eine Ausstellung oder um eine spezifische Form davon handelt. Die Forschungsliteratur tendiert dazu, eine Relation zwischen Ausstellung und Erkenntnis nur dann zu behaupten, wenn man das Museum mit in Betracht zieht.[81] Es lässt sich darüber hinaus der Schluss ziehen, dass es innerhalb dieser Debatte einen selbstverständlichen Gebrauch des Ausstellungsbegriffs gibt. Genau diese Selbstverständnisse werden allerdings nicht artikuliert oder thematisiert.

Nun wird dem Museum, wie bereits erwähnt, klassischerweise eine dreifache Funktion zugewiesen: Sammeln, Bewahren, Ausstellen. Wie Anke te Heesen hervorhebt, ist das Ausstellen jedoch eine noch junge Funktion des Museums.[82] Dass Museen überhaupt ausstellen, in dem Sinne, dass sie ihre Exponate der breiten Öffentlichkeit zugänglich und erfahrbar machen, sei nach te Heesen durch das Aufkommen und den großen Erfolg des Ausstellungswesens im 19. Jahrhundert zu erklären. Diese Funktion ist es auch, die den Kern über die Debatte des epistemischen Werts oder der epistemischen Funktion des Museums ausmacht. Es geht also nicht darum zu behaupten, dass die Sammlung von Gegenständen und deren Erforschung und Aufarbeitung die genuine epistemische Leistung des Museums sei: Man ist sich darüber einig, dass hier ein erkenntnisgewinnender Prozess stattfindet. Vielmehr wird behauptet, dass der (Museums-)Ausstellung aufgrund ihrer spezifischen Funktion eine epistemische Leistung zukommt und sie sich somit von vermeintlich anderen erkenntnisgenerierenden Prozessen unterscheidet, sich aber eben auch als solche qualifiziert. Das Museum bietet den Anlass zu überprüfen, inwieweit die Behauptung, dass Ausstellungen Erkenntnis generieren, sinnvoll ist. Denn inwieweit Ausstellungen ein Erkenntniswert zukommt, ist bisher mehr behauptet als begründet worden. Dementsprechend liegt der Fokus einer Philosophie der Ausstellung auf der gesamten Breite des Ausstellens. Das hat zur Folge, dass der Gegenstandsbereich der Philosophie des Ausstellens über den des Museums hinausgeht: denn, so die Überzeugung, ausgestellt wird auch an anderen Orten. Sicherlich ist es so, dass es vornehmlich die Museumsausstellungen sind, in welchen Ansprüche dieser Art auffindbar sind. Ob aber sinnvoll behauptet werden kann, dass Ausstellungen Erkenntnis generieren, ist eine kategoriale Frage: Es geht darum zu klären, ob die Relation Ausstellung und Erkenntnis überhaupt sinnvoll gedacht werden kann, ohne schon im Spezifischen über das Museum reden zu müssen. Die These ist, dass Erkenntnis nicht deswegen generiert wird, weil es sich um ein Museum handelt, sondern weil auf eine bestimmte Art ausgestellt wird.

Ausstellungen beziehen Stellung: Sie versuchen, mit ihren Mitteln nicht nur einen Überblick über ein Thema zu geben oder einen spezifischen Wissensstand wiederzugeben, sondern einen eigenen Standpunkt, eine Meinung, eine Position mit eben diesen Mitteln zu begründen. Ausstellungen haben also in diesen Fällen Thesen zur Grundlage – die sie oft auch als Titel tragen. Lediglich eine These zur Debatte zu stellen, kann jedoch nicht hinreichendes Merkmal für Wissen sein, die These muss in irgendeiner Form bewiesen werden. Und an diesem Punkt wird es vage: Wie Ausstellungen Erkenntnisfunktionen übernehmen, was an Ausstellungen Erkenntnis ist, wer überhaupt das Erkenntnissubjekt ist, ist oftmals nicht klar.

Dass die Behauptung, dass Ausstellungen Erkenntnis generierten, ein inzwischen häufig anzutreffendes Selbstverständnis und auch Thema wissenschaftlicher Abhandlungen ist, ist ersichtlich geworden. Die Beispiele haben deutlich gemacht, dass mit diesem Anspruch allerdings auch unterschiedliche epistemische Ziele beziehungsweise Verständnisse verbunden sind, denn es zeigt sich bei näherer Betrachtung, dass ein ungemein weites Begriffsfeld bedient wird. Es sind beispielsweise Begriffe wie Argumentation, (ästhetische) Erfahrung, Erkenntnis, Evidenz, Experimentalanordnung, Labor, Methode, Reflexion, Wissen und Wissenschaft, die in Selbstverständnistexten und der Forschungsliteratur häufig – wenn nicht gar inflationär – gebraucht werden. In nahezu allen Ausstellungen, die von sich behaupten, dass sie einen epistemischen Anspruch haben, sollen die Ausstellung selbst oder ihre Exponate so etwas wie ein Beweis oder ein Argument darstellen, wenn nicht gar eine ganze Debatte abbilden, also »multiperspektivisch«[83] sein.

Genau dieser Hintergrund macht Ausstellungen in philosophischer Hinsicht interessant. Denn es stellt sich die Frage, was in diesen Kontexten überhaupt mit Erkenntnis gemeint ist. Man hat es hier mit einem – in der Philosophie – höchst kontrovers diskutierten Begriff zu tun, gerade dann, wenn es um Erkenntnis geht, die man als nicht-propositional bezeichnet. Dass die Erkenntnisse in und durch Ausstellungen nicht in Form von Propositionen auftreten, scheint unstrittig, weil Ausstellungen keine Propositionen sind. Unter einer Proposition versteht man in der Regel den wahrheitsfähigen Inhalt einer Behauptung. Wenn André zu wissen meint, dass Federica Geburtstag hat, dann ist die Proposition *Federica hat Geburtstag*. So wird zwar, wie gezeigt wurde, oft behauptet, dass Ausstellungen diese oder jene Aussagen treffen. Doch das lässt sich in diesem Sinn nur vom Titel oder dem begleitenden Ausstellungstext behaupten: denn die Objekte in den Ausstellungen können weder wahr noch falsch sein. Vor dem Hintergrund des Ausstellens stellt sich also die klassische Frage, was Erkenntnis ist und welche Möglichkeiten Menschen haben, diese zu gewinnen. Der philosophische Mehrwert liegt darin, dass man sich das Problem der Erkenntnis über ein vielversprechendes und aktuelles Thema erschließt, das das Nachdenken darüber, was Wissen und Erkenntnis ist, neu herausfordert. Dazu, ob sich dieser Zusammenhang von Ausstellung und Erkenntnis nun rechtfertigen – oder womöglich auch abstreiten – lässt, fehlt es an einer systematischen, dezidiert epistemologischen Begründung. Aufgrund dieses Begründungsdefizits sagt Ullrich vollkommen zu Recht, dass »eine Medienkritik, die differenziert analysiert, wozu Ausstellungen geeignet sind und wozu nicht, […] jedenfalls noch auf sich warten [lässt]. Vielmehr geschieht vieles erstaunlich unreflektiert, über fundamentale Unterschiede zwischen Sprechen und Zeigen wird naiv hinweggegangen.«[84]

Zusammenfassend lässt sich sagen, dass vielerorts ein epistemisches Potential des Ausstellens behauptet wird. Diese Behauptung bleibt aber aus mehreren Gründen vage und wird kaum expliziert. Eines der Probleme betrifft die Unbestimmtheit des Erkenntnis- und Wissensbegriffs, da entweder nicht klar herausgestellt wird, worin die epistemische Funktion oder der epistemische Wert besteht, oder aber nicht begründet wird, wie dieser einzulösen ist. Auffällig ist, dass diese Behauptungen institutionell an das Museum gebunden werden. Dadurch bleibt aber undurchsichtig, ob nun das Museum oder aber die Ausstellung die entscheidende Variable ist. Gemeinhin lesen sich viele der Behauptungen so, dass Museen die Orte seien, an denen sich das epistemische Potential der Ausstellungen realisiert. Was das aber mit dem Museum als solchem zu tun hat, wird nicht expliziert. Das führt zu einer zweiten Problemlage: Dass nur schwach begründet wird, wie Ausstellen zu einer Erkenntnis führt, hat nicht nur damit zu tun, dass der Begriff der Erkenntnis unterbestimmt ist; der des Ausstellens respektive der Ausstellung ist es ebenfalls. Um die verschiedenen Ansätze eines Ausstellungsbegriffs nachvollziehen zu können, ist es daher sinnvoll zu sondieren, in welchem Kontext diese aufgestellt werden, wenn begriffliche Begründungen ausbleiben. Es muss also nachvollzogen werden, wer sich mit welchem Anspruch mit Ausstellen und Ausstellungen auseinandersetzt.

Dieser Umstand ist das Grundproblem der Debatte: Ohne einen klar definierten Ausstellungsbegriff lässt sich überhaupt nicht sinnvoll eine Relation zum Begriff der Erkenntnis behaupten. Man hilft sich mit anderen Begriffen wie dem des Zeigens, Darstellens und Präsentierens. Aber auch hier gilt, dass nicht klar wird, was all diese Praktiken auszeichnet. Ab wann kann man sinnvollerweise davon sprechen, dass etwas ausgestellt ist? Wodurch unterscheidet sich das Luftfeuchtigkeitsmessgerät im Ausstellungsraum von Exponaten? Welche Bedingungen müssen erfüllt sein, damit man es mit einem Ausstellen zu tun hat und nicht mit einem Präsentieren oder ähnlichen Akten? Oder kann man jenes mit diesem identifizieren? Bevor klar sein kann, dass womöglich musealen Formen des Ausstellens epistemische Funktionen zukommen können, muss zuerst geklärt sein, was Ausstellen in seiner Allgemeinheit überhaupt ist. Es muss einen Begriff des Ausstellens geben, der die unterschiedlichen Ausstellungsphänomene unter sich versammelt und gleichzeitig diese auch differenzieren kann. Es scheint eine lohnende Überlegung zu sein, die Praxis des Ausstellens nicht per se darüber zu definieren, wo ausgestellt wird, sondern darüber, was man macht, wenn man ausstellt. Im Nachfolgenden soll überprüft werden, was das Ausstellungswesen unter Ausstellen versteht – unter Beachtung dessen, unter welchen Aspekten das Thema Ausstellung thematisiert wird.

Die Philosophie des Ausstellens wird durch die Frage geleitet, was ein sinnvoller Begriff des Ausstellens sein kann, mit welchem man dann das Verhältnis zur Erkenntnis begründen kann. Was behauptet man notwendigerweise, wenn man sagt, dass etwas ausgestellt ist? Was kann man vom Ausstellen behaupten, das dann für alle Ausstellungsphänomene gilt? Inwieweit kann, wenn man von diesem Begriff ausgeht, behauptet werden, dass Ausstellen einen Erkenntniswert hat? Geht man mit der Behauptung mit, dass Ausstellungen zuweilen Thesen oder Behauptungen aufstellen – beispielsweise gleich im Titel –, muss man klarstellen: Wenn Ausstellungen für ihre Thesen und Behauptungen argumentieren, dann nicht in einer üblichen Weise. Die Exponate in einer Ausstellung sind keine Aussagen – egal ob es sich dabei um Bilder, Texte, Dokumente, Videos oder Dinge handelt. Wie aber soll es dann möglich sein, diese Thesen zu beweisen, eben Erkenntnis zu generieren? Wie können dann Ausstellungen epistemisch relevant sein, wenn der Modus der Erkenntnisgenerierung, ja die Art der Erkenntnis selbst, nicht klar ist?

Um diese Frage beantworten zu können, muss geklärt sein, was überhaupt Erkenntnis ist und ob es eine nicht-propositionale Form von Erkenntnis geben kann. Diese klassische Frage bildet den roten Faden. Die Frage nach dem Erkenntniswert von Ausstellungen ist herausfordernd und provozierend, weil gefragt werden muss, mit was für einer Art von Erkenntnis man es zu tun hat. Die Frage, die damit verbunden ist, lautet, was man über die Welt und auch sich selbst wissen kann und wie. Zu wissen, wie sich Schmerz anfühlt, oder zu wissen, wie man Auto fährt, oder zu wissen, dass die Erde sich um die Sonne bewegt, sind grundverschiedene Wissensformen. Welche Formen von Wissen gibt es und welche Möglichkeiten, diese zu erlangen? Und in welchem Verhältnis steht die Ausstellung zu diesen? Man findet sich nämlich nicht in einer Situation wieder, in der Behauptungen durch Gründe bewiesen werden, sondern in einer Konstellation von verschiedenen Objekten.

Anhand des Themas der Ausstellung und des Ausstellens soll im Folgenden ein Beitrag zur Diskussion um nicht-propositionale Erkenntnis geleistet werden. Man hat es nämlich mit einer für diese Fragestellung komplexen, aber auch interessanten Situation zu tun: Einerseits begegnet man dem schon erwähnten verbreiteten Selbstanspruch – gleich ob intern aus dem Ausstellungswesen oder extern in der wissenschaftlichen Literatur. Hier bedarf es einer Analyse und Kritik des Möglichkeitshorizonts von Ausstellungen. Andererseits sind viele Ausstellungen multimedial organisiert: Die Präsenz und Konstellation der Exponate scheint ein wichtiger Ansatzpunkt zu sein, um das Verhältnis von Ausstellung und Erkenntnis zu klären: Denn genau dieses Charakteristikum der Multimedialität – und das fängt schon beim Verhältnis von Text und Exponat an – wirft grundlegende Fragen und Probleme auf: Welche Rolle kommt verschiedenen menschlichen Vermögen im Erkenntnisprozess zu, etwa der Wahrnehmung oder verschiedenen Vergegenwärtigungsleistungen wie etwa dem Erinnern? Sind die Bedingungen für eine mögliche Erkenntnisfunktion in ostentativen Handlungen zu suchen? Wer ist das Erkenntnissubjekt in Ausstellungen – der Ausstellungsmacher oder der Rezipient? Die Frage nach dem Verhältnis von Ausstellung und Erkenntnis eröffnet also einen spannenden Fragekomplex, der an viele verschiedene Debatten in der Erkenntnistheorie anknüpft: Gerade am Beispiel des Ausstellens lassen sich grundlegende Einsichten in die menschliche Erkenntnisfähigkeit gewinnen. Die Philosophie des Ausstellens wird durch die Frage geleitet, welches die epistemischen Möglichkeiten und Grenzen des Ausstellens sind.

Es soll der These nachgegangen werden, inwieweit es eine Relation zwischen Ausstellung und Erkenntnis geben kann. Dieser Wechsel im Selbstverständnis hat eine Potenzierung der Praxis des Ausstellens zur Folge. Somit rückt Ausstellen in den Fokus als epistemische Praxis und es stellt sich die Frage, ob Ausstellen so etwas wie eine wissenschaftliche Methode sein kann. Damit werden Ausstellungen philosophisch relevant und von besonderem Interesse: Es ist der Begriff der Erkenntnis, welcher problematisch wird, denn die Praxis der Wissenschaft ist eine ganz andere als die des Ausstellens. Aber ist Wissenschaft die einzige Möglichkeit, Welt- und Selbstverständnis zu erlangen? Von welcher Form kann die durch Ausstellungen gewonnene Erkenntnis sein und wie ist die Praxis zu beschreiben, durch die sie produziert wird? Haben Ausstellungen überhaupt einen Erkenntniswert und wenn ja, wie? Oder hat man es hier mit einer problematischen Verwendung von Begriffen zu tun?

Damit diese epistemologischen Fragen beantwortet werden können, ist es zwingend erforderlich, einen Begriff der Ausstellung und des Ausstellens zu entwickeln. Man hat es hier mit einem Desiderat zutun: Eine klare begriffliche Differenzierung – auch zu Begriffen der Sammlung des Museums – ist noch nicht erfolgt und deswegen soll hier eine Leerstelle beseitigt werden. Dieser Umstand markiert ein Problem: Denn stellt man eine Behauptung darüber auf, was mit Ausstellungen erreicht werden kann, dann weiß man nicht, was mit Ausstellen gemeint ist. Denn mag es im alltäglichen Sprachgebrauch kein Problem sein, unterschiedliche Objektkonstellationen als Ausstellung zu bezeichnen, so zeigt sich bei der Reflexion, dass man es doch mit einem vielschichtigen Phänomen zu tun hat. Denn das Ausstellen von historischen Dokumenten und das Ausstellen von Einbauküchen sind grundverschiedene Dinge, aber eben beides doch Ausstellungen. Eine Philosophie des Ausstellens stellt sich die Frage, ob verschiedene Ausstellungsformate wesentlich unterschieden werden können. Ist es sinnvoll, jede Präsentation von Dingen als Ausstellung zu bezeichnen? Oder aber auch: Wie unterscheidet sich das Zeigen von Dingen in einem musealen Kontext von dem in einem Schaufenster? Was also sind die Gemeinsamkeiten und Unterschiede verschiedener Ausstellungstypen? Eine Differenzierung wird insbesondere auch dann notwendig, wenn sich herausstellt, dass Ausstellungen einen epistemischen Wert haben. Denn wenn dies der Fall ist, dann hat man es weder mit einem notwendigen noch einem hinreichenden Merkmal von Ausstellungen zu tun. Wie oben schon bemerkt, erhebt nicht jedes Ausstellungsformat den Anspruch, Erkenntnis zu generieren. Eine typisch philosophische Sachlage: ein Begriff mit weiter Extension, aber unklarer Intension. Es muss also *genus proximum* und *differentia specifica* geklärt werden, um einen Begriff zu haben, mit dem man sinnvoll nach der Erkenntnisfunktion des Ausstellens fragen kann. Was sind wesentliche Eigenschaften, die erfüllt sein müssen, damit man sinnvoll von einer Ausstellung sprechen kann?

Im Folgenden werden also in einem ersten Schritt diese Behauptungen rekonstruiert. Es wird sich dabei zeigen, dass man es mit einem begrifflichen Defizit auf zwei Seiten zu tun hat: Zum einen ist nicht klar, was mit Wissen und Erkenntnis gemeint ist. Zum anderen ist auch nicht klar, was in den Behauptungen über das Ausstellen überhaupt mit Ausstellen gemeint ist. Denn ab wann kann man sinnvollerweise von einem Ausstellen reden? Unterscheidet sich dies beispielsweise vom Zeigen, Präsentieren und Darstellen? Wenn dem Ausstellen im Museum eine epistemische Funktion zukommt, kann dann auch dem Ausstellen im Schaufenster diese zukommen – einmal angenommen, man hat es hier überhaupt mit einem Ausstellungsphänomen zu tun? Aufgrund dieser Unklarheit soll überprüft werden, mit welchem Grundverständnis vom Ausstellen überhaupt gearbeitet wird. Beim Sichten der Literatur wird deutlich, dass es nur wenige Bemühungen gibt, theoretisch zu bestimmen, was Ausstellen eigentlich ist. Vielmehr verhält es sich so, dass die Ausstellenden häufig diejenigen sind, die eine Begriffsbestimmung innerhalb von Handbüchern, Anleitungen und Berichten liefern. Hieran anschließend sollen die inhaltlichen Bestimmungen rekonstruiert werden. Diesen diffizilen Umstand darzulegen und auf die bisherigen begrifflichen Schwächen innerhalb dieser Debatte aufmerksam zu machen, ist Teil des nachfolgenden Kapitels. Daran anschließend wird ein Vorschlag gemacht, wie Ausstellen begrifflich bestimmt werden kann. Im dritten Kapitel wird mit diesem Begriff aufgezeigt, dass und wie Ausstellungen einen Erkenntniswert haben.

Die rekonstruierten Selbstverständnisse und Behauptungen werden zu einem philosophischen Problem: Will man die hier vorerst angedeuteten Probleme lösen, dann wird man nur eine zufriedenstellende Lösung finden, wenn man die Begriffe zu bestimmen versucht. Es geht nicht darum zu klären, wer wann wie ausgestellt hat und in welcher Weise womöglich versucht wurde, epistemische Ansprüche einzulösen. Das Folgende unternimmt also keine empirische Arbeit beispielsweise im Sinne einer wissenschaftshistorischen Untersuchung. Diese Arbeiten sind interessant und wichtig, betreffen jedoch einen kontingenten Bereich des gesamten Begriffsumfangs. Eine philosophische Analyse hingegen interessiert sich dafür, was für den gesamten Gegenstandsbereich gilt und nicht nur für einen Teilbereich desselben. Bei der Begriffsbestimmung ist man auf der Suche nach den Erfüllungsbedingungen eines Begriffs.

2. Der Begriff des Ausstellens

a) *Stand der Dinge:* Positionen der Ausstellungstheorien

Es gibt in der Literatur zum Ausstellen einen Gemeinplatz, der besagt, dass die Praxis des Ausstellens ein Zeigen ist. Es wird in der Regel entweder behauptet, dass die Ausstellung gezeigt oder mit der Ausstellung oder in der Ausstellung etwas gezeigt wird. Wo in den ersten beiden Formulierungen – die Ausstellung wird gezeigt oder mit der Ausstellung wird etwas gezeigt – ein enger Bezug zwischen Ausstellen und Zeigen nahegelegt wird, ist die dritte Formulierung – in der Ausstellung wird etwas gezeigt – hinsichtlich dieses Verhältnisses nicht ganz so stark und lässt zumindest offen, ob es andere wesentliche Züge gibt. Nichtsdestotrotz besteht die weitverbreitete Meinung also darin, dass Ausstellen in irgendeiner Weise ein Zeigen ist oder aber zumindest in Zusammenhang damit steht: Immer dann, wenn etwas ausgestellt wird, soll so etwas gezeigt werden. Das können dann beispielsweise Naturgesetze, Kunstepochen, Mittelklasse-Wagen, Luxus-Uhren oder Sitzgarnituren sein. Ersichtlich wird, dass die Unterschiede sich dahingehend ausmachen lassen, was, wo und wie etwas gezeigt werden soll. Ohne auf die Besonderheiten szenografischer Inszenierungen einzugehen, lässt sich feststellen, dass das fundamentale Differenzierungsmerkmal für Ausstellungen darin bestehen muss, wie Exponate ausgestellt werden. Denn es verhält sich doch so – und das zeigt die immense Vielfalt an unterschiedlichen Museen, ohne wiederum das Ausstellungsphänomen hierauf zu beschränken –. Alles Gegenständliche kann als Exponat fungieren. Neben den üblichen Kunst-, Geschichts- und Technikmuseum gibt es unzählbar viele Spezialmuseen (siehe die Beispiele oben) und gar Museen für etwas, dass es gar nicht gibt, wie etwa das Wolpertinger-Museum. Die schiere Menge an scheinbar potentiellen Exponaten und damit auch Themen macht es unmöglich, hier ein Merkmal zur Bestimmung dessen, was eine Ausstellung ist, zu finden. Man kann zwar nicht Gott oder James Bond als Exponat ausstellen, aber sie können zumindest als Thema ausgestellt werden. Diese Vielfalt führt zu der These, dass es sinnvoll ist, den Begriff des Ausstellens darüber zu definieren, auf welche Art und Weise in Ausstellungen etwas gezeigt wird. Die Definitionsmerkmale müssen hierbei unabhängig vom Ort des Ausstellens, den verwendeten Medien und Exponaten sowie den Themen sein. Ausstellen bedeutet also, etwas zu zeigen – in diesem Sinn schließt sich das vorliegende Buch der verbreiteten Meinung an, gibt ihr aber die fehlende notwendige Begründung. Was vielerorts wie eine Selbstverständlichkeit gehandhabt wird, wird hier explizit gemacht. Nach der zweiten, damit zusammenhängenden These, die im Folgenden ausgeführt wird, ist Ausstellen eine Unterform des Zeigens, der Akt des Zeigens lässt sich in verschiedene Formen ausdifferenzieren. Wer mit Ausstellungen etwas zeigt, zeigt etwas auf eine besondere, von anderen Zeigeformen zu unterscheidende Weise.

Wie eingangs dargestellt, wird seit einiger Zeit ein Anspruch an Ausstellungen gestellt, der über das bloße Sehen-Lassen von etwas in einer Ausstellung hinaus geht. Vermehrt trifft man auf den Anspruch, dass der Besucher etwas erkennen soll. Dieser Anspruch ist oftmals in einer Weise formuliert, dass Ausstellungen ein eigener genuiner Erkenntniswert zugesprochen wird. So ist nicht unbedingt die gewonnene Erkenntnis als solche eine neue, aber sie soll sich in den meisten Fällen dadurch auszeichnen, wie sie gewonnen und begründet wird. Es gibt aber auch die Positionen, welche behaupten, dass es eine Erkenntnis gibt, die nur durch die Ausstellung erbracht wird. So oder so wird zumindest erst einmal ersichtlich, dass mit dem Ausstellen Ansprüche verbunden sind – oder sein können –, die über das Zeigen von Objekten hinausgehen. Folgt man der These, dass Ausstellen ein Zeigen ist, dann heißt das also, dass dem Zeigen ein irgendwie gearteter Erkenntniswert zukommt respektive es eine Erkenntnisfunktion erfüllt. Indem jemandem etwas gezeigt wird – hier in der Form des Ausstellens –, verbindet man den Anspruch, dass diese Person etwas erkennt oder erkennen soll. Es sind dabei zwei potenzielle Ansprüche voneinander zu unterscheiden, nämlich ob der Aussteller etwas erkennt oder ob derjenige etwas erkennt, der die Ausstellung besucht. Es lässt sich sagen, dass der hier schon erwähnte Anspruch in der Regel darin besteht, dass die Besucher etwas erkennen sollen.

Bevor sich aber die Frage nach dem Erkenntniswert von Ausstellungen beantworten lässt, muss geklärt werden, was man sinnvollerweise als Ausstellung und Ausstellen bezeichnen kann. Denn was überhaupt Zeigen ist und wie darüber hinaus Zeigen auch ein erkenntnisrelevanter Akt sein kann, darüber wird wenig bis gar nichts im Kontext des Ausstellens gesagt. Dadurch entstehen Begründungs- und Begriffsdefizite, die im Folgenden gelöst werden sollen. In einem ersten Schritt wird es darum gehen, zu begründen, was Zeigen ist, um dann anhand der Binnendifferenzierung von *pointing* und *showing* zu klären, ob Ausstellen überhaupt ein Zeigen ist, und wenn ja, welcher dieser Formen man es zuordnen könnte. Es soll hierbei die These verteidigt werden, dass es sich beim Ausstellen um eine dritte Form des Zeigens handelt, die weder dem einen noch dem anderen zugeteilt werden kann. Es wird darum gehen, die differenzierenden Merkmale gegenüber den anderen Formen des Zeigens herauszustellen. Denn ist dies einmal geklärt, ist zwar klar, dass jedes Ausstellen ein Zeigen ist, aber es ist ja nicht jedes Zeigen ein Ausstellen. Wurde an diesem Punkt geklärt, wie man zeigen kann, wird der Vorschlag einer weiteren Binnendifferenzierung gemacht: Für das Ausstellen lassen sich zwei idealtypische Weisen unterscheiden: Ausstellungen als Kollektionen und als Konstellationen. Es geht also darum, begrifflich zu fassen, wie man ausstellen kann.

Damit man einen sinnvoll verwendbaren Begriff hat, muss man diesem Grenzen setzen, insbesondere dann, wenn man mit diesem über den Begriff hinausgehende Ansprüche verbindet – in diesem Fall der Erkenntnis. Denn wenn man sagen möchte, dass Ausstellungen Erkenntnisse generieren können, dann muss erst einmal klar sein, was man macht, wenn man ausstellt. Denn wie die vielen Ausstellungsbeispiele zeigen, dürfte der Erkenntnisanspruch für die wenigsten gelten. Nicht jeder Ausstellung kommt ein Erkenntniswert zu und diejenigen, die diesen Anspruch erheben, können auch an diesem Anspruch scheitern. Wer vom Erkenntniswert von Ausstellungen spricht, tut gut daran, eine Existenz- und keine Allaussage zu treffen, wie es schon der Erkenntnistheoretiker Gottfried Gabriel für die Literatur gemacht hat: Nicht jeder Literatur kommt ein Erkenntniswert zu. Aber für diejenige, auf die es zutrifft, gilt es zu klären, wie sie einen Erkenntniswert hat.[1]

Nichtsdestotrotz: Bevor eine Beantwortung dieser Art von Frage möglich ist, gilt es, das Verhältnis von Ausstellen und Zeigen zu klären. Die Perspektive wird hierbei auf die Praxis des Ausstellens gelegt, da die Ausstellung selbst Produkt der Praxis ist. Was eine Ausstellung ist, zeigt sich an dem, was man macht, wenn man ausstellt.

Museum und Ausstellung: Perspektiven der Ausstellungsgestaltung

Wenn auch das Museum in den letzten Jahren zunehmend an Aufmerksamkeit in philosophischen Diskussionen gewinnt, so ist doch die theoretische Bestimmung dessen, was eine Ausstellung ist, nach wie vor ein Desiderat in der Forschung. Wie bereits für den Themenkomplex Ausstellung und Erkenntnis festgestellt wurde, ist es gerade die Museumstheorie, welche einen Anknüpfungspunkt bietet, um Antworten auf die Frage zu finden, was eine Ausstellung ist oder was man macht, wenn man ausstellt. Damit geht aber auch die Bemerkung einher, dass selbst hier der Begriff der Ausstellung und des Ausstellens zumeist unhinterfragt benutzt wird und nur im Ausnahmefall Gegenstand theoretischer Überlegungen ist. Theoretische Reflexionen über den Ausstellungsbegriff aus musealer Perspektive werden vor allem von denjenigen Akteuren angestellt, die selbst Ausstellungen machen. Man hat es also innerhalb der Forschung mit einer gewissen Verschränkung von Theorie und Praxis zu tun. Das hat Vor-, aber auch Nachteile, zumindest bezogen auf die Ausstellungstheorie: Der Nachteil zeigt sich, wenn das eigene Ausstellungmachen als prototypisch für das Ausstellen überhaupt genommen wird – und dieses findet in der Regel im Museum statt. Daraus lässt sich zum Teil auch erklären, warum es gerade die Museumsausstellungen sind, die so im Fokus der Forschung stehen. Denn neben den sachlichen Gründen verhält es sich auch so, dass diejenigen, die selber ausstellen, in der Regel im Museum ausstellen und ihre Theorien über das Ausstellen daher in Museumsschriften erscheinen. Es lässt sich so sagen: Die Gegenstände, die im Museum in der Regel ausgestellt werden, werden zu Themen in Bezug gesetzt, die der Philosophie oftmals nicht allzu fremd sind. Das trivialste Beispiel hierfür sind Kunstausstellungen. Die Perspektive derjenigen, die selber ausstellen und darüber reflektieren, was sie da machen, reflektieren dann in der Regel über die spezifische Art des Ausstellens im Museum.

Von diesen Verschränkungen einmal abgesehen, lässt sich aber generell sagen, dass sich in Bezug zum Museum fast ausschließlich Beiträge und Arbeiten finden lassen, welche in der Regel nur von der Museumsausstellung sprechen.[2] Das ist insoweit eine banale Feststellung, als nicht bedacht wird, dass es in diesen Theorien nicht zu differenzierten Betrachtungen kommt, sondern einfach hingenommen wird, dass es noch andere Formen des Ausstellens gibt. Dabei wird nicht darauf eingegangen wird, dass es sich bei der Museumsausstellung um eine besondere Form der Ausstellung handelt. Wenn – und das ist nicht die Regel – andere Formen Erwähnung finden, dann nur am Rande und oftmals im Rahmen einer Aufzählung oder aber auch als geschichtlicher Verweis, beispielsweise auf Wunderkammern oder Weltausstellungen. Es lässt sich zwar feststellen, dass das Ausstellen im Zuge der Konjunktur des Museumsthemas auch einen Zuwachs an Aufmerksamkeit gewinnt, wie etwa im Sammelband *Evidenzen des Expositorischen*. Auch hier wird jedoch, wie bereits festgestellt, das Thema Ausstellung lediglich in Bezug zum Museum oder zur Kunst gedacht.[3] Besonders deutlich wird dies auch bei der Publikation *Die Ausstellung. Politik eines Rituals*: Schon der Titel suggeriert, dass es ganz generell um Ausstellungen geht. Die Herausgeberinnen schreiben entsprechend: »Die Ausstellung (und dies gilt strukturell für alle Ausstellungen) erscheint so gesehen als einer der zentralen Orte, an dem diese Werte zusammengebracht und in ihrem jeweiligen Verhältnis kultiviert werden.«[4] So richtig dies auch für manche Ausstellungen sein mag, es gilt kaum für alle und insbesondere dann nicht, wenn man der Meinung ist, dass es auch ganz alltägliche Formen der Ausstellung – wie etwa ein Möbelhaus – gibt. Aber abgesehen von der inhaltlichen These wird schnell klar, dass »Ausstellung« und »Museum« respektive »museale Kunstausstellung« äquivok genutzt werden. Das, was über Ausstellungen gesagt wird, gilt vielmehr von den Ausstellungen im Museum – und auch hier wäre es überlegenswert, ob die These, dass in der Museumsausstellung Werte zusammengebracht und kultiviert werden, wirklich für jede Museumsausstellung gilt. So oder so zeigt sich aber auch hier, dass mit Ausstellung das gemeint ist, was in einem Museum vonstatten geht.[5]

Für das Museum hingegen lässt sich allerdings inzwischen eine vitale Debatte konstatieren, wenngleich die philosophische Tradition wenig bis gar nichts dazu beträgt, wie Bernadette Collenberg-Plotnikov richtig zusammenfasst: »Es wäre allerdings völlig unangemessen, bezüglich dieser Beiträge, selbst im kontinentaleuropäischen Kontext, von einer Museumsphilosophie im Sinne eines selbstständigen philosophischen Diskussionszusammenhanges zu sprechen. Denn bei den Ausführungen der eben exemplarisch genannten Philosophen [Hegel, Humboldt, Benjamin, Bataille, Dewey, Malraux, Adorno, Foucault, Baudrillard, Goodman und Pomian] zum Museum handelt es sich ganz überwiegend um reine Gelegenheitsäußerungen, bloße Nebenprodukte der eigentlichen philosophischen Arbeit«[6]. Collenberg-Plotnikov kommt zwar zu dem Urteil, dass das Museum keine sonderliche philosophische Relevanz hat, gemessen am Forschungsstand hat sich das aber spätestens mit dem Erscheinen des von ihr selbst herausgegebenen Sammelbandes geändert. So oder so ist aber die Frage, woran man die Relevanz bemessen soll, denn in den letzten zehn Jahren hat die Zahl der philosophischen Veröffentlichungen zum Museum deutlich zugenommen. Das wiederum macht Hoffnung für die Debatte ums Ausstellen. Insbesondere Ludger Schwarte hat sich vermehrt einer Theorie der Ausstellung angenommen. Zwar spielt auch hier das Museum noch eine zentrale Rolle, allerdings gehen seine Überlegungen auch darüber hinaus.[7] Es bleibt allerdings dabei, dass der Begriff des Ausstellens in philosophischer Hinsicht nicht erschlossen ist. Denn man muss es klar sagen: Das Museum ist, zumindest alltagssprachlich, nicht der einzige Ort, an dem ausgestellt wird. Man denke nur an Einrichtungshäuser oder Autohäuser mit ihren Ausstellungsräumen oder auch an Schaufenster. Es besteht eine Ähnlichkeit zum Verhältnis von Kunst- und Bildtheorie: Die Kunsttheorie interessiert sich nur für diejenigen Bilder, denen ein Kunststatus zugesprochen wird, wohingegen die Bildtheorie sich für alle Bilder interessiert, egal ob es sich um ein Gemälde von Daniel Richter oder ein Selfie handelt. So wie die Bildtheorie die Gesamtheit bildlicher Phänomene in den Griff zu bekommen versucht, gilt dies vor dem erläuterten Hintergrund auch für die Ausstellungsphänomene. Diese und weitere hier noch zur Sprache kommende Phänomene finden kaum bis gar keine philosophische Beachtung, auch nicht bei denjenigen, die selbst Ausstellungen machen.

Ein Vergleich mit der Zeigeforschung ist naheliegend: Die philosophische Bedeutung des Zeigebegriffs wird ebenfalls erst seit ein paar Jahren erforscht. Bis dahin wurde der Begriff des Zeigens kaum beachtet, inzwischen kann man von einer eigenen Zeigeforschung sprechen.[8] Es ist in philosophischer Hinsicht also einige begriffliche Arbeit erforderlich, da in den Schriften zur Museumsausstellung kaum Differenzierungen zu anderen Formen des Ausstellens vorgenommen werden. Es ließe sich beispielsweise für Museumsausstellungen fragen, ob die Art und Weise des Ausstellens davon abhängt, ob etwa Kunst oder Geschichte ausgestellt wird. Auch ob man bei digitalen Museumsausstellungen überhaupt von Ausstellungen sprechen kann, wird gemeinhin nicht hinterfragt. Die Forschung steckt hinsichtlich kategorialer Fragen und Differenzierungen noch in den Kinderschuhen. Die in einem weiten Sinne verstandene Museumstheorie kann also nur wenig zu einem näheren Verständnis dessen beitragen, was eine Ausstellung ist, wenngleich sie Anknüpfungspunkte bietet. Das ist umso erstaunlicher, wenn beispielsweise Anke te Heesen von einer »Inflation des Ausstellungsbegriffs«[9] spricht. Verwendung und Bestimmung des Ausstellungbegriffs decken sich also nicht.

Abgesehen davon, dass ein Großteil der Literatur bestimmte Ausstellungen behandelt, beispielsweise in Form von Ausstellungskatalogen, hat man es primär mit Literatur aus dem Bereich der Ausstellungsgestaltung und -pädagogik zu tun. In der Kunst-, Kultur-, Medien-, Geschichts-, und Sozialwissenschaft, um nur einige Beispiele zu nennen, lassen sich sicherlich auch Arbeiten zum Thema finden, wie eingangs auch angemerkt wurde. Aber diese Arbeiten bemühen sich in der Regel nicht um Begriffsbestimmung, sondern sind entweder historisch orientiert oder behandeln eine bestimmte Ausstellung oder einen bestimmten Ausstellungstyp. Will man also wissen, was eine Ausstellung in einem allgemeinen

Sinn ist und was man tun muss, wenn man etwas ausstellen will, dann findet man Antworten vor allem in Texten zur Szenografie und Ausstellungsgestaltung. Dabei schälen sich zwei Wege heraus, um die Frage zu beantworten, was charakteristisch für Ausstellungen ist: Auf der einen Seite wird versucht zu klären, welche Objekte, Orte und Medien zu einer Ausstellung gehören: Hier wird dann auf die besondere Art der Exponate, die spezifischen Räume, an und in denen Ausstellungen vorzugsweise stattfinden, und die unterschiedlichen Präsentationsmodi, wie Vitrinen und Hängungen, eingegangen. Auf der anderen Seite wird der Akt des Ausstellens in den Blick genommen, um zu klären, was man tun muss, um eine bestimmte Wirkung zu erzielen: üblicherweise, dass der Besucher etwas lernt oder sich erfreut: Wissensvermittlung und Vergnügen. Einerseits soll es darum gehen, was eine Ausstellung ist, andererseits, was Ausstellen ist.[10] Bei beiden Fragestellungen hat man es in der Regel mit Handbüchern[11], Anleitungen[12] und Leitfäden[13] zu tun. Zum einen wird erklärt, welche Typen von Ausstellungen es gibt und was man dabei an beteiligten Objekten und Mitteln vorfinden kann. Aber gemeinhin wird nicht erklärt, welches konstitutive Merkmal diese Ausstellungstypen verbindet. Geht es um das Ausstellen, werden Anleitungen gegeben, wie man besonders interessant, auffallend, innovativ oder spektakulär ausstellt. Es wird aber nicht erklärt, was man macht, wenn man ausstellt. Natürlich geht es hier nicht in erster Linie um die Definition des Ausstellungsbegriffs. Dennoch findet man Bestimmungen und oftmals – wenn auch kurze – Abschnitte zu dieser Frage und kann sich dementsprechend darauf beziehen. Bemerkenswert ist, dass in Texten zur Ausstellungsgestaltung manchmal darauf hingewiesen wird, dass es für Ausstellungen keine genaue Definition gibt, worauf dann aber nicht weiter eingegangen wird.[14]

Man kann der eingangs erwähnten Kritik von Wolfgang Ullrich nur zustimmen: Das Thema Ausstellung und Ausstellen steht zwar im Fokus und es werden dazu weitläufige Behauptungen aufgestellt, aber man weiß nicht, womit man es bei einer Ausstellung überhaupt zu tun hat. Die Literatur zum Thema Ausstellen ist von einigen nicht-thematisierten Selbstverständnissen geprägt. Dieser Umstand wird besonders bei Schriften zur Szenografie und Ausstellungsgestaltung deutlich. Dies ist wichtig, weil die jeweiligen Definitionsangebote bestimmte Vorzeichen setzen, und rührt daher, dass Beiträge aus dem Bereich Gestaltung in erster Linie vom musealen Ausstellen handeln. Es ist also daher nicht verwunderlich, dass das Museum in den allermeisten Fällen der Bezugspunkt ist. In seltenen Fällen wird versucht, alle, auch alltägliche Ausstellungsphänomene miteinzubeziehen: also das Schaufenster gleichberechtigt neben dem Museum zum Thema zu machen, das Taschenmesser neben dem Gemälde, die Auslage neben der Vitrine, aber auch die Langeweile neben der ästhetischen Erfahrung. Im Folgenden sollen typologische Vorschläge zur Ausstellungsgestaltung vorgestellt und anhand dessen Probleme und Verkürzungen aufgezeigt werden. Dafür wird rekonstruiert, welches Verständnis von Ausstellung und Ausstellen diejenigen haben, welche Ausstellungen konzipieren und durchführen. Dabei wird sich herausstellen, dass der Begriff nicht so klar ist, wie man es vermuten würde. Im Gegenteil, es wird sich zeigen, dass sehr unterschiedliche, weil zu enge oder zu weite Auffassungen von Ausstellung und Ausstellen zugrunde gelegt werden.

Gemeinhin wird der Umfang dessen, was eine Ausstellung ist, in Texten zum Ausstellungswesen schon früh eingegrenzt. Man erfährt etwas über spezifische Ausstellungen: Museumsausstellungen, Kunstausstellungen, Science Center etc. Es bleibt aber im Spezifischen und das Allgemeine wird jeweils nur angedeutet. Entweder sollen Ausstellungen, die an bestimmten Orten stattfinden, thematisiert werden: vor allem im Museum. Oder aber die Bestimmung wird dadurch eingegrenzt, dass die Art des Ausgestellten beschränkt wird: dass es sich beispielsweise um Kunst, historische Dokumente oder Mineralien handelt. Ein allgemeiner Ausstellungsbegriff kann deshalb nur implizit gewonnen werden, da die Literatur immer schon spezialisiert ist. Aber gilt das, was von einer Kunstausstellung behauptet wird, auch für eine Ausstellung im Möbelhaus? Ist das, nach dem zugrunde gelegten Ausstellungsbegriff, überhaupt noch eine Ausstellung? Begriffliche Bestimmungen führen bisher einerseits zu Verkürzungen, weil Phänomene aus dem Begriffsumfang herausfallen, die sinnvollerweise dazu gehören. Es gibt aber auch das gegenteilige Problem: Nämlich zu weite Begriffsbestimmungen, die ihren Umfang kaum noch eingrenzen. Anhand zweier Beispiele wird dieser Umstand im Folgenden erläutert.

Wenn bestimmt werden soll, was eine Ausstellung ist, dann muss festgelegt werden, woran sich dies feststellen lässt, welche Merkmale und Charakteristika Ausstellungen beispielsweise von Installationen unterscheiden. Denn dass es zwischen verschiedenen Formaten realiter zu Überschneidungen kommen kann, zeigt beispielsweise die Konzeptarbeit »Nachwirkung« von Thomas Hirschhorn in der Kunsthalle Bremen. Hirschhorn hat Räume der Kunsthalle zu »einem ruinenhaften Ort«[15] umgestaltet und innerhalb dessen ausgewählte Werke der Museumssammlung ausgestellt. Handelt es sich nun um eine Installation oder Ausstellung? Dieser wie auch andere Fälle zeigen, dass man es nicht immer mit einem einfachen Entweder-oder zu tun hat, sondern eher mit einem Sowohl-als-auch. Nichtsdestotrotz führen diese spezifischen Fälle nicht dazu, dass eine begriffliche Differenzierung sinnlos wäre. Denn zwischen einer Ausstellung in einem Möbelhaus und dem *Merzbau* von Kurt Schwitters unterscheiden zu können, scheint durchaus möglich und, zumindest um der begrifflichen Präzision willen, wünschenswert. Begriffliche Präzision ist immer dann vonnöten, wenn einerseits etwas als etwas – dass die Möbelhausausstellung eine Ausstellung ist – ausgewiesen werden soll und andererseits dann, wenn von diesem Etwas etwas Spezifisches behauptet wird – dass Ausstellungen Erkenntnis generieren. Begriffliche Differenzierung, wie beispielsweise zwischen Ausstellung und Installation, hilft nicht nur zu verstehen, was zum Gegenstandsbereich des jeweiligen Begriffs gehört, sondern auch, was sich sinnvollerweise mit dem Begriff und von den Dingen, auf die dieser zutrifft, behaupten lässt. Welche sind die spezifischen Merkmale, die etwas erfüllen muss, damit es als Ausstellung gelten kann?

An zwei der bekanntesten deutschsprachigen Ausstellungstypologien lässt sich diese Problematik erkennen: Auf der einen Seite treffen Aurelia Bertron, Ulrich Schwarz und Claudia Frey[16] eine Typologie, in der lediglich Ausstellungen musealen Charakters in einem weiten Sinn Erwähnung finden. Auf der anderen Seite läuft der Vorschlag Fritz Franz Vogels[17] auf das Gegenteil hinaus: Hier wird nahezu alles zu einer Ausstellung, von der Schublade bis zur Hängeleine. Zum einen hat man es mit einem definitorischen Angebot zu tun, welches zu einer fraglichen Reduktion führt und somit zu einem engen Ausstellungsbegriff. Zum anderen hat man es mit einer Erweiterung des Gegenstandsbereichs des Begriffs zu tun, sodass der Begriff selbst sinnlos wird, da nahezu alles Ausstellung ist, weil es nicht mehr einsichtig ist, was ausgeschlossen werden kann.

In dem von Bertron, Schwarz und Frey herausgegeben Sammelband *Projektfeld Ausstellung. Eine Typologie für Ausstellungsgestalter, Architekten und Museologen* wird versucht, anhand von Ausstellungsorten wie dem Museum für Naturkunde in Berlin und dem Planetarium Zeiss charakteristische Unterschiede verschiedener Ausstellungsformen zu erfassen. Erklärtes Ziel dieses Sammelbandes ist es, »das Spezifische der verschiedenen Museen und Ausstellungen«[18] herauszuarbeiten. Verglichen und unterschieden werden diese anhand des Inhalts, der Mittel und Wirkungen. Hinsichtlich eines Allgemeinbegriffs von Ausstellung stellt Schwarz fest, dass für diesen nur eine »unscharfe Definition«[19] vorliegt. Eine Erklärung hierfür läge darin, dass Ausstellungen in aller Regel interdisziplinär organisiert seien, aber auch, dass unterschiedlichste Berufsgruppen in der Ausstellungsorganisation beteiligt seien.[20] Für die Typologie des Sammelbandes wird daher eine Eingrenzung vorgenommen: In Betracht kommen nur die Ausstellungen, denen kein »gewerblicher Charakter«[21] zugrunde liegt, Messen also etwa nicht. Auch wenn diese Fokussierung vorgenommen wird, wird behauptet, dass »selbstverständlich viele Aussagen auch für andere Bereiche des raumbezogenen Entwerfens gelten«.[22] Um die angestrebte Typologie bewerkstelligen zu können, werden 15 unterschiedliche Parameter aufgestellt, für die es jeweils bis zu sieben Variablen gibt: So gehören dem Parameter »Bedeutung« die Variablen »Lokal, Regional, National, International« zu.[23] So überzeugend die Taxonomie und Aufschlüsselung der verschiedenen Formen und der damit einhergehenden Beispiele für den Zweck der Ausstellungsgestaltung sein mag: Der Sammelband zeigt ein allgemeines Problem der Literaturlage an: Es geht um spezifische Ausstellungen. Was Ausstellungen aber im Allgemeinen sind, was sie ausmacht, wird nur angedeutet. Fraglich ist, wie das, was im vorliegenden Beispiel für verschiedene Ausstellungsformen, auch für die nicht näher erwähnten Ausstellungsformen, gilt, »selbstverständlich« gelten soll. Denn Ausstellungen hätten angeblich zwei wesentliche Aufgaben: »Objekte zeigen und Geschichten erzählen«[24]. Es ist wohl eher eine Besonderheit, dass mit Ausstellungen, beispielsweise auf Messen, Geschichten erzählt werden, und was das im Spezifischen heißt, müsste auch geklärt werden. Darüber hinaus ist diese Festlegung aber auch schon für die fokussierte Auswahl des Sammelbandes fraglich: Werden mit den Dauerausstellungen der Sammlung eines Museums Geschichten erzählt? An der Thematisierung des Ausstellungsbegriffs entfaltet sich eine Problematik: Will man Ausstellungen darüber definieren, wo sie stattfinden und was ihr Inhalt ist? Oder aber darüber, was in Ausstellungen gemacht wird? Der Sammelband versucht den Spagat einer Bestimmung des Ausstellungsbegriffs zum einen darüber, indem geklärt wird, was wo ausgestellt wird, und zum anderen darüber, dass gesagt wird, was gemacht wird, wenn man ausstellt. Beides führt aber dazu, dass nur spezifische Fälle von Ausstellungen unter diese Bestimmung fallen können. Diese Typologie ist also auf diejenigen zugeschnitten, welche im musealen und kulturellen Bereich arbeiten und Ausstellungen gestalten. Ein überzeugendes Kriterium, um Ausstellungen begrifflich fassen zu können, wird nicht geboten.

Bei Vogels Typologie hingegen wird nahezu alles zu einer Ausstellung, sodass im Vergleich zu Bertron der umgekehrte Fall eintritt: Man fragt sich, ob der Ausstellungsbegriff zu weit gefasst ist. Die eigens aufgestellte Nomenklatur umfasst dabei knapp 250 Ausstellungsformate, die auch Präsentationsmodi genannt werden. Hierbei finden sich vermeintlich Formate, die eher untypisch und eigenwillig sind: Bilderrahmen, Fahnenstange, Girlande, Kleiderhaken, Kühlschranktür und Tatort, um nur eine kleine Auswahl zu geben. Diese werden wiederum in eine Taxonomie gebracht, welcher eine »Typologie des Ortes«[25] zugrunde liegt. Die Formate werden hier beispielsweise in klassische Räume, Ressourcenräume, emotionale Räume und Spezialfälle innen sowie außen unterschieden. Bemerkenswert ist hierbei die Anmerkung Vogels, dass diese Ordnung relativ sei, da es vom Blickwinkel abhänge, wie welche Formate sortiert würden. Dies sei vor dem Hintergrund nachvollziehbar, »dass Begriffe heute tolerant hinsichtlich ihrer präzisen Verwendung und klaren Definition geworden, resp. dem Wandel gestalterischer (Neu)formulierungen unterworfen sind«.[26] Dann muss man sich fragen, welchen Sinn die Nomenklatur wie auch die Taxonomie hat, wenn gar nicht so klar ist, ja gar klar sein kann, wovon die Rede ist, und wenn es eine abschließende Ordnung von vornherein nicht geben kann. Dies ist allerdings – so erstaunlich das auch sein mag – das kleinere Problem. Schwerwiegender ist, dass Vogel nicht klarmacht, warum es sich letztlich bei den erwähnten Formaten und Räumen um Ausstellungsphänomene handelt. Denn die Aufzählung von Vogel ist so umfassend – und eben auch nicht abgeschlossen –, dass die Frage im Raum steht, was denn *keine* Ausstellung ist. Vogels Prämisse für den Ausstellungsbegriff ist so weit, dass eine sinnvolle Begriffsbildung nicht möglich ist: »Üblicherweise wird ein (leerer) Raum angenommen, in den Objekte gestellt und/oder an dessen Wände Bilder gehängt werden. Es gibt aber weitere Präsentationsmodi, die je ihre eigenen Spezifikationen haben.«[27] Dies ist unterbestimmt, denn lediglich einen Raum mit Objekten füllen, kann nicht hinreichend für die Bestimmung von Ausstellungen sein. Denn dann ist jeder Einzug in eine neue Wohnung Ausstellungsgestaltung.

Es ist auch nicht klar, ob die von Vogel so benannten Ausstellungsformate wirklich als Ausstellungen gedacht sind, also ob die Girlande selbst schon eine Ausstellung oder beispielsweise ein Medium der Ausstellung ist. Bedarf es womöglich erst einer spezifischen Handlung oder Rezeption, damit der Tatort Ausstellung wird, oder ist er es qua Tatort? Bedürfe es keiner spezifischen Handlung oder Rezeption, dann hätte man das Problem, dass beispielsweise das von Vogel erwähnte Ausstellungsformat Garderobe dazu führt, dass man, bevor man die Kunstausstellung besucht, bereits eine Ausstellung besucht hat, nämlich sobald man seine Sachen an der Garderobe hinterlassen hat. Vogel macht nicht klar, wann man sinnvollerweise davon sprechen kann, dass etwas ausgestellt ist. Einzig, dass ein enger Zusammenhang zwischen Ausstellen und Zeigen besteht, lässt vermuten, dass es einer Handlung bedarf, damit Zettelkasten, Spind und Gehege Ausstellungen werden: »Wer ausstellt, zeigt etwas.«[28] Also jeder, der ausstellt, zeigt auch etwas, aber nicht jeder, der etwas zeigt, stellt etwas aus. Was aber die spezifische Differenz ist, diese Antwort bleibt Vogel schuldig. Damit wird nicht klar, was Ausstellen als Praxis ausmacht, insbesondere gegenüber womöglich anderen Praxen, wie Gestalten, Inszenieren, Darstellen, Präsentieren etc. Auch wenn Vogel zumindest den Akt des Zeigens in verschiedene Subformen differenziert, wird nicht klar, was man macht, wenn man zeigt, respektive ausstellt. Diese immense Ausweitung des Gegenstandsbereichs des Ausstellungsbegriffs scheint intendiert zu sein: »Vor allem im Alltag finden sich viele popularisierte (Re)präsentationen, die sich als wildes Ausstellen oder nomadisches Display bezeichnen lassen.«[29] Dadurch, dass es Vogel versäumt, klare Kriterien anzugeben, verwickelt er sich selbst in Widersprüche. Vogel will Dinge ausschließen, die der Raumteilung dienen, etwa »halbtransparente Girlanden aus Fäden, Schnüren und dergl.«[30], führt dann aber wiederum Girlanden in der Nomenklatur auf. Sicherlich findet man all diese Formate in Ausstellungen, aber ob dadurch klar wird, was eine Ausstellung ist, ist zweifelhaft. Es ist in etwa so, als wolle man den Begriff der Kunst durch die Materialien definieren, die bei der Kunstproduktion benutzt werden. Nicht nur, dass es keine klare Unterscheidung zwischen Ausstellen und Zeigen gibt, es scheint auch nicht zwischen Ausstellen und Sammeln unterschieden zu werden. Wenn Vogel behauptet, dass Ausstellen eine Form des Zeigens sei, dann erscheint das vor dem Hintergrund der Aufzählung von Schubladen und Archiven als schwierig. Die Frage sei erlaubt, inwieweit es sich um eine Form des Ausstellens handelt, wenn jemand eine Schublade öffnet und dort etwas zu sehen bekommt. Die Gefahr besteht darin, dass so jegliche Haushaltsauflösung zur Ausstellung wird. Gerade hier wird es doch spannend: Welche Handlung muss vollzogen werden, damit beispielsweise eine Schublade als Ausstellungsformat oder – um in der Terminologie Vogels zu bleiben – als Medium des Zeigens verwendet werden kann? Es ist ein Versäumnis, den Begriff des Displays nicht weiter ausgeführt zu haben, scheint dieser doch – und das nicht nur bei Vogel – eine tragende Rolle für das Ausstellen zu spielen.[31] Paolo Bianchi schreibt in seinem Vorwort, dass »der im Buchtitel artikulierte Anspruch, nicht ›ein‹, sondern ›das‹ Handbuch zum Themenfeld Ausstellen und Zeigen erstellt zu haben, […] in der vorliegenden Form als eingelöst zu bezeichnen«[32] sei. Das ist doch recht fragwürdig: Gemessen am Titel dieses Handbuchs wird weniger vom Ausstellen und Zeigen als vom Ausgestellten und Gezeigten gesprochen. Es sind nicht die Akte, die im Vordergrund stehen, sondern die Mittel des Handelns. Wenn jemand Wäsche an einer Hängeleine aufhängt, ist das schon ein Akt des Ausstellens oder des Zeigens?

Bei beiden Typologien läuft es darauf hinaus, den Ort des Ausgestellten als Ausgangspunkt der Klassifizierung zu nehmen, im einen Fall ist der Ansatz dabei zu eng, im anderen zu weit. Das ist insoweit interessant, als dass die Ausstellung ja das Ergebnis einer Handlung ist, eben des Ausstellens. Dieser Akt spielt – wenn überhaupt – nur eine marginale Rolle. Dass Ausstellen irgendwie mit Zeigen zu tun haben soll, scheint dabei gemeinsamer Nenner zu sein, sodass es nicht weiter zur Sprache kommt und nur am Rande besprochen wird.

Zusammengefasst: Einschlägige Lexika und Handbücher geben keine klaren Antworten auf die Frage nach dem Begriff der Ausstellung oder des Ausstellens. Selbst Handbücher, die im Titel den Begriff der Ausstellungstheorie führen, weisen kein Kapitel oder Abschnitt hierzu auf, nur in einem engen Sinn, und zwar auf das Museum bezogen.[33] Man steht also vor dem Problem, dass man nur ein vages Verständnis von Ausstellungen und dem Ausstellen hat. So korrekt Beschreibungen, Beobachtungen und Aufzählungen bezüglich der Ausstellungsgestaltung sein mögen, eine Definition von Objekten, Orten und Medien kann für den Ausstellungsbegriff nicht hinreichend sein. Es lässt sich daher nach dieser Betrachtung immer noch sinnvoll die Frage stellen, was das ist, was die Ausstellungsmacher da machen.

Wahrnehmen und Lesen: Perspektiven der Ausstellungstheorien

Wenn die Forschungslage auch übersichtlich sein mag, so gibt es dennoch verstreut Beiträge zu einer Theorie des Ausstellens und der Ausstellung. Für die Ausstellungsforschung gilt, was auch schon für die Museumsforschung konstatiert wurde: Gemeinhin befasst sich der Großteil dessen, was sich der Ausstellungsforschung zuordnen lässt, mit spezifischen Themen des Ausstellens und der Ausstellung. Es geht beispielsweise um Ausstellungen zu einem bestimmten historischen Thema[34] oder aber darum, wozu Ausstellungen eingesetzt werden können[35]. So wird beispielsweise in dem Tagungsband *Ausstellungen als Medium in der Gesundheitsförderung* geurteilt, dass »die größte Chance und gleichzeitig die größte Schwierigkeit in der Definition des Mediums Ausstellung liegt. Ausstellungen machen sich, je nach Thema, Zielgruppe und Ort, verschiedene Medien und unterschiedliche didaktische Zugänge zunutze. Sie leben von der Kreativität und Originalität der Ausstellungsmacherinnen und -macher. Deshalb kann es kein Strickmuster für eine gute Ausstellung geben.«[36] Dass eine Definition der Ausstellung und des Ausstellens schwerfällt, wird nun seit rund 40 Jahren konstatiert[37]. Mancher behauptet gar eine logische Unmöglichkeit: »Zu sagen, was eine Ausstellung sei und leiste, ist jenseits empirischer Untersuchungen wohl ebenso schwer wie die Farbe Blau zu beschreiben.«[38] Spannend an dieser Diagnose ist jedoch, dass diejenigen, die das behaupten, doch zumindest einen impliziten Begriff von Ausstellung haben. Sonst könnten sie nicht urteilen, dass es ein diverses Feld von Ausstellungen gibt. Die Zitate zeigen, dass aus der Perspektive der Ausstellungsmacher gar nicht recht klar ist, wie die eigene Tätigkeit zu fassen ist – und wie sie letztlich gut umzusetzen ist. Schon 1980 kommt der damalige Generaldirektor der Staatlichen Museen zu Berlin zu dem Urteil: »[...] mir scheint wichtig festzuhalten, daß es bei den ›Ausstellungsmachern‹, bei den Praktikern, ein erhebliches Theoriedefizit gibt.«[39] Den normativen Beiklang dieser Formulierung beiseite genommen, kann man, wie im vorigen Abschnitt aufgezeigt, dieser Diagnose weiterhin zustimmen.[40] Genau aus dieser Unbestimmtheit lässt sich womöglich folgern, »dass Ausstellungen noch immer das am stärksten hoffnungsbesetzte Medium zeitgenössischer Kunst und Kultur zu sein scheinen«.[41] Im Folgenden sollen einige der wenigen konkreten Positionen expliziert werden, um einen Überblick zu geben, mit welchen Verständnissen in der Ausstellungstheorie operiert wird. Was macht man, wenn man ausstellt, und was ist eine Ausstellung?

Zwei Ansätze lassen sich grob voneinander unterscheiden: ein im weitesten Sinne wahrnehmungszentrierter und ein im weitesten Sinne semiotischer. Im weitesten Sinne deswegen, weil diese Perspektiven in der Regel selbst nicht explizit eingenommen werden, aber in dieser Richtung argumentiert wird. In dem einen Ansatz wird Ausstellen als der Akt verstanden, durch welchen die Exponate als Wahrnehmungsobjekte verwendet werden. In dem anderen Ansatz wird Ausstellen als Handlung verstanden, welche Objekte als Zeichen verwendet. In der einen Weise soll der Besucher Besonderes oder auf besondere Weise etwas sehen, in der anderen Weise soll er Zeichen lesen oder interpretieren. Dieser Gegensatz ist schon im Sammelband »Kult und Kultur des Ausstellens« zu erkennen. Bemerkenswerterweise behauptet Sergio Polano in seinem Beitrag: »Es besteht kein Zweifel, daß die Ausstellungs- und Lehrfunktion des Museums sowie die pädagogisch-narrative Beziehung zu jener Öffentlichkeit, die diese Einrichtung in Anspruch nimmt, sich in bestimmten Formen des Zeigens äußert, die selbst Zweck der Institution sind.«[42] Demgegenüber vertritt Severin Heinisch die Meinung: »Was die Ausstellung produziert, ist kein literarischer Text, sondern ein Text aus Bildern, Objekten und Schautafeln, aus Anordnungen, Inszenierungen und festgelegten Wegen.«[43] Wo Heinisch argumentiert, dass die Ausstellung ein Text sei, behauptet Polano – so könnte man mit Konrad Fiedler sagen –, dass die Ausstellung ein »Sichtbarkeitsgebilde«[44] ist. Sicher: Versteht man Polanos Aussage so, dass Ausstellen überwiegend als Zeigen verstanden wird, kann man ihm zustimmen. Nichtsdestotrotz gibt es aber Positionen, die Ausstellungen als Zeichenkomplexe verstehen. Anhand dieser Differenzierung sollen exemplarisch einige Meinungen vorgestellt werden. Was dabei deutlich wird, ist, dass beide Positionen Ausstellen als einen Akt des Zeigens oder Präsentierens verstehen. Gemeinhin werden beide Begriffe synonym verwendet. Die Ansätze unterscheiden sich dann an der Frage, welche Rezeptionshaltung vom Besucher erwartet wird: wahrnehmen oder lesen.

Karen van den Berg unterscheidet in ihrem Beitrag Formen musealen Ausstellens.[45] Diese Formen, so legt sie nahe, ergeben sich aus unterschiedlichen historischen Kontexten. In diesem Sinne ist diese Differenzierung weniger eine kategoriale denn eine geschichtliche. Bemerkenswert jedoch ist das, was nicht mit und über diese Differenzierung gesagt wird: nämlich, dass es offenbar auch ein nicht-museales Ausstellen gibt. Auf die Frage, was Ausstellen heißt, antwortet sie: »Dass der Begriff des musealen Ausstellens eine neuere und sich mit der Aufklärung erst langsam entwickelnde Praxis markiert, wurde in der Forschung vielfach bemerkt.«[46] Auf die Frage nach dem Sinn des allgemeinen Begriffs des Ausstellens wird mit einer Spezifizierung geantwortet. Das, was die von ihr untersuchten verschiedenen Formen musealen Ausstellens verbindet, ist der Anspruch, mittels Zeigen Wissen zu produzieren – dadurch, dass Besonderes oder etwas auf besondere Weise wahrgenommen wird. Das verbindende Merkmal aller Ausstellungsformen – auch der nicht-musealen – ist der Akt des Zeigens. Dies legt ihre Argumentation auch für nicht-museale Weisen des Ausstellens nahe, ohne es aber zu explizieren. Van den Berg unternimmt also den Versuch, die epistemische Funktion des Museums über den Akt des Ausstellens zu klären. Klar wird, dass Ausstellen als Zeigen verstanden wird.

Beatrice von Bismarck geht es zwar um den Begriff des Kuratorischen, naheliegenderweise äußert sie sich aber auch zum Begriff des Ausstellens: »War Ausstellen konventionell mit dem Zeigen von Kunst und Artefakten assoziiert, so brach der Gray Room mit diesen Konventionen, verzichtete er doch innerhalb der Ausstellungsabteilung ›Counterdesign as Postulation‹ gerade auf die optische Präsentation materieller Exponate; stattdessen brachte er ein Beziehungsgeflecht architektonischer, auditiver und diskursiver Erfahrungen zum Tragen – und darin das raum-zeitliche Gefüge, welches sich in einer kuratorischen Situation zwischen allen an ihr Beteiligten ergibt und diese in ihren Aufgaben, Rollen und Positionen immer wieder neu definiert.«[47] Auch hier wird klar, dass es sich bei Ausstellungen um besondere Wahrnehmungssituationen handeln muss. Von Bismarck entwickelte anhand des besprochenen Gray Room die These, dass Ausstellen nicht mehr nur als ein Zeigen von Objekten verstanden werden könne, sondern auch die Beziehung zwischen Besucher und Ausstellungsraum mit ausgestellt sei. Weitergedacht läuft dies darauf hinaus, dass »Ausstellungsbesucher*innen zugleich als Ausgestellte auftreten […], Räume sowohl Display- als auch Exponat-Eigenschaften übernehmen und Künstler*innen, Architekt*innen, Kurator*innen und Designer*innen mit vergleichbaren Aufgaben betraut«[48] sind. Ihrer Überzeugung nach erweitert sich aber damit nur der Gegenstandsbereich dessen, was gezeigt wird oder gezeigt werden kann: »[…] zeigt doch die Ausstellung immer etwas, nämlich die Exponate, aber eben auch sich selbst.«[49] Auch wenn ihrer Ansicht nach das, was eine Ausstellung ist, einem historischen Wandel unterliegt, bleibt die Funktion des Zeigens für das Ausstellen wesentlich. Wenn auch die Trennlinien zwischen Ausstellungen, Aufführrungen und Installationen nicht immer trennscharf oder, wie von Bismarck schreibt, »porös«[50] sind, so käme den Ausstellungen die Aufgabe des Zeigens zu, wofür sie auch den Begriff der Präsentation synonym verwendet.

Der Begriff der Präsentation spielt des Öfteren eine Rolle, wenn es um die Bestimmung dessen geht, was Ausstellen ist. Jedoch wird dieser synonym mit dem Zeigen verwendet. Präsentation ist auch der Schlüsselbegriff in den Überlegungen von Ekkehard Mai. Er unternimmt den Versuch, anhand einer geschichtlichen Abhandlung über das Ausstellungswesen eine Charakterisierung desselben vorzunehmen. Egal, ob es sich um eine Ausstellung einzelner, loser Objekte handelt oder diese aufeinander bezogen sind: Mai vertritt die Auffassung, dass es sich beim Akt des Ausstellens um einen Akt der Präsentation handelt.[51] Diese Überzeugung durchzieht auch seine eigene Ausstellungstypologie, die Ausstellungen grundlegend hinsichtlich ihrer Inhalte differenziert.[52] Mai unterscheidet zwischen Ausstellen und Inszenieren, womit er sich von vielen Beiträgen zum Thema Ausstellen unterscheidet, was der begrifflichen Klarheit zugutekommt. Aus seinen Ausarbeitungen lässt sich der Schluss ziehen, dass in einer Ausstellung zwar beides zusammenfallen mag, dass Inszenierung für eine Ausstellung aber nicht notwendig ist – zumindest in einem kategorialen Sinne, denn: »Mehrfach war bereits davon die Rede, daß Ausstellungen heute kaum mehr ohne Inszenierung einherkommen, ja oftmals auskommen.«[53] Mai schlägt vor, bei Inszenierungsakten in Ausstellungen von »Ausstellungskunst«[54] zu sprechen. Nach von Bismarck sind die Überschneidungen zwischen Ausstellung und Aufführung so vielfältig, dass beides nur schwer voneinander abzugrenzen ist. Aber für die Suche nach kategorialen Unterscheidungen können Beispiele nur der Ausgangspunkt sein. So ließen sich sicherlich auch Beispiele finden, bei denen die üblichen Bestimmungen für den Begriff des Bildes und des Films an ihre Grenzen stoßen. Mais Hinweis ist insofern nützlich, als er hilft, verschiedene an einer Ausstellung beteiligte Akte zu differenzieren. Wo Mai auf der einen Seite begrifflich trennt, urteilt er auf der anderen womöglich vorschnell. Denn wie schon oft angeführt, lässt sich berechtigterweise die Frage stellen, ob das, was in einem Schaufenster gemacht wird, auch eine Ausstellung ist. Für Mai jedenfalls scheint der Fall klar zu sein: Dort, wo Ausstellungen »Tricks und Gags zur Aktivierung des Besuchers [nutzen,] sind [sie] in der Tat kaum gut zu heißen«.[55] Dieser Auffassung kann man sein. Mai setzt dies nun allerdings mit »Schaufenstergestaltung aus dem Designbüro« gleich und bezeichnet mit Hartmut Boockmann die Verantwortlichen als »Kaufhaus-Dekorateure«[56]. Das ist in der Tat ein Punkt, den einige Ausstellungstheorien teilen und der womöglich dafür verantwortlich ist, warum so viele mögliche Ausstellungsphänomene als Ausstellungen ausgeschlossen werden: Überall, wo Geld im Spiel oder ökonomische Interessen vorhanden seien, dort könne keine Ausstellung stattfinden. Man muss dann aber berechtigterweise zurückfragen, wie es sich beispielsweise mit Galerien verhält, die sich, mal mehr und mal weniger, aus ökonomischem Interesse ebenfalls bestimmter Inszenierungsstrategien bedienen. Selbst wenn Geld im Spiel ist, will man wirklich behaupten, dass der Akt dadurch ein anderer ist? Auch wenn Mai sich darum bemüht, das Ausstellungswesen als Gesamtes, insbesondere historisch, in den Blick zu bekommen – und das kann man angesichts des Forschungsstands nur loben –, so fällt auch bei ihm auf, dass Ausstellungen immer nur im Kontext von Kunst und (Hoch-)Kultur Erwähnung finden.

Auch dem museumspädagogischen Konzept von Uwe Christian Dech liegt ein Verständnis zugrunde, dem zufolge die Funktion des Ausstellens ein Zeigen ist: Dech ist der Meinung, dass Museumsausstellungen die Aufgabe zukommt, das Sehen zu schulen.[57] Ohne auf dieses Konzept näher einzugehen, wird deutlich, dass sich das Sehenlernen nach Dech nur durch ein Zeigen einlösen lässt. Denn das pädagogische Konzept, das er entwickelt, besteht grundlegend darin, jemandes Wahrnehmung dadurch zu verbessern, dass etwas sehen gelassen wird. Nur dadurch, dass etwas Besonderes auf eine besondere Art gezeigt wird, lässt sich das Sehen schulen. Diese Bestimmung deckt sich mit jeder umgangssprachlichen Auffassung des Zeigebegriffs. Dass aber nicht jedes Zeigen zu einem Sehenlernen führt, ist klar. Es geht hier ebendeshalb um ein museumspädagogisches Konzept.

Gottfried Korff, einer der führenden Museologen im deutschsprachigen Raum, vertritt eine klare Position hinsichtlich der Frage, wie der Akt des Ausstellens begrifflich gefasst werden kann: Ausstellungen komme die Aufgabe zu, etwas »sinnlich plausibel und anschaubar zu machen.«[58] Korff lässt sich also jenen zuordnen, die behaupten, dass der Akt des Ausstellens dazu führe, jemand anderen etwas wahrnehmen zu lassen – und dies dann in epistemisch relevanter Weise. Denn das, was die Arbeiten Korffs wie ein roter Faden durchzieht, ist die Überzeugung, dass Ausstellungen zu sinnlicher Erkenntnis führen.[59] Damit ist dann gesagt, dass der Besucher zum Wahrnehmen aufgefordert ist und nicht zu einem Lesen. Dass es zu semiotischen Prozessen in Ausstellungen kommen kann, ist hierdurch nicht ausgeschlossen. Aber – und so lässt sich Korffs Sichtweise als Prototyp einer solchen Position verstehen – es handelt sich beim Ausstellen um einen »Primat der Wahrnehmung«[60]. Ausstellungen zielen auf die Sinne der Besucher ab: »Der sinnliche Affekt wird als Movens der Erkenntnis eingesetzt.«[61] Nach Korff »kommt eine ästhetische Erfahrungsform ins Spiel, deren Konsequenz eine ästhetische Präsentationsform ist«.[62]

Als Vertreterin einer semiotischen Position lässt sich Jana Scholze einordnen. Sie geht in ihrer umfassenden Untersuchung verschiedenen »Präsentationsformen in musealen Ausstellungen«[63] nach. Damit sind schon zwei wichtige Unterscheidungen eingeführt: Zum einen ist damit gesagt, dass in Ausstellungen etwas präsentiert wird. Zum anderen werden verschiedene Ausstellungstypen unterschieden. Scholze ist sehr klar darin, was sie mit ›Präsentationsform‹ meint: Es »wird die Ausstellungsgestaltung im weitesten Sinne verstanden, d.h. das Arrangement aller Präsentationsmedien von Ausstellungsobjekten über architektonische Konstruktionen, Vitrinen, grafische Materialien, Licht, Ton bis zu bewegten Bildern als konkreter räumlicher Umsetzung oder Übersetzung eines Ausstellungskonzepts.«[64] Anders formuliert: Präsentiert wird via Medien. Ausstellen ist diejenige Tätigkeit, die mit Medien etwas zeigt. Ausstellungen sind Scholzes Meinung nach »komplexe Medien«[65]. Diese Komplexität drückt sich für sie nicht nur durch die Vielzahl beteiligter Medien und Objekte aus, sondern auch darin, dass in Ausstellungen »Signifikations- und Kommunikationsprozesse stattfinden«[66] Schulze beschreibt dies so, dass es zu Vorgängen »des Codierens und Decodierens«[67] komme. Dies ist darum bemerkenswert, weil ein »Zeichenprozess«[68] üblicherweise als Repräsentation und nicht als Präsentation verstanden wird: Zeichen sind Stellvertreter. Insofern ist die Verwendung des Ausdrucks »Präsentation« eigenwillig, weil damit üblicherweise gesagt wird, dass etwas gezeigt werde, was wiederum gesehen oder wahrgenommen wird: Das Sehen einer Sache ist kategorial verschieden vom Lesen eines Zeichens. Insofern scheint Schulze unter Präsentation so etwas wie Codierung zu verstehen; der dabei produzierte Code muss dann vom Besucher entschlüsselt werden.

Auch Alexander Klein vertritt die Ansicht, dass »Ausstellen eine Form von Kommunikation«[69] sei. Er stimmt mit Scholze darin überein, dass es in Ausstellungen zu Codierungen komme. Begrifflich geht er aber einen anderen Weg, indem er behauptet, dass »das Medium Ausstellung Wirklichkeit zeigt«[70]. Überhaupt geht er einen Mittelweg zwischen wahrnehmungszentriertem und semiotischem Ansatz, wenn er sagt, dass eine Ausstellung »die Wirklichkeit sowohl präsentiert, [sic] als auch repräsentiert und interpretiert«.[71] Allerdings handelt es sich dabei eher um ein zu erreichendes Ideal, denn Klein ist der Auffassung, dass Ausstellungen fallweise einmal mehr, einmal weniger, in die eine oder andere Richtung tendieren. Deswegen führt er eine Unterscheidung zwischen »Modi des Ausstellens«[72] ein: »Das wünschenswerte Resultat wäre eine Mischform«[73]. Unabhängig davon ist Klein in einem weiteren Punkt erfreulicherweise deutlich: »Und heute zählen zu den ausstellenden Institutionen nicht nur Museen, sondern auch Messen, Hallen, Jahrmärkte, Festspielorganisationen und Bibliotheken, so dass jede Rede von einem Ausstellungsmonopol der Museen unhaltbar wäre. Unternehmensfilialen und Kaufhäuser nutzen ihre Schaufenster und Foyers als Ausstellungsfläche. Kneipen und Cafés, aber auch Flughäfen präsentieren unter Erco-Lichtstrahlern stolz ihre Sammlungsstücke. Ganze Kraftwerke und Fabriken werden, ihrer ursprünglichen Funktion entkleidet, als Ausstellungsstücke präsentiert und werden zu ihrem eigenen Museum.«[74] Entgegen dem Gros der Beiträge zur Ausstellungstheorie beschränkt sich Kleins Ansatz nicht bloß auf das Museum, auch wenn es für ihn eine herausragende Rolle spielt.

Hubert Lochers Position lässt sich als eine verstehen, die einen wahrnehmungszentrierten und einen semiotischen Ansatz miteinander verbindet oder zwischen ihnen steht. Klar ist für ihn zumindest Folgendes: »Das Publikum geht nicht bloß ins Museum, um Dinge zu betrachten, sondern um sie in einer bestimmten Weise gezeigt zu bekommen. So trifft in einem sehr spezifischen Sinn die Aussage zu, dass man nicht sehen kann, was nicht gezeigt wird: Hinstellen allein genügt nicht, es bedarf des Ausstellens.«[75] Kurzum: Ausstellen ist ein Akt des Zeigens. Allerdings lässt sich bei Locher nicht klar sagen, welcher Art nun dieses Zeigen ist, da es zu einer Vermischung in der Terminologie kommt: »Die Art der ausstellenden Fügung von Dingen bestimmt deren Wahrnehmung. Allein durch die Feststellung der Fügung von Dingen zu einer Sammlung nehmen wir auch das einzelne Ding, worum immer es sich handelt, als Bedeutungsträger wahr.«[76] Anders gesagt: In einer Ausstellung können »Zeichen gesetzt werden«[77]. Bei Locher scheint es keine klare Unterscheidung zwischen Wahrnehmen und Lesen zu geben, denn etwas als Zeichen zu verwenden, heißt bei ihm, etwas als Zeichen wahrzunehmen.

Exemplarisch wurden hier einige Positionen dazu aufgeführt, wie der Akt des Ausstellens gemeinhin gefasst wird. In der Regel ist man sich in der Theorie einig, dass der Akt des Ausstellens dem Akt des Zeigens zuzuordnen ist. Unterscheiden lassen sich diese Ansätze in zweierlei Hinsicht: daran, wie die Dinge, die gezeigt werden sollen, verwendet werden, und daran, welche Rezeptionshaltung vom Besucher erwartet wird. Es stellt sich dabei aber auch heraus, dass es Ansätze gibt, die beide Positionen miteinander verknüpfen. Abgesehen von dieser ersten Einsicht, dass sich zwei Positionen ausmachen lassen – eine wahrnehmungszentrierte und eine semiotische –, lässt sich zweitens feststellen: Es gibt zwar Ausstellungstheorien, die mehr Ausstellungsphänomene kennen als nur das Museum; nichtsdestoweniger bemisst sich der Begriff des Ausstellens dann aber doch letztlich an diesen musealen Formen.

Im Folgenden soll der Intuition, dass das Ausstellen ein Zeigen ist, nachgegangen und diese These dezidiert begründet werden.[78] Es ist deutlich geworden, dass sich eine Begriffsbestimmung des Ausstellens und der Ausstellung nicht zufriedenstellend bewerkstelligen lässt, wenn nicht in den Blick gerückt wird, worin der genuine Akt des Ausstellens liegt. Es hat sich gezeigt, dass weder Ausstellungsort noch -objekte hinreichend für eine überzeugende Begriffsbestimmung sein können. Eine Philosophie des Ausstellens will den Gedanken ernst nehmen, dass sich nur dann verstehen lässt, was eine Ausstellung ist, wenn man weiß, was es heißt, auszustellen. Man hat es nicht per se mit einer Ausstellung zu tun, weil man sich an diesem oder jenem Ort befindet oder weil sich die Objekte dieser oder jener Gattung zuordnen lassen. Jemand, der ausstellt, bezweckt etwas mit den Objekten an spezifischen Orten auf verschiedene Weisen. Orte und Objekte sind dabei kontingent und variabel. Es soll hier die Ansicht verteidigt werden, dass man es immer dann mit Ausstellungen zu tun hat, wenn auf eine spezifische Art gehandelt wurde. Von Ausstellen zu sprechen ist dann sinnvoll, wenn derjenige, der ausstellt, beabsichtigt, Objekte auf eine spezifische, noch darzulegende Art und Weise zu zeigen.

In dieser Hinsicht schließt sich das vorliegende Buch dem Großteil der Forschung an. Im Spezifischen soll die Argumentation verfolgt werden, dass es sich beim Zeigen um einen Akt des Sehenlassens handelt. Damit ist auch die Überzeugung verbunden, dass Zeigen kein semiotischer Akt per se ist. Dies gilt auch für das Ausstellen. Freilich können in Ausstellungen auch Zeichen verwendet werden – aber sie müssen es nicht. Dass etwas als Zeichen gezeigt wird, ist keine notwendige Bedingung dafür, dass man es mit einer Ausstellung zu tun hat; dies ist erst der Fall, wenn jemand jemanden etwas sehen lässt. Bevor überhaupt etwas als Zeichen gelesen oder interpretiert werden kann, muss der je spezifische Gegenstand, der in einer bestimmten Hinsicht verwendet werden soll, überhaupt erst wahrgenommen werden. Ausstellen ist eine Tätigkeit, mit der man versucht, jemand anderen etwas sehen zu lassen, so wie es für das Zeigen im Allgemeinen auch gilt. Möchte ich, dass jemand Totenschädel in einem Gemälde als Vanitas-Symbole interpretiert, dann muss ich ihn als Wahrnehmenden erst auf die Schädel aufmerksam machen. Vor dem Hintergrund, dass hier argumentiert wird, dass Ausstellen eine Form des Zeigens ist, gilt es den Begriff des Zeigens im Folgenden in seiner Allgemeinheit zu bestimmen, anschließend den Begriff des Ausstellens im Spezifischen.

Dem Akt des Zeigens ist in den letzten Jahren in der Forschung verstärkt Aufmerksamkeit geschenkt worden. Er ist hierbei Gegenstand unterschiedlichster Disziplinen: in der Anthropologie, Didaktik, Ethnologie, Kommunikationswissenschaft, Kunstwissenschaft, Pädagogik, Philosophie und den Sozial- und Verhaltenswissenschaften. Dabei handelt es sich um Arbeiten, die entweder das Zeigen selbst oder spezifische Aspekte davon zum Thema machen.[79] Seit rund 20 Jahren kann man von einer eigenständigen Zeigeforschung sprechen, die inner-, aber auch interdisziplinär arbeitet. Im Zuge dessen sind Sammelbände erschienen, die versuchen, den Stand der Forschung zu dokumentieren, aber auch interdisziplinäre Gespräche anzustoßen.[80] Allerdings verhält sich die Philosophie zu diesem Forschungsgegenstand anders als andere Wissenschaften. Sie fragt, welche Merkmale jede Form des Zeigens notwendigerweise teilen muss, damit es ein Zeigen ist, und wie sich dieses Zeigen gegenüber anderen, ähnlichen Phänomenen abgrenzt. Eine Anthropologie fragt hingegen, welche Rolle das Zeigen für die menschliche Entwicklung spielt, und arbeitet hierbei womöglich mit einem impliziten Begriff des Zeigens. Mit Frege gesagt: Philosophie fragt nach dem Sinn, der Intension, eines Begriffs, während andere Wissenschaften in der Regel nach der Bedeutung, der Extension, fragen.

Vor diesem Hintergrund ist anzumerken, dass Fragen zum Zeigen insbesondere in der Philosophie auf fruchtbaren Boden gefallen sind, da vornehmlich hier die Debatten dazu geführt werden. Es sollte deutlich geworden zu sein, dass die Selbstverständlichkeit, mit der man diesen Begriff benutzt, zu einigen theoretischen Schwierigkeiten führt. Nun ist Zeigen offenkundig kein ganz und gar neues Thema in der Philosophie. Dass der Begriff des Zeigens im 20. Jahrhundert schon bei so namhaften Philosophen wie Martin Heidegger[81] und Ludwig Wittgenstein[82] eine wichtige Funktion übernimmt, ist gut erforscht. Die Philosophiegeschichte lässt erkennen, dass das Zeigen auch in früheren Epochen kein unbedeutendes Thema war; dies bezeugt etwa der einschlägige Beitrag im *Historischen Wörterbuch der Philosophie*.[83] Aber auch viele andere philosophische Nachschlagewerke weisen einen eigenen Eintrag zum Zeigen auf, darunter spezialisierte philosophische Lexika wie das *Wörterbuch der phänomenologischen Begriffe.*[84] Es sind insbesondere Themen wie das Verhältnis von Sprache und Zeigen oder aber der epistemische Wert des Zeigens, die philosophische Debatten bestimmen.

Dennoch ist die konzentrierte Aufmerksamkeit, die dem Zeigen in den letzten 20 Jahren zuteil wurde, für dieses Thema außergewöhnlich und macht deutlich, dass dem Begriff und seiner Verwendung eine ganze Reihe philosophischer Fragen und Probleme zugrunde liegen. Üblicherweise bringt eine solche Etablierung eines Forschungsfeldes meist auch seine Ausdifferenzierung mit sich. Das heißt für den Begriff des Zeigens, dass Binnendifferenzierungen und Abgrenzungen vorgenommen werden. Die begrifflichen Komplikationen auf diesem Terrain lassen sich daran demonstrieren, dass sich fragen lässt, ob eine Schauspielerin, die »Wut spielt«, diese nun ausdrückt, darstellt, zeigt, exemplifiziert, demonstriert, ausstellt oder (re-)präsentiert. In der Reflexion auf das Phänomen und seine begriffliche Bestimmung aber können Äquivokationen und falsche Identifizierungen zu Fehlschlüssen führen. Genau dieses Problem einer allzu selbstverständlichen Verwendungsweise des Begriffs des Zeigens hat Lambert Wiesing in seiner Arbeit *Sehen lassen. Die Praxis des Zeigens* exemplarisch an der Bildtheorie vorgeführt. Will man das Argument verfolgen, dass Ausstellen ein Zeigen ist, bildet Wiesings Werk hierfür einen guten Ausgangspunkt: Der Begriff des Zeigens wird grundlegend bestimmt und ausdifferenziert. Wiesing versteht das Zeigen als einen Akt, der jemand anderen etwas sehen lässt. Sein Begriff ist also ein wahrnehmungszentrierter. Mithin soll im vorliegenden Buch keine Rekonstruktion und Diskussion unterschiedlicher Definitionsansätze zum Zeigen erfolgen, da Wiesings Bestimmung eine gut begründete Grundlage bildet, um dieses zum Begriff des Ausstellens zu schärfen. Wo sich bei Wiesing Schwierigkeiten ausmachen lassen, sind diese im Kontext des Ausstellens nicht ausschlaggebend. Sein Begriff des Zeigens bildet also einen Rahmen, innerhalb dessen sich ein Begriff des Ausstellens begründen und schärfen lässt, dem zugrunde liegt, dass es sich um eine Form des Zeigens handelt.

Wiesings Problematisierung des Begriffs des Zeigens findet in Auseinandersetzung mit der Bildwissenschaft statt: Dort lässt sich häufig die Behauptung antreffen, dass Bilder von sich aus etwas zeigten. Problematisch ist diese Unterstellung, weil ein lebloser Gegenstand so behandelt wird, als wäre er ein handlungsfähiges Subjekt. Behauptungen dieser Art kritisiert Wiesing als mythologisches Denken.[85] Theorien, die so argumentieren, begingen einen Kategorienfehler, da sie etwas über etwas behaupteten, was auf dieses Etwas nicht zutreffen könne. Mit einem Kategorienfehler hat man es zu tun, wenn die Behauptung unsinnig ist, wohingegen ein sinnvoller, aber nicht wahrer Satz keinen Kategorienfehler begeht. Beispielsweise ist die Behauptung »Bleeker ist eine ruhige Katze« ein sinnvoller, aber nicht wahrer Satz. Die Behauptung »Bleeker ist eine triolische Katze« ist hingegen unsinnig: Der Satz macht einen Kategorienfehler, weil »triolisch« kein passender Ausdruck ist. Es lässt sich nicht sinnvoll von einer Katze aussagen, dass sie triolisch sei. Ein zweites Beispiel: Behauptete jemand wortwörtlich – und nicht metaphorisch –, er sähe den Wald vor lauter Bäumen nicht, beginge er auch damit einen Kategorienfehler. Ebenso stellt nach Wiesing jemand, der behauptet, dass Bilder etwas zeigten, eine unsinnige Behauptung auf.

Anhand dieser Feststellung kommt Wiesing zu seiner entscheidenden Fragestellung: »Wer zeigt wem was womit?«[86] Die Eigenheit des Zeigens von und mit Bildern soll geklärt werden, indem darauf aufmerksam gemacht wird, dass Zeigen eine Handlung ist. In diesem Sinne lässt sich auch der Kategorienfehler einfach auflösen: Jemand zeigt mit einem Bild etwas. Zeigen lässt sich also nur verstehen, wenn die in der Frage ausgedrückte Relation expliziert wird. Möglich wird dies durch eine Beschreibung der Merkmale dieser Handlung.

Um zu klären, was es mit dem Zeigen von und mit Bildern auf sich hat, macht Wiesing die These stark, dass Bilder als Werkzeuge in einer Zeigehandlung benutzt werden, wie es bereits die Frage nahelegt. Allerdings sind sie nicht die einzigen Werkzeuge: Es gibt eine spezifische Form des Zeigens, die darin besteht, dass unterschiedlichste Dinge als Werkzeuge des Zeigens genutzt werden: als »Zeigzeug«[87]. Dies können dann etwa Ausstellungen, Gesichter, Schaufenster, Uhren und eben Bilder sein. Dinge werden also auf eine bestimmte Weise verwendet, um jemand anderen etwas sehen zu lassen. Jemandem die eigene Enttäuschung mit dem Gesicht zu zeigen oder jemandem den vergangenen Urlaub mit einem Video zu zeigen, sind zwar inhaltlich, nicht aber formal unterschiedliche Handlungen. In beiden Fällen gilt nämlich nach Wiesing: »Sie nutzen einen Gegenstand, um damit jemanden etwas Intendiertes sehen zu lassen.«[88] Dieser Aufweis ist für Wiesing wichtig, da es ihm in seiner Arbeit insbesondere darum geht, zu klären, was es heißt, mit Bildern etwas zu zeigen, und das Missverständnis, dass Bilder von sich aus etwas zeigten, richtigzustellen. Auf der einen Seite will Wiesing diese inhaltliche Frage klären, auf der anderen Seite geht es ihm um eine formale Bestimmung des Begriffs des Zeigens. Jedoch ist die Konzeption von Zeigen als Nutzung eines Werkzeugs mit dem Zweck, jemanden etwas sehen zu lassen, bereits das Ergebnis einer Binnendifferenzierung. Die formale Bestimmung von Zeigen überhaupt und seiner spezifischen Formen ist für die Beantwortung der Frage, ob Ausstellen ein Zeigen ist, essenziell. Daher wird im Folgenden Wiesings Bestimmung des Zeigens rekonstruiert, um zu prüfen, ob die Bedingungen, die für das Zeigen gelten, auch auf das Ausstellen zutreffen.

Nach Wiesing muss ein Akt zwei Bedingungen erfüllen, damit er als Zeigeakt gelten kann: Jemand muss etwas sehen und das Gesehene muss dazu intendiert gewesen sein, gesehen zu werden. Wiesing bestimmt das Zeigen grundlegend als einen Akt, der versucht, jemand anderen etwas sehen zu lassen. Wenn jemand erfolgreich jemand anderem etwas zeigt, dann hat die Person etwas gesehen. In jedem Fall gilt nach Wiesing, dass die Aufmerksamkeit einer Person auf etwas Sichtbares gelenkt wird respektive gelenkt werden soll. Denn wie jeder andere Akt kann auch der Zeigeakt scheitern. Wenn die Person nichts gesehen hat, so wurde ihr auch nichts gezeigt. Anders formuliert, allerdings noch innerhalb von Wiesings Terminologie: Aus etwas Sichtbarem muss etwas Sichtiges werden.[89] Allem, was existiert, ist es mehr oder weniger möglich, gesehen zu werden, aber nicht alles wird gesehen. Der Unterschied zwischen ›sichtbar‹ und ›sichtig‹ besteht darin, dass ein sichtbarer Gegenstand ein Gegenstand ist, von dem grundsätzlich die Möglichkeit besteht, dass er gesehen wird: So ist das Olympiastadion in Berlin für jemanden in Tokio ein sichtbarer Gegenstand. Es besteht die Möglichkeit, dass es gesehen wird – wenn dies auch mit viel Aufwand verbunden wäre. Für die Person, die vor dem Olympiastadion steht und es betrachtet, ist es jedoch sichtig, weil es wirklich gesehen wird. Dementsprechend gilt nach Wiesing: Scheitert jemand daran, jemand anderen etwas sehen zu lassen, dann wurde auch nicht gezeigt. Wenn der Museumsführer den Besuchern zeigen will, wie der Künstler den Pinsel geführt hat, aber niemand hinschaut beziehungsweise die Pinselführung bemerkt, dann hat der Museumsführer auch nichts gezeigt. Ein weiteres Beispiel: Nehmen wir an, der Film *Angel Heart* werde erneut im Kino gezeigt, aber niemand sehe sich die Wiederholung an. Kann man dann wirklich behaupten, dass der Film gezeigt wurde? Der Film mag zwar laufen, aber gesehen wird er von niemandem – wenn man einmal von dem Filmvorführer absieht –, was dazu führt, dass man sinnvollerweise sagen muss, dass der Film nicht gezeigt wurde – weil er eben niemandem gezeigt wurde. Er mag auf- oder vorgeführt worden sein, aber gesehen hat ihn niemand und damit wurde er auch nicht gezeigt. Der Sinn einer Zeigehandlung besteht darin, dass jemand anderes etwas sieht. Wenn es diese Person aber nicht gibt beziehungsweise sie das zu Zeigende nicht sieht, dann kommt es auch zu keiner Zeigehandlung, wie beispielsweise auch ein Akt des Schenkens scheitert, wenn der Beschenkte das Geschenk nicht annimmt. Genau genommen hat man es hier sogar schon mit zwei Bedingungen zu tun: Aus etwas Sichtbarem muss etwas Sichtiges werden und dies muss für jemand anderen sichtig werden. Dieses Erfordernis begründet Wiesing mithilfe der nächsten Bedingung.

Diese dritte Bedingung, die ein Zeigeakt erfüllen muss, besteht darin, dass der Adressat nicht nur irgendetwas Sichtbares sehen muss, sondern etwas Intendiertes: Wenn Sarvesh versucht, Konrad auf jemanden in einer Menschenmenge aufmerksam zu machen, indem er seinen Zeigefinger in die entsprechende Richtung ausstreckt, aber Konrad die intendierte Person in der Menschenmenge nicht sieht, dann ist der Zeigeakt gescheitert, weil Konrads Aufmerksamkeit nicht auf das Intendierte gelenkt wurde. Dies ist für den Begriff des Zeigens ein entscheidender Umstand: Vieles kann gesehen werden, aber als Gezeigtes gilt nur, was von den vielen sichtbaren Dingen gesehen zu werden intendiert war und wirklich vom Adressaten gesehen wurde. Vielleicht fällt Konrad, um beim Beispiel zu bleiben, eine andere Person in der Menschenmenge auf, aber diese hat Sarvesh nicht zu zeigen versucht. Der Zeigeakt zielt darauf ab, etwas Bestimmtes in einer vielfältig sichtbaren Welt sehen zu lassen oder sichtig zu machen. Durch das Zeigen soll jemandes Aufmerksamkeit auf eine bestimmte Sache gelenkt werden. Als Gezeigtes kann nur gelten, was vom Zeigenden dazu intendiert war, gesehen zu werden. Wiesing fasst diesen Umstand definitorisch folgendermaßen: »Zeigen ist das Sehen-Lassen von etwas Intendiertem.«[90] Durch diese Bestimmung wird auch klar, warum Wiesing behauptet, dass es nicht sinnvoll sei zu sagen, dass man sich selber etwas zeige: Wollte ich mir etwas Intendiertes zeigen, dann müsste ich die zu zeigende Sache dafür schon zuvor gesehen haben.[91]

Hier nun schlägt Wiesing die schon angesprochene Binnendifferenzierung vor. Denn es lässt sich fragen, wie man jemanden etwas sehen lassen kann. Jemandes Aufmerksamkeit lasse sich prinzipiell auf zwei Weisen lenken: Es kann »erstens dieses Etwas in den Blick gestellt oder aber zweitens der Blick auf dieses Etwas gelenkt werden […] und genau diese zwei unterschiedlichen Handlungen lassen sich als die zwei Grundarten des Zeigens verstehen: das Zeigen durch Konfrontation mit der Sache und das Zeigen durch Hinweisen auf die Sache.«[92] Unterscheiden lassen sich diese zwei Arten im Deutschen begrifflich nicht. In beiden Fällen würde man sagen, dass etwas gezeigt wurde. Im Englischen hingegen lässt sich zum Beispiel zwischen *showing* und *displaying* einerseits und *pointing* andererseits unterscheiden: Ersteres meint ein Zeigen mittels Objektbewegung, Letzteres ein Zeigen mittels Blicklenkung.

Im ersten Fall hat man es mit einer »unausweichlichen Aufdringlichkeit«[93] zu tun, da der Rezipient gezwungen wird, etwas zu sehen. In dieser Form des Zeigens wird die Aufmerksamkeit genau genommen nicht gelenkt, sondern erzwungen. Wenn ich jemandem einen Gegenstand direkt vor Augen halte, dann muss diese Person diesen Gegenstand sehen. Auch wird das »womit« der Zeigerelation »Wer zeigt wem was womit?« obsolet. Der Schiedsrichter muss nicht auf die rote Karte verweisen, damit der Fußballspieler sie sieht, da er die Karte so in den Blick des Spielers führt, dass der Spieler keine andere Möglichkeit hat, als sie zu sehen: »Das Gezeigte wird so bewegt, platziert, inszeniert und vorgeführt, dass es jemandem unweigerlich in seinen vorhandenen Blick fällt«.[94] Bei der zweiten Art des Zeigens gilt dies so nicht, denn der Rezipient wird hierbei zunächst aufgefordert, etwas zu sehen. Wird ein Basketballspieler in der amerikanischen Profiliga disqualifiziert, so wird dies offiziell damit signalisiert, dass der Schiedsrichter mit seinem Zeigefinger Richtung Ausgang zeigt und somit den Spieler auffordert, die Halle zu verlassen. Die Konfrontation findet in diesem Fall nur mit dem Werkzeug des Zeigens statt, dem Zeigefinger.[95] Auf das Intendierte wird verwiesen, weil es selbst nicht in den Blick bewegt werden kann. Diese zweite Art des Zeigens zeichnet sich dadurch aus, dass ein Werkzeug benutzt wird, um jemanden etwas Intendiertes sehen zu lassen. Entsprechend behauptet Wiesing auch, dass Bilder eben nichts von sich aus zeigen, sondern das Mittel in einer Zeigehandlung sind. Man zeigt mit Bildern etwas, beispielsweise Venedig an einem frühen Aprilmorgen.[96]

Bilder sind jedoch nicht per se immer ein Werkzeug in einer Zeigehandlung, sondern Bilder lassen sich auch selber zeigen, sie können intendiertes Objekt einer Zeigehandlung sein. Es gibt eine Differenz zwischen dem Zeigen mit Bildern und dem Zeigen von Bildern. Über diese Unterscheidung gelangt Wiesing zum Begriff des Ausstellens. Das Ausstellen ist in seiner Konzeption des Zeigens eine besondere Form des Zeigens von Bildern. Allerdings ist – und mit dieser Feststellung sei Wiesing vor dem Hintergrund des Projekts einer allgemeinen Philosophie des Ausstellens zugleich kritisiert und gewürdigt –: Jene Form des Ausstellens ist spezifisch an das Kunstmuseum gebunden. Problematisch ist dieser Ansatz, weil er nicht zu einem allgemeinen Begriff des Ausstellens beiträgt. Dennoch ist er positiv zu werten, da er es ermöglicht, Binnendifferenzen zwischen verschiedenen Weisen des Ausstellens zu beschreiben. Man hat es also mit einer expliziten inneren Differenzierung des Zeigens und einer impliziten des Ausstellens zu tun.

Nach Wiesing ist das Spezifikum des Zeigens von Bildern in einem Kunstmuseum – also das Ausstellen –, dass es die Bilder nicht mit Sinn präsentiert. In jeder Handlung, in der ein Bild verwendet wird, um etwas anderes zu zeigen, wie beispielsweise die Lüneburger Heide, stehe das Bild in einem »eindeutigen Verwendungszusammenhang«[97]. Man kann das Bild auf eine bestimmte Weise verwenden, um damit die Lüneburger Heide zu zeigen. Man könnte es aber auch anders verwenden, um damit etwa typisch niedersächsisches Wetter zu zeigen. Genau diese Praxis des

Zeigens, in der Bilder als Werkzeuge benutzt werden, unterlaufen Kunstmuseen Wiesing zufolge: Kunstmuseen benutzten Bilder gerade nicht, um mit den Bildern etwas Spezifisches zu zeigen, sondern um zu zeigen, dass man mit Bildern überhaupt und vieles Verschiedene zeigen kann. Kunstmuseen zeigten Bilder als Zeigzeug, als Werkzeuge des Zeigens: »Es kommt zu einem regelrechten Zeigen von Zeigen.«[98] Wie ein Heimatmuseum ausgestellte landwirtschaftliche Gerätschaften von ihren Zwecken befreit, tut dies auch das Kunstmuseum mit Bildern, wenn es beispielsweise Altarbilder zeigt. Es nimmt dem Altarbild dabei nicht seinen ursprünglichen Sinn, sondern es »wird gezeigt, was es zeigen kann«.[99] Bei diesem Zeigeakt, »wo immer ein Bild um des Bildes selbst willen wie in der Kunstwelt gezeigt wird, dort hat man es mit einer Praxis des Zeigens durch Ausstellung zu tun«[100]. Wiesing ist also der Auffassung, dass Ausstellen jener Akt ist, der es ermöglicht, Bilder als Werkzeuge des Zeigens zu zeigen. Allerdings betrifft dies hier den spezifischen Kontext des Zeigens von Bildern in einem Kunstmuseum. Ausstellen ist in diesem Fall als Praxis eng an die Institution Kunstmuseum gebunden.

Sicher: In Kunstmuseen mag in der Regel auf diese Weise ausgestellt werden. Ob aber dieser hier beschriebene Akt für das Ausstellen überhaupt gilt, scheint fraglich. Ist Ausstellen immer ein selbstreflexiver Akt des Zeigens? Zeigt derjenige, der ausstellt, die Möglichkeiten des Zeigens? Nimmt man nämlich an, dass auch in Galerien, Showrooms, Ausstellungshäusern und öffentlichen Gebäuden ausgestellt wird, dann erscheint die von Wiesing beschriebene Ausstellungsform als eine Möglichkeit des Ausstellens unter mehreren. Seine Beschreibungen zielen auf den Ort der Ausstellung und nicht auf das Ausstellen selber: »Weil ein Bild in einem Kunstmuseum hängt, ist der Betrachter speziell durch diesen Kontext aufgefordert und legitimiert, das Bild zum Zeigen von allem zu verwenden, was das Bild zeigen kann.«[101] Es lässt sich so formulieren: Es kommt zu einem Zeigen zweiter Ordnung, nicht weil etwas ausgestellt ist, sondern weil etwas in einem Kunstmuseum ausgestellt ist. Damit aber bleibt die grundlegende Eigenart des Ausstellens ungeklärt.

Um nicht Gefahr zu laufen, eine weitere besondere Ausstellungssituation als allgemeinen Fall des Ausstellens zu nehmen, ist es sinnvoll zu diskutieren, inwieweit sich der Akt des Ausstellens hinsichtlich der Binnendifferenzierung des Zeigens in *showing* und *pointing* einordnen lässt. Es geht also um die Frage, ob die Charakteristika des *showing* oder des *pointing* auf das Ausstellen zutreffen. Unter den Prämissen, dass Ausstellen ein Zeigen ist und es »nur«[102] zwei Formen des Zeigens gibt, müsste sich das Ausstellen schließlich einer der beiden Formen zuordnen lassen. Bevor dies aber geschehen kann, bedarf es eines Aufweises dafür, warum sich Ausstellen überhaupt als ein Zeigen begreifen lässt. Bevor dies geleistet ist, ist lediglich klar, was Zeigen ist und dass der von Wiesing diskutierte Fall des Ausstellens ein spezifischer Fall ist.

Vom Ausstellen als Zeigen zu sprechen, ist deswegen sinnvoll, weil, unabhängig davon, welchen Anspruch man mit einer Ausstellung hegt – ob Unterhaltung oder Erkenntnis –, immer erst einmal Dinge sehen gelassen werden. Dieses Sehen-Lassen ist das Mittel, mit dem dann der je spezifische Anspruch eingelöst werden soll. Wer in einer Ausstellung erkennen soll, wie sich das Leben auf der Erde entwickelt hat, den sollen verschiedene Exponate dies sehen lassen. Wer mittels einer Ausstellung über die Alltagskultur in der DDR unterhalten werden soll, dem werden verschiedene Exponate gezeigt. Ein solches ›Um-zu‹ ist dabei nicht unbedingt notwendig: Ausstellen lässt sich auch denken, ohne dass es eine Absicht jenseits des Zeigens gibt – wenn dies auch womöglich nicht die Regel ist. Mit Ausstellungen lassen sich verschiedene Absichten realisieren, es braucht aber keine Absichten zu geben.

Allerdings muss für das Ausstellen als Zeigen eine Erweiterung getroffen werden: Jemanden etwas sehen zu lassen, muss in einem weiten Sinn verstanden werden, nämlich als ein Wahrnehmen-Lassen. So gab es 2017 im Phyletischen Museum in Jena eine Geruchsausstellung[103]: Die Besucher konnten verschiedene Gerüche anhand von Exponaten erfahren. Der Ausstellung ging es, wie schon ihr Titel verriet, um die chemischen Grundlagen des Geruchs. Die Exponate standen beispielhaft dafür, wie unsere Alltagswahrnehmung in kleinen Gefäßen extrahiert werden kann und wie letztlich derselbe Stoff aufgrund unterschiedlicher Dosierung zu anderen Gerüchen führt. So ließ sich beispielsweise frisch gemähter Rasen erriechen. Zeigen als Sehenlassen soll hier in diesem erweiterten Sinne verstanden werden, nämlich in einem je nach Ausstellung variierenden Wahrnehmen-Lassen, denn es gibt genügend Ausstellungen, die mit ihren Exponaten verschiedene Sinne ansprechen. Daher scheint es sinnvoll zu sagen, dass Zeigen die Aufmerksamkeitslenkung der Wahrnehmung eines anderen ist. Es ist kein Widerspruch, zu sagen, dass Michael Bastian zeigt, dass die Suppe versalzen ist, wenn er ihn diese mit einem Löffel probieren lässt. Ebenso ist es kein Widerspruch, zu sagen, dass Mariana Jörg zeigt, wie gut die Blumen riechen, wenn sie ihm diese vor die Nase hält. Jemandem etwas zu zeigen ist, wenn der Begriff nicht metaphorisch verwendet wird, jemanden etwas sinnlich erfahren zu lassen. Diskutabel ist sicherlich, inwieweit *showing* und *pointing* jeweils für welchen Sinn möglich sind. Wie man jemandem nicht erklären kann, wie blau und rot aussehen, kann man auch niemanden erklären, wie süß und sauer schmecken, wie hart und weich sich anfühlen. Man kann es nur zeigen.

Wenn nun also Ausstellen ein Zeigen ist, welcher Art ist es? Ist Ausstellen ein *showing* oder ein *pointing*? In den folgenden zwei Abschnitten werden diese Möglichkeiten diskutiert. Wer ausstellt, würde, folgt man dem Schema, dann die Exponate wie einen Zeigefinger oder aber wie die rote Karte beim Fußball benutzen. Es wird sich herausstellen, dass diese dualistische Differenzierung von *pointing* und *showing* als Grundarten des Zeigens, so überzeugend sie auch scheint, nicht ausreichend ist.

Ist die Exhibition ein Exhibitionismus?

Zeigen ist das Sehen-Lassen von etwas Intendiertem. Wenn Ausstellen ein Zeigen ist, kann man dann sinnvollerweise behaupten, dass die Aufmerksamkeit in einer Ausstellung erzwungen wird? Wird der Besucher unausweichlich mit etwas Intendiertem konfrontiert? Ausstellen unterschiedslos als *showing* auszuweisen, würde zu dem grundlegenden Problem führen, dass all die Phänomene, die man diesem zuordnet, damit dann auch Ausstellungsphänomene wären. Will man dann behaupten, dass die Opfer exhibitionistischer Akte Besucher einer Ausstellung sind? Ist der Fußballschiedsrichter ein Kurator, weil er den Spieler mit einer roten Karte konfrontiert? Eine Identität zwischen *showing* und Ausstellen ist nicht gegeben.

Die Art und Weise des Zeigens in Möbelhäusern und Galerien kann nicht analog zu den genannten Beispielen sein. Damit lässt sich aber weiter fragen, ob Ausstellen eine Form des *showing* ist: Lassen sich verschiedene Arten, jemanden zeigend mit etwas zu konfrontieren, differenzieren? Um aber sinnvollerweise diese Frage stellen zu können, muss klar sein, ob die Merkmale des konfrontierenden Zeigens überhaupt auch für das Ausstellen gelten. Es soll im Folgenden dafür argumentiert werden, dass dies nicht der Fall ist.

Nach Wiesing hat man es mit einem Akt des konfrontierenden Zeigens zu tun, wenn der Zeigende das Objekt in den Blick des Anderen bewegt, so dass dieser gezwungen ist, das Intendierte zu sehen. Kuratoren und Szenographen können sich jedoch noch so sehr bemühen: Niemand ist in einem Museum gezwungen, ein bestimmtes Gemälde zu sehen oder gar etwas Spezifisches an oder mit ihm. Ganz analog verhält es sich auch zum Autohaus oder zum Schaufenster. Jeder Einzelhändler würde sich wohl wünschen, dass den Passanten die angebotenen Produkte unweigerlich in den Blick fallen. Darüber, dass dies aber eben nicht der Fall ist, gibt die Fülle an Büchern über Schaufenstergestaltung Aufschluss. Wenn unter Konfrontation verstanden wird, dass jemand etwas unweigerlich sehen muss, dann gilt dies für das Ausstellen nicht. Nur weil jemand Gemälde an die Wand gehängt, verschiedene Kleidungsstücke Schaufensterpuppen angezogen, allgemein gesagt: Dinge platziert hat, bin ich nicht gezwungen, diese zu sehen.

Sicherlich können Akte des zeigenden Konfrontierens in Ausstellungen vorkommen. Beispielsweise ließe sich behaupten, dass die Art und Weise, wie die Himmelsscheibe von Nebra im Landesmuseum für Vorgeschichte Sachsen-Anhalt gezeigt wird, womöglich eher ein *showing* denn ein *pointing* ist: Bevor man die Himmelsscheibe zu sehen bekommt, betritt man einen Raum mit allerlei Texttafeln, Fotografien und Dokumentationen. Erst im nächsten – völlig abgedunkelten – Raum befindet sich die Himmelsscheibe. Da das Licht bloß auf diese fällt (die Notausgänge einmal ausgenommen), kann man nichts anderes sehen als die Himmelsscheibe. Der Besucher kann also schlechthin nicht anders, er muss die Himmelsscheibe sehen. Aber auch hier ließe sich argumentieren, dass das Licht wie ein Zeigefinger, eben als Werkzeug zur Aufmerksamkeitslenkung, genutzt wird – als Aufforderung, den Blick in eine bestimmte Richtung zu lenken. Und selbst dieser Aufforderung kann ich mich verwehren. Ausstellen selber ist kein Konfrontieren. Die Besucher einer Ausstellung von Nacktfotografien werden nicht genötigt, diese zu sehen, während der Exhibitionist sein Opfer nötigt: Es muss seinen Körper sehen. Die Besucher einer Ausstellung sind nicht gezwungen, etwas zu sehen, sie werden nicht unweigerlich mit etwas konfrontiert. Ansonsten bedürfte es keiner Audioguides und Museumsführer – wenn das Intendierte ohne Weiteres gesehen würde, könnte man die Besucher einfach entsprechend zwingen.

Dass es sich beim Ausstellen nicht um Konfrontation handeln kann, zeigt auch noch ein anderes Argument: Es ist schwer bis kaum vorstellbar, dass ein Akt des konfrontierenden Zeigens scheitert. Es lässt sich beispielsweise vorstellen, dass jemand, um den Avancen eines anderen Menschen zu entgehen, ihm seinen Ehering am Finger zeigt, indem er ihn in den Blick des Anderen bewegt. Dass dieser Person aber dann nicht der Ehering, sondern der Schmutz unter den Fingernägeln auffiele, würde von ihr schon eine spezielle Einstellung erfordern, insofern dies überhaupt möglich ist. Wäre dies der Fall, könnte man sagen, dass der Akt des Zeigens gescheitert sei. Allerdings dürfte der Regelfall der Konfrontation so ablaufen, dass es für die zeigende Person kein großes Hindernis darstellt, den anderen Akteur auf das Intendierte aufmerksam machen zu können. Dies ist der ganze Sinn des Konfrontierens: Sobald das Objekt direkt vor Augen bewegt wurde, muss es gesehen werden, besser gesagt, der Zeigende bewegt das Objekt so, dass es gesehen werden muss. Dem Gegenüber mag zwar *auch* der Schmutz unter den Fingernägeln auffallen, dass jedoch *nur* dieser gesehen wird, scheint unvorstellbar: denn das Objekt, der Ehering, wird ebenso bewegt, dass er ihn sehen muss. Ausstellungen hingegen können sehr wohl scheitern: Nichts an oder in einer Ausstellung garantiert, dass der Besucher die Exponate oder das mit ihnen verbundene Intendierte sieht. Als Indiz für Ersteres lässt sich das immer wieder eingängige Beispiel des Museumsbesuchs einer Schulklasse anführen. Die Kinder werden zwar gezwungen, ins Museum zu gehen, aber dass sie das sehen, was sie sehen sollen, kann niemand garantieren. Letzteres ist wohl noch schwieriger zu erreichen, da eine Ausstellung es schaffen muss, die Aufmerksamkeit der Besucher aufrechtzuerhalten, damit das Intendierte der Ausstellung gesehen wird. Ganz gleich, ob es sich um die einzelnen Exponate oder den mit ihnen verbunden Zweck der Ausstellung handelt: Der Akt des Ausstellens kann scheitern. Befragt man zwei Personen, die dieselbe Ausstellung besucht haben, danach, ob sie denn dies oder jenes gesehen haben, dann ist es durchaus möglich, dass man unterschiedliche Antworten auf die Frage bekommt. Dies gilt hingegen nicht für die Verlobten, denen der Juwelier ein Paar Ringe zeigt – sofern keiner der beiden gelangweilt aus dem Fenster schaut.

Wer eine Ausstellung besucht, wird mit den Exponaten nicht auf die Weise konfrontiert, wie es vom *showing* gefordert ist. In Ausstellungen wird hier und da sicherlich auch konfrontierendes Zeigen eingesetzt, dann aber als ein inszenatorisches oder dramaturgisches Mittel, das im strengen Sinne kein Akt des Ausstellens mehr ist. Akte des Konfrontierens können in Ausstellungen eingesetzt werden, sie sind ihnen aber nicht wesentlich. Wenn Wiesing für das konfrontierende Zeigen behauptet, dass »das Gezeigte so bewegt, platziert, inszeniert und vorgeführt [wird], dass es jemandem unweigerlich in seinen vorhandenen Blick fällt«[104], dann kann dies auf Ausstellungen nicht zutreffen. ›Platzierung‹ scheint durchaus ein geeigneter Begriff zu sein, um den Akt des Ausstellens zu beschreiben: denn die Dinge werden durchaus bewegt, mit der Absicht, dass sie gesehen werden. Sie werden an eine Stelle gebracht, von der man glaubt, dass die Betrachter sie dort sehen. Allerdings zeigt der Akt des Ausstellens, dass Platzieren keine »unausweichliche Aufdringlichkeit«[105] erzeugt. Wenn diese aber konstitutiv für den Akt des konfrontierenden Zeigens ist, dann ist Ausstellen kein *showing*. Die Objekte werden zwar bewegt, aber eher im Sinne eines Arrangierens, statt dass sie in den Blick des Besuchers bewegt würden. Interessant am Fall des Ausstellens ist nun, dass durchaus auch Objekte gezeigt werden, die sich problemlos konfrontativ zeigen ließen. Die Quantität und Beschaffenheit ausgestellter Objekte kennt kaum Grenzen. Man könnte aber vermuten, dass aber immer dann ausgestellt wird, wenn es sich um Objekte handelt, die sich nicht einfach konfrontativ zeigen lassen. Gerade dies ist jedoch nicht der Fall. Warum dann platzieren? Die Antwort ist banal: weil mehrere das Intendierte sehen sollen. Konfrontierendes Zeigen ist in der Regel eine Relation zwischen zwei Personen:

A zeigt B etwas. Doch auch konfrontierendes Zeigen kann genutzt werden, um mehrere Personen auf etwas aufmerksam zu machen, wie etwa im Fall von Touristenführungen. Für eine Ausstellung gilt: A zeigt B, C, D und E etwas. Es ist zwar vorstellbar, dass nur eine einzelne Person die Ausstellung besucht, aber jemand stellt aus, weil er der Überzeugung ist und die Absicht hat, *mehreren* Personen etwas zu zeigen. Dieser Umstand, dass Ausstellen darauf abzielt, einer Pluralität von Personen etwas zu zeigen, drückt sich in der deutschen Sprache schon grammatikalisch aus: Wie Wiesing vollkommen zu Recht anmerkt, heißt es beim Zeigen, dass man jemandem etwas zeige; beim Ausstellen wird diese Konstruktion jedoch nicht benutzt. Zu sagen »Ich stelle jemandem etwas aus«, ist zwar nicht falsch, aber dahingehend unterbestimmt, dass die Praxis des Ausstellens darauf abzielt, einer unbestimmten Menge an Personen etwas zu zeigen. Da man nicht zu jedem Einzelnen hingehen und ihn mit etwas konfrontieren kann, aber auch nicht die Menge in die Nähe bringen und dann auf das Etwas hinweisen, muss man etwas platzieren. Damit ist die Relation auch eine andere: Hat man es bei der Konfrontation mit einem direkten Akt des Zeigens des Zeigenden zu tun, so gilt dies für den Ausstellungsmacher nicht. Die Ausstellung ist das Arrangement ausgestellter Objekte. Der Zeigende steht hier nicht durch den Akt in Relation mit jemandem. Es handelt sich um ein Zeigen in Abwesenheit. Der Zeigende zeigt etwas, das gesehen werden kann, aber nicht gesehen werden muss. Er stellt etwas zur Schau.

Es ist auch sinnvoll, den Begriff des Inszenierens gerade im Ausstellungskontext nicht auf derselben Ebene wie jenen des Platzierens zu verwenden; denn Ausstellungen und ausgestellte Objekte, das heißt platzierte Objekte, können wiederum inszeniert werden. Dies ist auch eine gängige Praxis, wie sie oben auch schon öfters Erwähnung fand: Szenografie. Dieser Befund spricht ebenfalls gegen das Ausstellen als *showing*, da durch Inszenierung versucht wird, die Aufmerksamkeit auf die ausgestellten Objekte zu lenken. Etwas zu platzieren ist ein simpler Akt. Wer aber will, dass das Platzierte gesehen wird, sollte sich darum bemühen, die Platzierung in Szene zu setzen. Davon, wie viele Dinge in der Welt platziert sind, um gesehen zu werden, dann aber doch nicht gesehen werden, kann sich jeder ein Bild machen, der versucht, sich daran zu erinnern, was er auf dem Weg zur Arbeit in den Schaufenstern der Geschäfte gesehen hat, und auf dem Rückweg einmal überprüft, was er alles übersehen hat. Der Akt des konfrontierenden Zeigens hat Inszenierung nicht nötig, denn er erzwingt die Aufmerksamkeit. Die Praxis des Inszenierens findet man sowohl im Museum als auch im Schaufenster. Dinge werden gerahmt, auf Sockel gestellt, der Blick durch Pfeile auf die Objekte geführt. Aber: Inszenierung ist nicht notwendig für Ausstellungen.

Es wird deutlich, dass das Kriterium des konfrontierenden Zeigens nicht für die Praxis des Ausstellens gilt. Opfer von Exhibitionismus sind keine Besucher einer Ausstellung, ebenso, wie Besucher einer Ausstellung keine Opfer von Exhibitionismus sind. »Exhibitionismus« ist auch kein optimaler Begriff für diese Art des Verhaltens, weil der Exhibitionist seinem Opfer nicht bloß die Möglichkeit gibt, etwas zu sehen, sondern es zwingt. Daher ist die Entlehnung aus dem englischen Verb *to exhibit* und dem lateinischen *exhibeo* ungeschickt, wenn man den Zwang begrifflich deutlich machen wollen würde. Wenn Ausstellen nun also kein *showing* ist, dann müsste, gemessen an Wiesings Differenzierung des Zeigebegriffs, es auf Seiten des *pointing*, des hinweisenden Zeigens, sich verorten lassen.

Zeigen, wo der Hammer hängt

Geht man von der dualistischen Differenzierung des Zeigens aus, lässt der Ausschluss des *showing* als mögliche Zeigeform das Ausstellen nur noch als *pointing* begreifen. Demnach wäre Ausstellen eine hinweisende Form des Zeigens. *Pointing* als Zeigeakt bestimmt sich dadurch, dass die zu zeigende Sache nicht selbst bewegt wird, sondern auf sie hingewiesen wird. Blicklenkung statt Objektbewegung. Die Aufmerksamkeit wird nicht erzwungen, sondern gelenkt. Wenn Jens und Rei im Café sitzen, Jens in der Ferne Jörg sieht und er Rei auf dessen Erscheinen aufmerksam machen will, dann wird er versuchen, Reis Aufmerksamkeit mit seinem Zeigefinger auf Jörg zu lenken. Es wäre untypisch, wenn Jens versuchen würde, Reis Aufmerksamkeit dadurch zu lenken, dass er eine lange Beschreibung der Umwelt und von Jörgs Ort in dieser gibt. Denn spätestens dann, wenn das zu zeigende Objekt kein lässig flanierender Mensch ist, sondern sich schnell fortbewegt, dann wird es erforderlich, rasch und effektiv die Aufmerksamkeit zu lenken, um auf das Intendierte aufmerksam machen zu können. Man stelle sich vor, Gioele wollte Sophie einen Vogel am Himmel zeigen. Hier eine Ortsbeschreibung vor dem Hintergrund des Himmels zu geben, scheint nahezu unmöglich, insbesondere dann, wenn sich der Vogel auch noch schnell fortbewegt. Der Zeigefinger schafft hier Abhilfe. Allerdings kann er nicht garantieren, dass der Vogel gesehen wird; dies auch aus dem Grunde, dass der Vogel vielleicht schon weggeflogen ist. Es soll hier um den einfachen Sachverhalt gehen, dass Sophie der Aufforderung, in die angedeutete Richtung zu schauen, nicht nachkommen muss. Die Aufmerksamkeitslenkung kann aus mehreren Gründen scheitern: Es kann der – eher unwahrscheinliche[106] – Fall eintreten, dass Sophie die Geste nicht versteht. Sie könnte aber auch die gezeigte Blickrichtung nicht erfassen – wie oft wird man auf etwas hingewiesen und sieht es dennoch nicht? Möglich ist auch ein weiterer, banaler Fall: Sophie interessiert es einfach nicht. *Pointing* als Zeigen hat den Nachteil, dass nicht garantiert werden kann, dass das Intendierte wirklich gesehen wird. Vielleicht sieht Sophie den schönen Himmel und die unterschiedlichen Wolkengebilde, aber dafür, dass sie den Vogel sieht, gibt der Zeigefinger keine Sicherheit.

Es sind also mindestens zwei Merkmale, die das hinweisende Zeigen als eigene Form des Zeigens legitimieren: (1) Es werden Werkzeuge eingesetzt, um jemandes Aufmerksamkeit beziehungsweise Blickrichtung von jemandem zu lenken; und (2) der Erfolg der Zeigehandlung ist unsicher. Dass die Praxis des Ausstellens scheitern kann, ist einfach einzusehen. Ob es sich um die spezifischen Exponate handelt oder um den mit ihnen verbundenen Ausstellungszweck: Man muss es nicht gesehen haben. Dies teilen Ausstellungen zwar mit der hinweisenden Form des Zeigens, ist aber noch keine hinreichende Bedingung dafür, dass Ausstellungen als eine solche Form gelten können. Jemand, der hinweisend auf etwas zeigt, zeigt in diesem Sinne auch nicht die intendierte Sache selbst, sondern die Blickrichtung. So Wiesing: »Denn man kann nur sagen, dass der ausgestreckte Finger auf etwas zeigt, zum Beispiel auf ein Haus, aber nicht, dass er das Haus selbst zeigt.«[107]

Diese indirekte Form des Zeigens, im Gegensatz zur Direktheit des *showing*, zeichnet sich dadurch aus, dass sie Werkzeuge nutzt, um das Intendierte sehen zu lassen. Es gibt Objekte, die sich nicht einfach bewegen lassen, oder Situationen, die es nicht ohne Weiteres ermöglichen. Dementsprechend bedarf es Mittel und Wege, diese Widerständigkeit zu umgehen.

Wie schon beim *showing* stellt sich die Frage, ob Ausstellen als identisch mit *pointing* zu verstehen ist oder zumindest als eine Unterform davon. Für diese Kategorisierung müsste die Praxis des Ausstellens in irgendeiner Weise hinweisend sein. Hinweisen und Ausstellen kann aber nicht gleichgesetzt werden. Wer mit seinem Zeigefinger zeigt, der stellt nicht aus. Wer mit einem Pfeil auf etwas hinzuweisen versucht, stellt ebenfalls noch nichts aus. Wenn *pointing* eine Weise des Zeigens ist, dann müsste Ausstellen wiederum eine Weise des *pointing* sein. Ausstellen vom Hinweisen abzugrenzen, fällt schwerer: Durch geschickte Inszenierung wird versucht, die Blickrichtung und Aufmerksamkeit des Anderen zu lenken. Aber führt Inszenierung dazu, dass Ausstellen ein Hinweisen ist? Inszenierung als notwendiges Merkmal für Ausstellungen anzuführen, würde dazu führen, dass man es bei lieblos gestalteten Schaufenstern und Museumsausstellungen nicht mehr mit Ausstellungen zu tun hätte. Der Grad der Inszenierung kann kein gutes Merkmal sein. Es ließe sich aber behaupten, dass Inszenierung ein zusätzlicher Akt des Zeigens beim Ausstellen ist, der zeigen will, dass etwas gezeigt wird; denn wer ausstellt, hegt von vornherein die Hoffnung, dass der Besucher freiwillig aufmerksam sein möge. Das mag sich graduell vom Verkäufer zum Kurator, vom Kunstliebhaber zum Schüler unterscheiden. Aber wer ausstellt, weiß, dass das Gelingen der Ausstellung von der Bereitwilligkeit des Besuchers oder des Passanten abhängig ist. Wer kein Langstreckenläufer ist, dem werden in der Regel auch die neuesten Laufschuh-Modelle im Schaufenster nicht auffallen. Wer sich nicht für Kunst interessiert, wird drei lange Stunden in einem Kunstmuseum erleben. Aber: Um auch diese Menschen zu erreichen, werden Ausstellungen eben inszeniert.

Die Inszenierungskomponente bei Ausstellungen lässt sich so begreifen: Hinweisendes Zeigen findet in Ausstellungen in Form von Inszenierungen statt; aber Ausstellen selbst ist kein Inszenieren. Die genuine Praxis des Ausstellens besteht nicht darin, Dinge zu inszenieren, um sie zu zeigen. Dass Dinge gerahmt, gesockelt und beleuchtet werden, ist nicht notwendig dafür, dass etwas ausgestellt ist. Martin Seel liefert hierfür eine entscheidende Einsicht: »Bilder und Skulpturen sind in den heutigen Ausstellungsräumen oft Teil einer aufwendigen Inszenierung, die sie in Bezüge stellt und mit Korrespondenzen versieht, die ihnen alleine nicht zukommen würden (oder die an ihnen alleine so nicht bemerkbar wären). Filme, die zwar das Ergebnis einer aufwendigen Inszenierung, aber in ihrer normalen Präsentationsform im Kino oder Fernsehen keine Inszenierung sind, können im Rahmen einer Premierenfeier zum Mittelpunkt einer glamourösen sozialen Inszenierung werden.«[108] Seel macht deutlich, dass eine Inszenierung ein gesondert zu beschreibendes Phänomen ist. Etwas kann, muss aber nicht inszeniert werden.[109] Wer ausstellt, zeigt nicht, weil er auf eine besondere Art auf etwas hinweist, sondern weil er Werkzeuge nutzt, um auf die Dinge aufmerksam zu machen.

Hält man sich an Wiesings Differenzierung der Zeigetypen, dann hat man nun ein Problem. Ausstellen lässt sich ihnen nicht eindeutig zuordnen, besser gesagt: Es lässt sich sogar gar nicht zuordnen. Wer ausstellt, konfrontiert nicht. Der Besucher müsste sich auf die Konfrontation einlassen, aber dann fiele der Charakter der Aufdringlichkeit weg, der wiederum konstitutiv für konfrontierendes Zeigen ist. Auch kann nicht von einem hinweisenden Zeigen die Rede sein, da es keine notwendige Eigenschaft ausgestellter Objekte ist, dass in besonderer Weise oder mit Werkzeugen auf sie aufmerksam gemacht wird. Dieses Aufmerksammachen ist sicherlich eine nützliche Sache, aber etwas kann noch nicht deswegen als ausgestellt gelten, weil es gerahmt, gesockelt oder beleuchtet ist. Wer ausstellt, weist nicht notwendigerweise auf etwas hin. Man kann mit einer Ausstellung oder mit Exponaten hinweisen, aber man tut es nicht notwendigerweise. Intensität und Ausprägung des Hinweisens in Ausstellungen variieren, Hinweise sind aber nicht konstitutiv für die Ausstellung. Man denke beispielsweise an eine der vielleicht simpelsten Ausstellungsformen: ein Schaukasten oder ein Tisch mit dort platzierten verschiedenen Objekten. Was meinen Schreibtisch von einem solchen Tisch unterscheidet, ist, dass die Objekte dort mit der Absicht platziert wurden, gesehen zu werden, wohingegen die Objekte auf meinem Schreibtisch lediglich abgestellt, aber nicht ausgestellt sind. Man würde aber in diesem Beispiel nicht sagen, dass auf die Objekte hinweisend gezeigt werde. Ausstellen teilt mit dem konfrontierenden Zeigen einzig das Merkmal des Bewegens von Objekten.

Wenn man annimmt, dass es nur diese beiden Formen des Zeigens gibt, dann müsste man an dieser Stelle die These, dass Ausstellen Zeigen ist, aufgeben. Entgegen dem Gros der Literatur zum Ausstellungsbegriff, das diese These schließlich – wenn auch kaum begründet – verteidigt, argumentiert mit Ludger Schwarte der in der Philosophie wohl wichtigste Ausstellungstheoretiker genau entgegen dieser Ansicht. Im nächsten Abschnitt sollen die Gründe rekonstruiert werden, die seiner Meinung nach gegen diese These sprechen, welchen Gegenvorschlag Schwarte macht und wie sich dieser einordnen lässt.

Ludger Schwarte I: Ausstellen zwischen Deskription und Präskription

Dass Ausstellen eine Form des Zeigens ist, scheint in den Diskussionen ein leicht nachweisbarer Gemeinplatz zu sein. Nicht zuletzt wird man dieser Ansicht gewahr, wenn man die verschiedenen Beiträge des Sammelbandes *Evidenzen des Expositorischen* betrachtet. Dass Ausstellen ein Zeigen ist, findet sich bis auf der Titelebene wieder, exemplarisch hierfür: »Das Museum als Simulakrum. Der Louvre-Lens und neue Epistemologien des Zeigens«[110]. Inhaltlich wird diese Position aber auch explizit von der Herausgeberin Elke Anna Werner vertreten, die zudem selbst der Überzeugung ist, dass Ausstellen einen Erkenntniswert habe.[111] Diese Auffassung durchzieht den Großteil der Beiträge, manchmal implizit, meist aber sogar explizit.

Die Ansicht, dass Ausstellen ein Zeigen ist, ist nicht ohne Kritik geblieben. Schwarte vertritt im besagten Sammelband[112] eine Gegenposition. Ausstellen soll kein Akt des Zeigens sein: »Weder wird mit dem Exponat auf etwas gezeigt oder verwiesen (Index), noch wird es vorgezeigt und präsentiert (Monstranz, Schaufenster), noch zeigt sich im Exponat etwas anderes (so wie ein Film etwas, das Gefilmte vorführt).«[113] Damit unterscheidet Schwarte drei Formen des Zeigens und stellt sie dem Ausstellen gegenüber. Im Gegensatz zu der Position, dass Ausstellen ein Zeigen ist, will er die These stark machen, dass »das Ausstellen eingebunden ist in ein Urteilsgeschehen«.[114] Seine Theorie hinterfragt die Selbstverständlichkeit, dass es sich beim Ausstellen um Zeigen handelt. Dies macht sie für die Diskussion im vorliegenden Buch besonders relevant.

Ist das Verhältnis von Ausstellen und Zeigen bei Schwarte nun aber beschreibend oder idealtypisch? Die These ist die folgende: Man verstünde ihn falsch, wäre man der Meinung wäre, dass er eine Gegenposition zu der Auffassung verträte, dass Ausstellen ein Zeigen sei. Vielmehr bietet Schwarte ein Spektrum von Differenzierungen an, mithilfe dessen sich verschiedene Akte des Ausstellens in ihrer Tätigkeit unterscheiden lassen. Anders gesagt: Schwarte will nicht so sehr dafür argumentieren, dass in Ausstellungen auf unterschiedliche Arten gezeigt werden kann (was in seiner Theorie zwar mit inbegriffen, aber nicht fokussiert ist), sondern dass es verschiedene Arten des Ausstellens gibt. Seine Ausführungen zielen dabei auf einen Idealfall des Ausstellens ab, der gänzlich ohne Zeigen auskommt: ein Zeigen ohne Zeigen. Insofern könnte ein Missverständnis auftreten, wenn man seine Theorie wortwörtlich und als eine Beschreibung der Wirklichkeit des Ausstellens nimmt. Vielmehr zielt seine Ausstellungstheorie auf diesen Idealtypus ab, ohne andere Arten des Ausstellens auszuschließen. Wenn Schwarte verneint, dass in Schaufenstern oder auf Messen ausgestellt wird, dann besagt das im Rahmen seiner Theorie, dass sich die ideale Form oder Möglichkeit des Ausstellens in diesen Fällen nicht realisiert. Er zielt auf einen Ausstellungsbegriff ab, der an seine Grenzen getrieben wird, so dass er beinahe ins Widersprüchliche zu kippen droht. Diese Aporien treten aber eben nur auf, wenn man Schwarte so versteht, dass er die reale Praxis des Ausstellens beschriebe. Dies tut er gerade nicht, sondern er beschreibt den Ideal- oder auch Extremfall einer Ausstellung. Entgegen der Beschreibung der Wirklichkeit hat man es mit dem Denken einer Möglichkeit zu tun. Es handelt sich, so verstanden, um einen Grenzbegriff des Ausstellens.

An Schwartes Position lässt sich das systematische Problem diskutieren: Kann man Ausstellen ohne Zeigen denken? An dieser

Stelle soll ein hermeneutischer Vorschlag gemacht werden, damit Aporien nicht aufkommen. Er ist als ein Aufruf zu verstehen, sich an dieser Möglichkeit, diesem Idealfall der Ausstellung zu orientieren und mit den Widersprüchen umzugehen. Wie sich in der Rekonstruktion zeigen wird, schließt Schwarte Zeigen nicht durchweg aus, aber Ausstellen mit und durch Zeigen wird als defizitärer Modus gegenüber dem Idealtypus ausgegeben. Anders gesagt: Schwarte entwirft eine Utopie des Ausstellens als eines Zeigens ohne Zeigen. Mit dieser Denkfigur ist er in der Philosophie nicht allein: Es lässt sich eine Strukturaffinität in der Diskussion von Literatur bei Jean-Paul Sartre sowie von Konstellationsbegriffen bei Theodor W. Adorno finden.

Es ist eigenwillig, aber durch diese Lesart wird der Versuch, Ausstellen als einen Akt des Zeigens zu begreifen, geschärft. Daher ist Schwartes Ausstellungstheorie auch nicht als Antipode zum oben beschriebenen Ansatz zu verstehen, sondern es handelt sich um eine Parallelaktion[115]: Während Schwarte versucht, den spezifischen – denkbaren – Fall eines Ausstellens als Zeigen ohne Zeigen zu fassen, soll hier der ganz allgemeine – wirkliche – Fall des Ausstellens beschrieben werden. Schwartes Ansatz fragt: Was ist ausstellend möglich? Der Ansatz des vorliegenden Buches ist zu fragen: Was macht man, wenn man ausstellt? Daher ergänzt Schwartes Beitrag das Vorhaben, Ausstellen als Zeigen zu verstehen.

Im Folgenden sollen zwei Dinge geleistet werden: Zum einen soll Schwartes Position rekonstruiert werden und an ihr insbesondere das Verhältnis von Ausstellen und Zeigen. Dabei soll auf die Stellen aufmerksam gemacht werden, die als problematisch erscheinen, wäre Schwarte der Überzeugung, dass Ausstellen eine vom Zeigen genuin unterschiedene Praxis wäre, und er versuchte, sämtliche Ausstellungsphänomene mit seinen Kriterien zu erfassen. Daran anschließend soll zum anderen explizit gemacht werden, wie Schwartes Auffassung zu verstehen ist: ließe diese sich doch leicht missverstehen, eben als eine Position, die besagt, dass Ausstellen kein Zeigen ist. Dies ist nicht der Fall. Schwartes Position wird insbesondere dann klar, wenn man sie damit vergleicht, wie Sartre über Literatur und Adorno über Begriffe spricht.

Ludger Schwarte II: Ausstellen als Zeigen ohne Zeigen

Nach Schwarte liegt das wesentliche Merkmal des Ausstellungsphänomens darin, dass das Exponat durch die Praxis des Ausstellens dem Publikum überantwortet wird, ja sogar, damit es durch dieses geprüft werde: »›Hier ist es: überprüfe es‹«[116]. Die Funktion des Ausstellens wird von ihm in folgender Hauptthese zusammengefasst: »Beim Ausstellen wird etwas in seinem So-Sein zur Schau gestellt. Es soll auf seine Faktur und seine Faktizität hin befragt werden. An ihm soll eine öffentliche sinnliche Überprüfung stattfinden.«[117] In diesem Zitat findet sich auch das, was eingangs als Schwartes Idealtyp der Ausstellung identifiziert wurde. Im Folgenden sollen sowohl die Merkmale dieses Idealtyps als auch das, was über seine Binnendifferenzierungen ausgesagt wird, rekonstruiert werden.

Schwartes Ansicht nach lässt sich das Ausstellen vom Zeigen aus mehreren Gründen unterscheiden: Er argumentiert, dass sich Zeigen und Ausstellen ähnlich sind, etwa in der Verwendung von Medien wie Sockeln, Podesten, Bildschirmen etc. Jedoch bestehen seiner Meinung nach mindestens drei charakteristische Unterschiede zwischen diesen Akten: 1. Wer zeigt, will jemanden zu etwas veranlassen; 2. Zeigen ist zweckgebunden; und 3. ist derjenige, dem etwas gezeigt wird, ein konkreter Adressat beziehungsweise Adressatenkreis. Dies gelte für Ausstellungen nicht: Weder solle mit dem Ausstellen etwas veranlasst werden noch sei es zweckgebunden oder habe einen konkreten Adressatenkreis. Dass also in Akten des Zeigens und Ausstellens Medien verwendet werden, scheint nach Schwarte das einzige gemeinsame Merkmal zu sein. Beispielhaft führt er die Verwendung eines Bildschirms an, der im Rahmen einer Ausstellung anders verwendet wird als in einem Fernseher oder Reklamedisplay. Der markante Unterschied bestehe darin, dass in beiden letzteren Fällen eine kommunikative Situation evoziert werde, was hingegen in der Ausstellung gerade suspendiert werden solle. Zeigen möge zwar als Technik in Ausstellungen vorkommen, sei jedoch kein wesentlicher Bestandteil des Ausstellens. Das heißt nichts anderes, als dass man sich Ausstellungen vorstellen kann, in denen nichts gezeigt wird.[118] Schwarte verweist auf Wiesing, um auf einen distinkten Unterschied zwischen

Zeigen und Ausstellen aufmerksam zu machen: Während dem Zeigen die dreistellige Relation »Ich zeige jemandem etwas« zugrunde liegt, gelte für das Ausstellen nur eine zweistellige Relation »Ich stelle etwas aus«. Das nun spezifisch Charakteristische am Ausstellen liegt nach Schwarte darin, dass das Ausgestellte nicht mehr der Verfügungsgewalt des Ausstellenden unterliegt, sondern »einer temporären Aneignung, einem unkontrollierten Gebrauch«[119] des Publikums anheimfällt. Wobei das Publikum eben nur ein mögliches sein muss: Selbst wenn kein einziger Besucher käme, hätte die Ausstellung stattgefunden[120]. Hieran anschließend argumentiert Schwarte, dass Ausstellen, im Gegensatz zum Zeigen, »versucht[,] etwas, so wie es ist, zur Geltung kommen zu lassen«.[121]

Schwarte schließt sich Wiesing an, wenn er seine Unterteilung des Zeigens in *pointing* und *showing* aufgreift und sich hier insbesondere auf das *pointing*, eben das verweisende Zeigen, in kritischer Absicht bezieht: Ausstellen habe mit diesem gerade nichts gemein. Eben der Verweisungscharakter sei beim Ausstellen nicht gegeben. Im Gegenteil: Ausstellen zeichne sich dadurch aus, dass jegliche »symbolische Ordnung«[122] entzogen würde. Der Bezug zu Wiesings Argumentation ist auch hier gegeben, da dieser sagt, dass ein Bild nichts von sich aus zeige, sondern jemand ein Bild auf diese oder jene Art verwende, um dieses oder jenes damit zu zeigen. Der Zeigende verleiht dem Bild durch das Zeigen also einen Sinn.[123] Wiesing würde nun aber sagen, dass dies auch für die Ausstellungssituation im Kunstmuseum gelte, da gezeigt würde, was beispielsweise mit Bildern gezeigt werden kann. Es komme somit zu einem »Metasinn«[124]. Schwarte hingegen möchte darauf hinaus, dass dies beim Ausstellen nicht der Fall sei, da das Ausgestellte für nichts anderes stehe, auf nichts anderes verweise, lediglich darauf, was es ist. Schwartes Theorie ließe sich an einem Beispiel also verstehen wie folgt: Wenn ein alter Hammer gezeigt wird, hat man es dann mit einem Akt des Zeigens zu tun, wenn dies um der besonderen Verarbeitung des Hammers willen geschieht, wegen seines ehemaligen Besitzers oder weil man mit dem Hammer zeigen möchte, wie Menschen vor 100 Jahren Handwerk getrieben haben? Eine Ausstellung würde nach Schwartes Verständnis den Gegenstand gerade nicht in diese oder andere Verweisungszusammenhänge stellen: »Etwas ausstellen heißt, etwas aus einer epistemischen, moralischen oder politischen Ordnung und auch aus einem ästhetischen Schema herausrücken.«[125] Ausstellung ist für ihn demnach immer Freistellung. Ausgestellt ist etwas dann, wenn es bar jeder Kontextualisierung zugänglich und beurteilbar ist.

Dies ist eine Ansicht, die auch Karl-Heinz Lembeck vertritt. Lembeck versucht, einen ähnlichen – wenn nicht sogar den gleichen – Gedanken zu verteidigen, wenn er die Möglichkeiten von Museumsausstellungen dahingehend differenziert, ob es sich bei den Exponaten um Gegenstände oder Dinge handelt. Für ihn markiert dies die zwei Kategorien, in die Exponate in Museen fallen können: »Gegenstände sind daher Sachen-worüber, Dinge sind Sachen-womit-und-wozu.«[126] Mit dieser Differenzierung geht bei Lembeck aber auch eine Favorisierung einher: Er ist der Meinung, dass es Exponate als Gegenstände im Museum zwar gibt – und es liest sich so, als meinte er, dass dies ein häufiger Fall sei –, dann jedoch gar nicht genuin dem Museum zugehörig seien: »Aber man muss sich dennoch fragen dürfen, ob diese spezifische Form von Theoretisierung der Welt [dass Exponate als Gegenstände behandelt werden] überhaupt ein originäres Anliegen der Museen sein kann. Ist es nicht vielmehr eines der Wissenschaften?«[127] Wie auch Schwarte möchte Lembeck, dass die Exponate dekontextualisiert werden: »Das museale Arrangement sorgt eben nicht nur dafür, dass Dinge gesammelt werden, um als Gegenstände gezeigt zu werden, sondern darüber hinaus muss es darauf aus sein, dass jene Dinge Gelegenheit finden, sich so zu zeigen, wie sie an sich selbst sind, wie sie in ihrem vor-theoretischen Sein selbst sind.«[128] Es gibt an dieser Stelle zwei Ähnlichkeiten oder Überschneidungen mit Schwarte: Zum einen findet man hier eine präskriptive Ebene im Sinne einer Anweisung; zum anderen wird die Eigenschaft, ob die Exponate kontextualisiert sind, zu einem Kriterium dafür, ob eine Ausstellung gelungen ist. Im Detail gibt es aber auch zwei Unterschiede: Schwarte würde sagen – um die Begriffe Lembecks zu nutzen –, dass Gegenstände gezeigt und Dinge ausgestellt werden. Lembeck differenziert dahingehend nicht. Der andere Unterschied besteht im Kriterium des Gelingens: Lembeck ist es wichtig, dass zwar die Ding-Seite des Exponats zur Geltung kommt, aber dennoch auch die Gegenstandsseite nicht einfach fallen gelassen wird. Die Dinge müssten auf eine besondere Art kontextualisiert werden: »Beide Aspekte sind in der Form der musealen Darstellung zu berücksichtigen, indem das Ding sowohl aus seinen Umständen, seinem Wozu herausgelöst, aber auch der theoretische Zugriff auf es als auf einen Gegenstand, mit dem es etwas auf sich hat, inhibiert wird [...] Darin liegt die besondere Chance des musealen Arrangements.«[129] Mit Lembeck wie auch Wiesing lässt sich verstehen, worum es Schwarte, aber überhaupt allen dreien geht: eine Beschreibung dessen, wie typischerweise im Kunstmuseum ausgestellt wird – oder ihrer Ansicht nach: werden sollte. Denn Schwarte weist darauf hin, dass das Museum – wenn man es auch vermuten würde – gerade nicht der Ort ist, an dem sich der Idealtyp des Ausstellens realisiert.[130]

Besonders im Vordergrund stehen für Schwarte die künstlerischen Ausstellungen, wobei diese auch als Meta-Ausstellungen bezeichnet werden können.[131] Diese unterscheidet er von allen anderen Ausstellungen anhand der Art und Weise, wie etwas ausgestellt wird. Er schließt hierbei an Performativitätstheorien der Kunst an, indem er die Analogie eröffnet, dass ein Theaterstück nur dann ein Theaterstück ist, wenn es aufgeführt wird. Gleiches soll für das Kunstwerk gelten: Solange die *Minerva*-Büste von Rodin in einer Besenkammer verstaut ist und das Bild *Kerze* von Gerhard Richter in meinem Arbeitszimmer hängt, sind sie keine Kunstwerke. Verglichen wird dies mit Manuskripten und Partituren: Diese seien als solche keine Kunstwerke, sondern erst im Moment ihrer Aufführung. Entsprechend folgert Schwarte, dass beispielsweise Bilder erst dann Kunstwerke sein könnten, wenn sie ausgestellt würden.[132] Damit gibt er eine Antwort auf die Frage »Was ist Kunst?«, indem er fragt: »Wann ist Kunst?«. Die Objekte müssen einem Publikum zugänglich sein und von ihm beurteilt werden können. Diese Funktion übernimmt nach Schwarte das Ausstellen.

Die künstlerische Ausstellung ließe sich auch als Meta-Ausstellung bezeichnen, weil sie eine Reflexion über das Ausstellen ist.[133] Anders gesagt: Eine künstlerische Ausstellung legt die Bedingungen des Ausstellens offen und ermöglicht eine von spezifischen Interessen und Zusammenhängen losgelöste Rezeption der Exponate. Das erklärt sich aus Folgendem: Notwendige Bedingung für eine Ausstellung ist, dass sie an einem öffentlichen Ort stattfindet; dies wird von allen Ausstellungen verlangt. Künstlerische Ausstellungen nun generieren nach Schwarte, im Gegensatz zu allen anderen Ausstellungen, Öffentlichkeit erst, da sie »Geltungsgrenzen profanieren, neue Modi der Sichtbarkeit erfinden und damit der Öffentlichkeit im politischen Raum Geltung verschaffen.« Denn: »Kunst stellt öffentliche Räume her und verändert damit das, was Öffentlichkeit jeweils heißt und wie sie wirken kann.«[134] Aufmerksam muss man für die Unterscheidung zwischen künstlerischer und Kunst-Ausstellung sein: Allein weil Kunst ausgestellt wird, hat man es noch nicht notwendigerweise mit einer künstlerischen Ausstellung zu tun; dies bemisst sich an der Art und Weise des Ausstellens selber.

Schwartes Begriff der Öffentlichkeit und davon, wie künstlerische Ausstellungen zu ihrer Generierung beitragen, mag auf den ersten Blick eigenwillig wirken, ist man doch üblicherweise der Auffassung, dass das Museum innerhalb seiner Geschichte eine Öffnung für weite Teile der Gesellschaft erfahren hat. Es wird immer wieder betont, dass ab ca. 1800 dem Bürgertum der Zutritt ermöglicht wurde. Dies umfasste sicherlich nicht alle Teile der Gesellschaft, aber der damit begründete Trend scheint sich seit einigen Jahrzehnten in der aktuellen Museumslandschaft auszuweiten. Nicht umsonst wird von einer »Demokratisierung«[135] der Museen gesprochen, bei der möglichst alle Bevölkerungsschichten inkludiert werden sollen. Dies zeigt sich an den unterschiedlichsten Programmen und Führungen, was wiederum auch auf Kritik stößt.[136] Vor diesem Hintergrund würde man das Museum in der Regel als öffentlichen Ort bezeichnen. Schwarte kritisiert nun aber diese Auffassung. Das Museum gilt ihm förmlich als Gegenteil dessen, was man gemeinhin als öffentlichen Ort versteht. Er schreibt: »[J]e etablierter ein Ort ist, mit kulturellen und ökonomischen Filtern abgeschirmt, desto weniger kann er als öffentlich gelten. Insofern gelingt eine genuine Ausstellung von Außenseiterkunst besser als den in ihrer Bedeutung publizistisch gesicherten Werkschauen im etablierten Museumsbetrieb, denn Öffentlichkeit ist immer eine Außenseite, eine Versammlung von Außenseitern.«[137] Schwarte behauptet, dass Museen gerade deswegen nicht öffentlich oder Orte künstlerischer Ausstellung seien, weil sie in der Regel eben keine Reflexion auf die Bedingungen des Ausstellens sind und eine unvoreingenommene Rezeption ermöglichen. Anders gesagt: Das

Ausstellen der Museen ist nicht interesselos, es soll den Besucher zu etwas veranlassen.

Damit hängt auch der nächste Punkt zusammen: Schwarte behauptet, dass »weder die Absicht noch der institutionelle Ort hinreichende Bedingungen sind«[138], um klären zu können, was Ausstellungen sind. Man kann ihm hinsichtlich des institutionellen Ortes nur Recht geben, da – wie es ja auch sein Beispiel zeigt – etwas nicht schon deswegen ausgestellt ist, weil es im Museum ist. Die Getränkeautomaten, Sitzgelegenheiten und Garderoben sind keine Ausstellungsstücke. Hier zeigt sich somit ein weiteres Unterscheidungskriterium zwischen künstlerischen Ausstellungen und allen anderen. Sie lassen sich nach Schwarte dahingehend unterscheiden, ob ihnen eine Absicht zukommt oder nicht. Denn für die künstlerischen Ausstellungen gelte: »Der Zweck des Ganzen« sei in einer Ausstellung »prinzipiell unbestimmt.«[139] Hieran zeigt sich besonders das idealtypische seiner Ausführungen, gerade in Hinsicht auf die Grenzen des Ausstellungsbegriffs: Ein zentrales Argument Schwartes, das gegen Ausstellen als Zeigen angeführt werden kann, besagt, dass Ausstellungen Zwecksetzungen und Veranlassungen fremd seien. Schwarte behauptet aber: »Beim Ausstellen wird etwas in seinem So-Sein zur Schau gestellt. Es soll auf seine Faktur und Faktizität hin befragt werden. An ihm soll eine öffentliche sinnliche Prüfung stattfinden.«[140] Auch wenn er argumentiert, dass die Praxis des Ausstellens zweckfrei sei, so scheint er nicht ganz losgelöst von dieser sinnlichen Prüfung stehen zu können. Es wäre sonst auch eigenwillig, dies strikt behaupten zu wollen: Um sinnvollerweise von einer Praxis des Ausstellens sprechen zu können, muss es jemanden geben, der etwas willentlich an einem Ort platziert, denn sonst müsste jeder Akt, in dem ein Objekt bewegt wird, ein Akt des Ausstellens sein. Dass es aber kein Akt des Ausstellens ist, wenn ich meine Kaffeetasse auf dem Tisch abstelle oder die Bananen auf das Fließband an der Supermarktkasse lege, ist überzeugend. Dass der Praxis des Ausstellens ein Zweck zugrunde liegen muss, scheint unabdingbar: Damit man einen sinnvollen Begriff des Ausstellens hat, muss diese Willkürlichkeit der Handlung eliminiert werden. Ausstellen muss sich auch durch seine Absicht definieren lassen können. Schwarte ist nun überzeugt, dass die Absicht allein keine hinreichende Bedingung ist, aber eine notwendige.

Die Rolle der Absicht für die Praxis des Ausstellens wird durch eine weitere Differenzierung Schwartes deutlich: Abseits der künstlerischen Ausstellung werden in einem weiteren Schritt drei Klassen sonstiger Ausstellungen unterschieden, die sich realiter aber überschneiden: »ökonomische (Warenausstellungen, Kunstmessen), didaktische (Geschichtsausstellungen, Technikausstellungen, Weltausstellungen) und ästhetische (kulturelle Sensationen und Kunstausstellungen).«[141] Diese Differenzierung macht in den Klassen schon die jeweilige Absicht deutlich. Anders gesagt: Man kann künstlerische von allen anderen Ausstellungen anhand des Zwecks unterscheiden, den sie verfolgen, und dass sie überhaupt einen Zweck verfolgen: denn künstlerische Ausstellungen sollen sich gerade dadurch auszeichnen, dass sie dies nur in einem Sinne tun, bei dem kaum noch von Zweckhaftigkeit gesprochen werden kann.

Dieser Punkt wird auch daran deutlich, welche Rolle der Andere für das Ausstellen einnimmt. An der Binnendifferenzierung zwischen ökonomischen, didaktischen und ästhetischen Ausstellungen wird einsichtig, dass die Ausstellung immer in Bezug zum Anderen steht, weil jemandem etwas aus spezifischen Gründen gezeigt werden soll. Der idealtypische Fall der Ausstellung zeichnet sich aber gerade durch eine zweistellige Relation aus: »Ich stelle etwas aus.«[142] Warum ist das so? Es gibt nach Schwarte eine – zumindest denkbare – Art des Ausstellens, die die Rezeption des Ausstellungsbesuchers nicht schon aufgrund bestimmter Absichten präfiguriert. Im Gegenteil muss man sogar sagen, dass diese nach Schwarte unterminiert werden. Denn: Es soll niemanden etwas – Spezifisches – gezeigt werden. Die Sache wird der Öffentlichkeit in ihrem So-Sein überstellt. Der Ausstellende hat keine Kontrolle über die Rezeption und überlässt sie den Ausstellungsbesuchern. Es kommt nach Schwarte zu einem Wechsel des Besitzverhältnisses: Etwas wird aus der eigenen Obhut einem Publikum zum »Testen, einer temporären Aneignung, einem unkontrollierten Gebrauch«[143] überlassen.

Mit der Rolle des Anderen für Ausstellungen hängt auch die Frage nach der Kommunikation zusammen: Schwarte stellt für künstlerische Ausstellungen fest, dass diese gerade kein kommunikatives Setting bereiteten.[144] Er betont, dass es beim Akt des

Zeigens ebenso wie bei der Verwendung bestimmter Medien zu einer kommunikativen Situation käme beziehungsweise dies intendiert sei.[145] Ein Podest in einem Verkaufsraum wird dazu benutzt, um jemanden dazu zu veranlassen, das darauf Abgestellte zu kaufen, womit es »eine eindeutige kommunikative Funktion«[146] erfüllt: »Medien zeigen jemandem etwas Bestimmtes, meist zu kommunikativen Zwecken.«[147] Es soll sich um einen »fundamentalen Unterschied«[148] handeln: Beispielsweise sollen Bildschirme beim künstlerischen Ausstellen »grundsätzlich« anders verwendet werden als »beim Fernsehen oder als Reklamedisplay«[149]. Ausstellungen, die kommunikative und perzeptive Konventionen suspendieren, sind die exemplarischen Fälle für die künstlerischen Ausstellungen. Schwartes Argumentation ist überzeugend, wenn er erläutert, dass die Verwendung von Sockeln, Podesten, Rahmen und anderen ähnlichen Gegenständen kein hinreichender Grund sein kann, um von einer Ausstellung sprechen zu können. Er sagt vollkommen zu Recht: »Wenn ich einen Stein auf ein Podest stelle oder ein Bild mit einem Rahmen an die Wand hänge, dann habe ich noch nichts ausgestellt.«[150]

Schwartes Differenzierungen ermöglichen es, die Relation von Ausstellen und Zeigen in Graden zu denken. Immer in Hinblick auf den Idealtyp behauptet Schwarte Folgendes: »Präsentationstechniken mögen bei Ausstellungen zum Einsatz kommen, sie sind aber nicht wesentlich. Betrachtet man die Gemeinsamkeit von Präsentationsakten hinsichtlich der beteiligten Medien, so scheinen sie vor allem eins zu leisten, nämlich das Zeigen. Wer etwas zur Schau stellt oder etwas präsentiert, zeigt etwas. Aber das Ausstellen unterscheidet sich in wichtigen Punkten vom Zeigen. Die Logik des Zeigens ist eine Logik der Gesten.«[151] Hier wird das Denken in Graden besonders gut deutlich: Der Idealtyp des Ausstellens – oder auch das reine Ausstellen – ist ein Akt, der ohne Zeigen auskommt. Dies wiederum schließt das Zeigen des Ausstellens aber nicht aus. Schwarte schließt damit an Wiesing an, insofern es ihm zufolge davon abhängt, wie ein Bild verwendet wird, um etwas Bestimmtes zu zeigen. So kann man beispielsweise mit Dürers *Feldhase* einen Feldhasen zeigen oder aber auch ein Fensterkreuz, das sich im Auge des Hasen spiegelt. Das idealtypische Ausstellen soll nun aber kein Zeigen sein, »denn es enthält keinen Zeigegestus, es etabliert keine deiktische Relation. Das Ausgestellte ist keine Spur und kein Wegweiser. Mit dem Ausgestellten zeige ich nicht auf etwas, ich zeige nicht jemandem etwas.«[152] Schwartes Theorie ermöglicht es, ein Ausstellen zu denken, das sich vom Zeigen unterscheidet. Allerdings ermöglicht sie es auch, Ausstellen vom bloßen Ab- oder Hinstellen zu unterscheiden – hierzu dient die Rolle der Absicht respektive dessen, was zur Schau gestellt wird.

Beim Ausstellen werden die Exponate in der Hinsicht auf- oder hingestellt, um gesehen zu werden, oder sogar auch, um mit ihnen Bestimmtes sehen zu lassen. Dieses Bestimmte kann dabei eben auch ihr So-Sein sein. Dies realisiert sich für Schwarte in den idealtypischen Fällen des Ausstellens: Etwas ist (auf diese Weise) ausgestellt, wenn es in seinem So-Sein zur Schau gestellt wird. Alle Schaustellungen darüber hinaus seien dann in diesem Sinne keine Ausstellungen mehr, weil ein (anderer) Sinn gezeigt werde. Ein Beispiel: Man kann versuchen, einen Röhrenverstärker losgelöst von seiner alltäglichen Funktion zu zeigen, ihn – wie Lembeck sagen würde – in seiner Dinglichkeit ausstellen. Oder aber man kann etwas Bestimmtes an dem Verstärker oder etwas Bestimmtes mit dem Verstärker zeigen: beispielsweise, dass früher Verstärker noch mit diskreten Bauteilen auf Lötleisten aufgebaut wurden, während heute oftmals vorgefertigte Platinen genutzt werden. Dies wäre für Schwarte kein Idealfall des Ausstellens – um den Idealfall handelt es sich, wenn sichtbar gemacht wird, wie man dieses Thema sichtbar machen kann.[153] Zwecke und Veranlassungen sind bei Schwarte selbst beispielhaft erwähnt: »Beim Ausstellen wird etwas in seinem So-Sein zur Schau gestellt. Es soll auf seine Faktur und Faktizität hin befragt werden. An ihm soll eine öffentliche sinnliche Prüfung stattfinden.«[154] Weiter: »Das »Ausstellen versucht etwas, so wie es ist, zur Geltung kommen zu lassen.«[155] Und: »Ausstellungen müssen Orte der sinnlichen Konfrontation, der Diskussion, der diskursiven Auseinandersetzung sein, sonst sind sie Monstranzen oder Befehle […] in preziöser Verpackung. Ausstellungen müssen eine Kritik des Sensationellen entfalten.«[156] Anders gesagt werden in Fällen idealtypischen Ausstellens besondere Bedeutungen erzeugt: »Die Bedeutung fußt dann auf einer spezifischen Qualität der Sache/Situation selbst: wie sie ist. Auf bestimmten Aspekten ihrer Faktur.«[157]

Es ist ersichtlich, dass Schwarte mit der Kategorie der künstlerischen Ausstellung weniger den Realfall des Ausstellens skizziert, sondern eine ideale Möglichkeit – mithilfe derer er zugleich auch den Ausstellungsbetrieb kritisiert. Schwartes Position ist so gesehen sowohl deskriptiv als auch normativ. Um diesen Gedanken besser nachvollziehen zu können, ist es hilfreich zu verstehen, dass Schwarte in einer bestimmten Traditionslinie der Philosophie argumentiert.

Ludger Schwarte III: die Utopie des Ausstellens

Es wird deutlich: Nähme man Schwartes Ausstellungstheorie wortwörtlich, als eine Beschreibung der Wirklichkeit des Ausstellens, dann würde man in Aporien und Erklärungsnot gelangen. Wie eingangs aber schon vorgeschlagen, entgeht man diesen Problemen, wenn man seine Theorie als präskriptiven Ansatz versteht, als Beschreibung einer Möglichkeit, einer Utopie. An den entsprechenden Stellen ist deutlich geworden, dass Schwarte Messen und Schaufenstern nicht streng abspricht, dass dort ausgestellt wird, es sich aber – gemessen am Idealtyp der künstlerischen Ausstellung – um defizitäre Formen handelt. Das Potential des Ausstellens entfalte sich dort vollends, wo es zu einem Zeigen ohne Zeigen komme, was so viel wie eine Zwecklosigkeit bedeutet. Damit vertreten Schwarte und Wiesing ähnliche Positionen, wenn es auch Wiesing im Spezifischen um das Ausstellen von Bildern in Kunstmuseen geht. Schwarte würde diesen Akt als künstlerisches Ausstellen bezeichnen: Immer dann, wenn etwas um seiner selbst willen »gezeigt« wird, ist es ausgestellt, weil es von Kontexten und Zwecken losgelöst ist. Es ließe sich auch von einer Emanzipation des Objekts sprechen.

Schwartes Ausstellungstheorie greift dann, wenn man sie auf die idealen Möglichkeiten einer Ausstellung hin liest. Diese sieht Schwarte aus den besagten Gründen in künstlerischen Ausstellungen verwirklicht. Seine Theorie ist in diesem Sinne keine klassische Begriffsbestimmung. Es handelt sich bei ihr um eine Textgattung, die philosophiegeschichtlich bekannt ist: Eine ähnliche Denkfigur findet man auch bei Jean-Paul Sartre und Theodor W. Adorno. Mit

Sartre lässt sich klären, dass Schwartes Theorie einen Idealtyp von Ausstellungen thematisiert und welche Rolle dieser Idealtyp hinsichtlich der Deskription realer Ausstellungen spielt. Mit Adorno kann hingegen die widersprüchliche Rolle des Zeigens beim Ausstellen aufgeklärt werden.

Jean-Paul Sartre geht in seinem Aufsatz »Was ist Literatur?« der Frage nach, in welchem Verhältnis Politik und Literatur stehen und welche Rolle dem Autor und dem Leser dabei zukommt. Um aber diesem Verhältnis nachgehen zu können, unterscheidet Sartre verschiedene Formen von Literatur, um sie dann hinsichtlich ihrer politischen Rolle zu überprüfen. Er gibt zu verstehen, dass sich die Frage nach dem Wesen der Literatur nicht über den Begriff der Kunst beantworten lässt, da sie grundlegend verschieden von anderen Künsten wie etwa Musik und Malerei sei. Dies ist philosophiegeschichtlich in zweifacher Weise bemerkenswert: Die Behauptung, dass sich verschiedene Formen von Kunst isolieren lassen und auch müssen, weil es nicht *die* Kunst gibt, trägt zum einen der Ausweitung des Gegenstandsbereichs der Ästhetik im 20. Jahrhundert Rechnung, weil so die Option besteht, dass auch andere Gegenstände Kunststatus erhalten können. Zum anderen drückt sich hier schon früh ein differenziertes Medienbewusstsein aus, wie es seit den 1980ern Jahren zu gesonderten medienwissenschaftlichen Zweigen wie Film- und Bildwissenschaften führt und sich stets weiter ausdifferenziert: »Hier wie überall ist es nicht nur die Form, die differenziert, sondern auch der Stoff; und mit Farben und Tönen arbeiten ist etwas andres als sich durch Wörter ausdrücken.«[158]

Der spezifische Unterschied, den Sartre für die Literatur gegenüber anderen kanonischen Kunstformen angibt, besteht darin, dass Zeichen das Material der Literatur sind. Damit ist ein klares Charakteristikum für Sartre benannt: Im Gegensatz zum Material der anderen Künste, wie etwa Töne, Farben und Formen, verweisen Zeichen. Dies gelte für Töne, Farben und Formen eben nicht. Aber: Es gilt nicht für die gesamte Literatur. Sartre differenziert zwischen Poesie und Prosa. Poetische Literatur verortet er auf Seiten der Malerei und Musik. Warum ist das so? Das Unterscheidungsmerkmal zwischen Poesie und Prosa liegt in der Funktionalität der Sprache. Die Sprache in der Poesie versteht Sartre als selbstreferentiell; sie verliert ihre kommunikative Funktion: »Dichter sind Menschen, die sich weigern, die Sprache zu benutzen.«[159] Die Wörter werden »als Dinge und nicht als Zeichen betrachtet«.[160] Anders gesagt: Poesie möchte nichts mitteilen, sie macht keine Aussagen. Der Poet arbeitet mit den Wörtern, wie ein Maler mit Farben arbeitet. Ganz anders die Prosa nach Sartre: Der Prosaist benutzt die Sprache zur Mitteilung. Für ihn ist die Sprache ein »Werkzeug«[161]. Kurzum: Die Poesie ist darum bemüht, die Form der Sprache zur Erscheinung zu bringen. Die Prosa wiederum nutzt die Sprache in ihrer kommunikativen Funktion. Diese Unterscheidung ist für die Bestimmung dessen, was engagierte Literatur ist, maßgeblich. Denn Sartre ist der Meinung: »Sprechen ist handeln.«[162] Demgemäß kann nur die Prosa engagiert sein. Abseits dessen, dass hier gezeigt werden soll, dass Sartre und Schwarte einen ähnlichen Ansatz hinsichtlich ihres jeweiligen Themas haben, ließen sich beide sogar inhaltlich aufeinander beziehen: Mit den Kategorien Poesie und Prosa lässt sich bei Schwarte auch der Unterschied zwischen Zeigen und Ausstellen fassen. Denn bei beiden spielt Kommunikation eine entscheidende Rolle hinsichtlich ihrer jeweiligen Differenzierung: Ziel der Prosa, im Gegensatz zur Poesie sei es, zu verweisen. Diese Kategorien auf Schwartes Theorie angewandt, würde dies bedeuten, dass Ausstellen poetisch und Zeigen prosaisch ist.

Allerdings muss man sich fragen, ob sich die Unterscheidung von Poesie und Prosa so einfach auf die realen literarischen Werke übertragen lässt. Zunächst unterscheidet Sartre trennscharf. In einer Fußnote gibt er aber schnell zu verstehen, dass es sich dabei um ideale Kategorien handelt, die in dieser Einfachheit eher nicht vorkommen: »Nur der größeren Klarheit wegen habe ich die extremen Fälle der reinen Prosa und der reinen Poesie betrachtet«[163]. Sartre ist der Ansicht, dass es, um den Begriff der Literatur überhaupt bestimmen zu können, einer groben, aber klaren Unterscheidung bedarf. Das Ergebnis dieser Unterscheidung sind allerdings keine realen Fälle von Literatur – sondern, wenn überhaupt, eher Randphänomene. Mit dieser Unterscheidung lässt sich aber erfassen, welche Formen von Literatur es gibt, wie ein Autor sich zur Sprache verhalten kann. Sartre geht der Frage nach, was die extremen Fälle von Literatur sein können, die noch Literatur sind. Bis wohin lässt sich der Umgang mit der Sprache treiben? Demgemäß sind Poesie und Prosa, so wie sie von Sartre vorgestellt werden, ideale Möglichkeiten von Literatur, die in dieser Form eher selten in der Realität vorkommen, sich aber anbieten, das Feld der Literatur zu unterteilen. Denselben Ansatz verfolgt Schwarte. Deutlich wird dies, wenn er schreibt: »In Reinform ist Ausstellen kein deiktischer, kein kommunikativer Akt, sondern das Ausstellen versucht etwas, so wie es ist, zur Geltung kommen zu lassen.«[164] Damit gibt er implizit zu verstehen, dass es Mischformen gibt, besonders dann, wenn er sagt, dass man dieser Reinform einen realen Fall zuordnen könne: »Gerade bei Kunstausstellungen kommt dieser wesentliche Unterschied zwischen dem Ausstellen und der Geste des Zeigens oder der visuellen Persuasion zum Tragen.«[165] Dem schließt sich Sartre dann auch inhaltlich an, wenn er sagt, dass es sich in der Literatur in der Regel um Mischformen handle: »Es versteht sich von selbst, daß in jeder Poesie eine bestimmte Form von Prosa, das heißt von Erfolg, gegenwärtig ist; und umgekehrt schließt die trockenste Prosa immer ein wenig Poesie ein, das heißt eine gewisse Form des Scheiterns.«[166] Hier zeigt sich eine Überschneidung mit Schwarte, der auch der Auffassung ist, dass sich die getrennten Typen in der Realität vermischen: »Die vielen verschiedenen Arten von Ausstellungen, die es gibt, lassen sich vielleicht in drei Bereiche sortieren: ökonomische […], didaktische […] und ästhetische […]. Selbstverständlich interferieren diese Kategorien: Jede Ausstellung hat ökonomische Effekte, jede instruiert in der einen oder anderen Weise. Kaum ein Exponat auf einer merkantilen oder didaktischen Ausstellung wird ästhetisch komplett anspruchslos sein.«[167] Jedoch nun zu glauben, dass es einen fließenden Übergang von der Poesie zur Prosa gäbe, wie etwa bei einem Farbverlauf, hieße Sartre falsch verstehen. Die beiden Kategorien stehen als solche für sich. Es besteht jedoch die Möglichkeit, dass Prosa in Grenzen poetisch werden kann und Poesie prosaisch: »Daraus darf man jedoch nicht schließen, daß man durch eine fortgesetzte Reihe von Zwischenformen von der Poesie zur Prosa übergehen kann.«[168] Sartre ist glücklicherweise darin ganz klar, dass er zum einen deutlich macht, dass diese Idealtypen zur Differenzierung genutzt werden können, aber eben als Idealtypen wohl kaum in der Realität vorkommen; zum anderen führt dies aber nicht dazu, dass die realen Fälle von Literatur aufgrund von Übergängen nicht klar zugeordnet werden könnten.

Der Vergleich liegt auf der Hand: Ebenso wie Sartre beschreibt auch Schwarte einen Idealtyp, und zwar einen extremen Fall einer Ausstellung. Wie bei Sartre wird auch bei ihm die Kommunikation – oder auch Veranlassung – das entscheidende Unterscheidungskriterium. Je nachdem, ob eine kommunikative Absicht gegeben ist, hat man es mit einem Akt des Zeigens zu tun oder eben einem Akt des Ausstellens – so wie bei Sartre im Fall von Prosa und Poesie. Sartre und Schwarte unterscheiden sich allerdings darin, welche Option sie präferieren. Schwarte hält dem idealtypischen Ausstellen ja gerade zugute, dass es »mit einem Entzug symbolischer Zuordnung«[169] einhergehe. Dies gilt von der Prosa gerade nicht, die wesentlich Zeichen als Werkzeuge zur Mitteilung nutzt. Schwarte bietet zwar keine idealtypische Unterscheidung, weil er das Zeigen nur kurz anspricht, sondern lediglich einen idealtypischen Fall. Aber so, wie bei Sartre der Bereich möglicher Formen von Literatur sortiert wird, tut dies auch Schwarte für Ausstellungen. Nur kommen dem Idealtyp bei Schwarte im Gegensatz zu Sartre zwei Bedeutungen zu: Zum einen meint er eine reine, in der Wirklichkeit nicht vorkommende Form und zum anderen ist seine Bestimmung normativ gemeint, so wie man den Ausdruck »ideal« auch im Alltag benutzen würde. Bei Schwarte wird die denkbare Möglichkeit einer Ausstellung zum wünschenswerten Fall für alle Ausstellungen.[170]

Wie man mit Sartre Schwartes idealtypische Herangehensweise besser verständlich machen kann, kann man mit Adorno die Absicht der Denkfigur eines Zeigens ohne Zeigen in formaler, aber auch normativer Hinsicht klären: formal, weil es Adorno nicht um das Zeigen, sondern um den Begriff geht;[171] normativ, weil bei Adorno dieselbe Gleichsetzung von denkbar und wünschenswert stattfindet, nur eben nicht für Ausstellungen, sondern für die Philosophie. Dazu, wie Schwarte meint, dass Ausstellungen mit Zeigen umgehen, lässt sich eine Strukturaffinität bei Adorno finden, wenn dieser Ähnliches vom Umgang der – oder: seiner – Philosophie mit Begriffen behauptet. So lautet denn auch einer der zentralen und häufig zitierten Sätze in der *Negativen Dialektik*: »An ihr [der Philosophie] ist die Anstrengung, über den Begriff durch den Begriff hinauszugelangen.«[172]

Ohne das inhaltliche Unterfangen dieser besonderen Form von Dialektik an dieser Stelle wiederzugeben oder gar zu bewerten, sei hier nur Folgendes angemerkt und zusammengefasst: Adorno ist der Auffassung, dass die Themen und Fragen der Philosophie nicht dadurch beantwortet werden, dass man versucht, Begriffe zu definieren. In Anschluss an Nietzsche ist er der Meinung, dass »die Gegenstände in ihrem Begriff nicht aufgehen«[173]. Diejenige philosophische Strömung, die diesen Gedanken ernst nehme, sei die – insbesondere: hegelsche – Dialektik. An dieser kritisiert er aber, dass sie Widersprüchliches durch Synthese einzuebnen versuche. In Adornos dialektischer Terminologie heißt dies, Nichtidentisches als identisch auszugeben: »Philosophische Reflexion versichert sich des Nichtbegrifflichen im Begriff.«[174] Anders gesagt: Es ist ein Problem, die Identität zwischen Sache und Begriff zu behaupten. Damit ist dann auch Adornos dialektisches Programm klar: Mithilfe der negativen Dialektik soll das, was sich begrifflich nicht fassen lässt, mithilfe von Begriffen erfasst werden. Hierzu ein anderes prominentes Zitat: »Die Utopie der Erkenntnis wäre, das Begriffslose mit Begriffen aufzutun, ohne es ihnen gleichzumachen.«[175] Auch Adorno ist sich dessen bewusst, dass dieser Satz stutzig machen kann, denn er merkt an, dass »ein solcher Begriff von Dialektik Zweifel an seiner Möglichkeit [weckt].«[176] Dies zum einen, weil das Verhältnis vom Begriff und dem Begriffslosen widersprüchlich ist, zum anderen, weil Adorno zumindest bis zu diesem Punkt noch nicht erläutert hat, wie die Formel »ohne es ihnen [den Begriffen] gleichzumachen« eingeholt werden kann und soll. Der Schlüssel – und das ist, wenn auch eine Metapher, ganz im Sinne Adornos – zu Letzterem ist der Begriff des *Auftuns*. Daher ist es sicherlich nicht treffend, wenn man dort von Erfassen spricht, wo Adorno von Auftun redet. Der Begriff des Auftuns legt schon nahe, dass Adorno der Meinung ist, dass sich die Methode negativer Dialektik zu den Begriffen anders verhalte, als es verschiedene philosophische Positionen und Strömungen, die er ja durchaus diskutiert, vorab getan haben. In einem Satz: Begriffe sollen nicht hierarchisch zu Oberbegriffen sortiert werden, sondern in ein »Verhältnis, in das sie [die Sprache] die Begriffe, zentriert um eine Sache, setzt«.[177] Mit dieser Methode sei die Hoffnung verbunden, »dass er aufspringe wie etwa die Schlösser wohlverwahrter Kassenschränke: nicht nur durch einen Einzelschlüssel oder eine Einzelnummer sondern eine Nummernkombination.«[178]

Aufschlussreich für das Verständnis von Schwartes Ausstellungstheorie ist, wie Adorno die Funktion des Begriffs in der Philosophie beschreibt. Ihm zufolge soll etwas mit dem Begriff erreicht werden, das seiner Möglichkeit zu widersprechen scheint. In mehr oder weniger eigenen Worten: Adorno versteht unter Philosophie den Versuch, das Nichtbegriffliche mit Begriffen zu erfassen, ohne es zu *verbegrifflichen*. Eine analoge Denkfigur findet man bei Schwarte: Ausstellen ist der Versuch, etwas zu zeigen, das nicht durch Zeigen intendiert ist. Wie klar geworden sein sollte, ist dies widersprüchlich, da der, der zeigt, eine Absicht verfolgt. Ebenso, wie Adorno die Möglichkeit des Begriffs an seine Grenze treibt, tut dies Schwarte für das Zeigen. So wenig, wie Adorno sagt, dass es nur eine Form der Philosophie gebe, würde Schwarte sagen, dass es nur eine Form von Ausstellungen gebe. Aber beide würden eben sagen, dass jeweils eine ideale Form existiert. Wie Adorno sich diese ideale Form der Philosophie als eine Utopie der Erkenntnis vorstellt, hat auch die ideale Form der Ausstellung bei Schwarte die Gestalt einer Utopie des Zeigens. Die idealtypische Philosophie bei Adorno und die idealtypische Ausstellung bei Schwarte sind deswegen Utopien, weil das Idealtypische doppeldeutig ist: nicht real einerseits, wünschenswert andererseits. Es ist daher auch nicht verwunderlich, dass sich bei beiden Philosophen noch eine weitere Parallele entfaltet: Wie Adorno eine genuine Nähe oder Verwandtschaft zwischen Philosophie und Kunst konstatiert[179], realisiert sich das Potential der Ausstellung für Schwarte in der sogenannten künstlerischen Ausstellung.

Mit Adorno lässt sich an Schwartes Theorie Folgendes besser verstehen: Schwarte unternimmt den Versuch, den Begriff des Zeigens so weit zu treiben, dass er an der Grenze zum Sinnlosen steht. Es geht darum zu ergründen, wie weit sich eine Ausstellung überhaupt denken lässt; um die Denkmöglichkeit von Ausstellungen. Somit handelt es sich um einen klassischen philosophischen Text, da nicht versucht wird, reale Ausstellungen zu beschreiben – die jedoch auch Erwähnung finden –, sondern zu umreißen, was sich überhaupt von Ausstellungen sinnvoll denken lässt.

Was Schwarte beschreibt, ist, wie deutlich wurde, eine Möglichkeit, etwas auszustellen. Damit er diese ideale Möglichkeit formulieren kann, bedarf es des Zeigens. Nur vor dem Hintergrund, dass

Ausstellen ein Zeigen ist, lässt sich so etwas wie eine künstlerische Ausstellung als ideale Möglichkeit, die die Praxis des Zeigens unterminiert, vorstellen. Damit ist man allerdings wieder am Anfang des Problems: In welcher Hinsicht lässt sich Ausstellen als Zeigen verstehen?

b) *Platzieren:* Ausstellen als Zeigen

Die Vielfalt von Ausstellungen ist immens. Es lassen sich unterschiedliche Ausstellungstypen anhand verschiedener Kriterien unterteilen, wie es auch die oben erwähnten Handbücher tun. Innerhalb dieser Kategorisierungen und Ordnungen gibt es aber auch immer wieder Fälle, die sich nicht klar zuordnen lassen oder verschiedene Typen miteinander verbinden. Dies gilt auch bei Ausstellungen, die unter Umständen beispielsweise Aspekte von Aufführungen und Installationen teilen. Die Übergänge können fließend sein und es lässt sich mit Schwarte sagen, dass es auch Ausstellungen gibt, die gerade versuchen, diese Grenzziehungen zu unterminieren.[180] Zur Begriffsbestimmung soll hier jedoch nicht vom Besonderen, sondern vom Allgemeinen her gedacht werden. Wie angekündigt soll Ausstellen und Ausstellung von dem her bestimmt werden, was man tut, wenn man ausstellt. Es geht um die Praxis des Ausstellens als eine Praxis des Zeigens.

Hermann Sturm fasst das alltägliche Vorverständnis, was Ausstellen ist, wie folgt zusammen: »Ausstellen bedeutet zur Anschauung bringen und das heißt, jemand (eine Person, eine Institution) hat irgend ein Interesse, anderen (einer bestimmten Gruppe, möglichst vielen) etwas (Objekte, thematisch gefasste Inhalte, Weltanschauungen, wissenschaftlich-technische Probleme, subjektive Äußerungen etc.) zu zeigen, zu vermitteln, darauf aufmerksam zu machen.«[181] Im Folgenden soll nun begrifflich expliziert werden, wodurch sich genau das Zeigen in und durch Ausstellungen auszeichnet. Denn es wird sich herausstellen, dass es nicht hinreichend differenziert ist, Ausstellen lediglich als Zeigen auszuweisen. Wiesing lässt sich darin zustimmen, dass es abwegig wäre zu behaupten, dass es in Ausstellungen keine Akte des Konfrontierens oder des Hinweisens gäbe oder geben könne. Es geht aber nicht darum, was

Ausstellen *auch* sein kann, was in Ausstellungen *auch* vorkommen kann, sondern was Ausstellen notwendigerweise ist. Dabei wurde im vorigen Kapitel erläutert, dass die Differenzierung in konfrontierendes und hinweisendes Zeigen nicht ausreichend ist. Diese Unterscheidung soll und muss an dieser Stelle weiter geschärft werden.

Grundlegend teilen Ausstellungen mit konfrontierendem Zeigen, dass es sich um einen Akt der Objektbewegung handelt, wenn auch nicht jede Objektbewegung ein Platzieren ist. Für Wiesing fällt die Platzierung noch unter das konfrontierende Zeigen, wenn er sagt: »Das Gezeigte wird so bewegt, platziert, inszeniert und vorgeführt, dass es jemandem unweigerlich in seinen vorhandenen Blick fällt – ja fallen muss, und genau in dieser unausweichlichen Aufdringlichkeit besteht die Unersetzbarkeit dieser Art des Zeigens.«[182] Dies stimmt unter der Voraussetzung, dass sich das Gezeigte in den Blick des Anderen bewegen lässt. Ausstellen ist aber gerade der Akt, der notwendig wird, wenn dies nicht der Fall ist. Wer ausstellt, zeigt etwas, indem er Objekte bewegt, dadurch, dass er diese platziert. Es soll aber herausgestellt werden, dass der Akt des Platzierens in Ausstellungen ein vom konfrontierenden Zeigen zu unterscheidender Akt ist. Demnach gibt es zwei Arten, wie mittels Objektbewegung etwas gezeigt werden kann. Die These ist folgende: *Ausstellen ist das Zeigen einer Zusammenstellung durch Platzierung.* Anders gesagt: *Eine Ausstellung ist platziertes Zusammengestelltes, das gesehen werden soll.* Ausstellungen und Ausgestelltes können aber auch Werkzeuge sein, mit denen auf etwas hingewiesen wird. Dies ist jedoch davon abhängig, was gezeigt werden soll. Dieser Gedanke wird in Kapitel 2.c entwickelt, wenn unterschieden wird, *wie* Zusammengestelltes durch Platzierung gezeigt werden kann. Dementsprechend wird in diesem Kapitel sowohl die genuine Art der Platzierung in der Ausstellung bestimmt als auch, was es heißt, dass Zusammengestelltes platziert wird.

Beute und Bomben: Arten des Platzierens

Wer ausstellt, der platziert Dinge – ganz gleich, ob an der Wand, auf dem Dach, in Räumen oder im Freien –, damit diese Dinge gesehen werden. Ausstellen ist immer ein Platzieren. Objekte werden an einen bestimmten Ort bewegt, um gesehen zu werden. Jedoch ist nicht jedes Platzieren ein Ausstellen und schon gar nicht ein Zeigen. Aber auch in eine andere Richtung muss unterschieden werden: Platzieren ist nicht nur ein Auf-, Hin- oder Abstellen, Auf-, Hin- oder Ablegen. Platzieren muss von diesen Tätigkeiten dahingehend unterschieden werden, dass eine spezifische Absicht mit der Platzierung verbunden ist. Ein Beispiel: Michael kann seinen Schlüssel ablegen oder platzieren. Wenn er nach Hause kommt und den Schlüssel auf dem Kühlschrank oder dem Sofa ablegt, dann ist es sinnvoll, so zu reden, dass er mit dem Ablegen an diesem oder jenem Ort keine Absicht verbindet, also in dem Fall, dass er den Schlüssel einfach nur loswerden will. Falls Michael eher vergesslich ist und er den Schlüssel nahe der Eingangstür ablegt, damit er ihn beim Verlassen der Wohnung nicht vergisst, dann ist es sinnvoll, von Platzierung zu sprechen. Er platziert den Schlüssel, *um* ihn beim Verlassen der Wohnung nicht zu vergessen. Anders formuliert: Wer etwas mit einer Absicht ablegt, der platziert etwas.

Wer etwas platziert, der verfolgt mit dieser Handlung eine Absicht. Dass ich meine Kaffeetasse auf dem Schreibtisch abstelle oder das Buch auf dem Fensterbrett, ist mit Willkür verbunden. Ich hätte diese Dinge auch überall sonst abstellen können. Das *Wo* ist mir gleichgültig. Wer aber etwas platziert, der will, dass diese Sache an diesen Ort gestellt wird, weil eine spezifische Absicht damit verbunden ist. Das *Da* ist entscheidend für mich. Eine Bombe zu legen, heißt sie zu platzieren und nicht abzulegen; eine Falle aufzustellen, heißt sie zu platzieren und nicht hinzustellen. Diese Gegenstände werden an bestimmten Orten platziert, weil sie dort die mit ihnen verbundene Absicht realisieren können.

Ein weniger drastisches Beispiel macht es vielleicht deutlicher: Es gibt Handlungen, bei denen etwas so platziert wird, dass es nur schwer oder mit besonderem Aufwand gesehen werden soll. So etwa beim Verstecken: Der Bankräuber platziert die Beute, damit sie keiner findet, und der Osterhase die Ostereier, damit sich die Kinder Mühe geben beim Suchen. Der Akt des Versteckens zeichnet sich gerade dadurch aus, dass etwas platziert wird, das *nicht* oder nur schwer gesehen werden soll. Dementsprechend ist nicht jedes Platzieren mit der Absicht verbunden, dass das Platzierte gesehen werden soll. Auch jemand, der eine Falle platziert, will gerade nicht, dass sie gesehen wird. Platzierung ist der Akt, durch den ein Objekt an einen bestimmten Ort bewegt wird, weil das Objekt an diesem Ort die Absicht verwirklicht: Die Maus wird gefangen, das alte Industriegebäude fällt wie ein Kartenhaus in sich zusammen, die Beute wird nicht gefunden, die Kinder lassen die Eltern beim ausgiebigen Osterfrühstück in Ruhe.

Zeigen und Platzieren

Wer platziert, kann unterschiedliche Absichten haben. So kann, wie es auch in der Formulierung Wiesings deutlich wird, mit Platzierung auch die Absicht verbunden sein, dass jemand etwas sehen soll: Man platziert etwas, damit der Andere diese Sache sieht. So werden Bomben in einem Museum eher nicht mit der Absicht platziert, um das Museum in die Luft zu jagen, sondern mit jener, dass die Bomben gesehen werden. Ein anderes Beispiel: Mariana möchte Anja zu ihrem Geburtstag überraschen, indem sie die Torte so platziert, dass Anja, wenn sie durch die Tür kommt, die Torte sieht. Wiesing würde dieses Platzieren dem konfrontierenden Zeigen zuordnen, denn unter dem Kriterium von Objektbewegung und Blicklenkung werden bei der Platzierung die Objekte in der Regel bewegt. Kategorial ist diese Einteilung überzeugend, da mit Platzierung erreicht werden soll, dass etwas in den Blick fällt und nicht mithilfe eines Werkzeugs der Blick auf etwas gelenkt werden muss. Es lässt sich natürlich vorstellen, dass ein Pfeil so platziert ist, dass er in den Blick fällt, um ihn zu lenken. Eine Schnitzeljagd ist hierfür typisch; bei ihr werden Hinweise platziert. Was sich aber bei allen Formen des Platzierens doch vom Konfrontieren unterscheidet, ist, dass etwas in den Blick *fallen* soll und nicht, dass etwas in den Blick bewegt wird. Sicherlich gibt es Beispiele, bei denen es kaum vorstellbar ist, dass die Sache anders als in den Blick fallen kann, was einerseits an der Sache oder andererseits an der Art der Platzierung zu liegen vermag. So ist *Der große Altar von Pergamon* im *Pergamon-Museum* platziert, weil er sich gar nicht in den Blick bewegen lässt; zudem ist es kaum vorstellbar, dass jemand, der den Raum betritt, den Altar nicht sieht. Dies gilt jedoch nicht für alle Arten des Platzierens. Wer platziert, kann nicht mit derselben

Sicherheit davon ausgehen, dass der Andere das Intendierte sieht, wie derjenige, der konfrontiert. Es handelt sich aber nicht einfach um einen graduellen Unterschied, dergestalt, dass der Erfolg oder Misserfolg in dem einen Fall mehr oder weniger gegeben ist als in dem anderen. Es besteht ein Unterschied in der Sache: Das Gezeigte muss, wie auch beim *pointing,* nicht gesehen werden, weil der Aufforderung, den Blick zu lenken, gegebenenfalls nicht Folge geleistet wird. Bei der Platzierung kann das Platzierte entsprechend schlicht übersehen oder ignoriert werden. Dies kann hingegen bei einem Akt des Konfrontierens nicht der Fall sein: Wenn das Objekt in den Blick des Anderen bewegt wurde, muss er es sehen. Wer ein Objekt platziert, wird darauf abzielen, dass dieses möglichst in den Blick fällt, aber es gibt keine Garantie, dass dies geschieht, und keinen Zwang für den Anderen, es zu sehen. Das Objekt wurde mithin bewegt, aber der Besucher oder Fußgänger muss dennoch erst einmal seinen Blick darauf richten.

Das Objekt wird nicht in den Blick des Anderen bewegt, weil Platzierung in Abwesenheit geschieht: Dies ist ein weiteres Merkmal, was die Platzierung von anderen Formen des Zeigens unterscheidet. Platzierung ist eine indirekte Art des Zeigens, ebenso wie nach Wiesing auch das *pointing.* Platzierungen sind jedoch keine Werkzeuge, mit denen auf etwas verwiesen wird, auch wenn dies möglich ist. Die Indirektheit der Platzierung ist von der des Hinweisens verschieden. Hinweisen ist deswegen ein indirektes Zeigen, weil mit einem Bild, einem Pfeil oder einem Finger auf das Intendierte verwiesen wird. Die Sache wird nicht direkt gezeigt. Aber Platzierung ist nicht deswegen ein indirektes Zeigen, weil derjenige, der platziert, ein Werkzeug zum Zeigen benutzen würde, sondern weil Zeigender und Rezipient mindestens zeitlich, in der Regel jedoch auch räumlich getrennt sind. Etwas *wurde* platziert, damit es gesehen wird. Es muss nichts mehr platziert werden, wenn derjenige, dem etwas gezeigt werden soll, schon anwesend ist. Denn dann könnte man ihn mit der Sache auch konfrontieren oder ihn darauf hinweisen.

Platzierung ist der Akt des Zeigens, mit dem sich Dinge zeigen lassen, die nicht ohne Weiteres in den Blick eines Anderen bewegt werden können und die nicht nur einer einzelnen Person gezeigt werden sollen. Man platziert immer dann Dinge, wenn diese aufgrund ihrer Beschaffenheit nicht konfrontierbar sind oder die Zeigehandlung mehrere Adressaten hat. Auch der Touristenführer zeigt mehreren Anderen etwas durch Hinweisen. Wenn dies aber nicht möglich ist, wird Platzierung notwendig. Es lässt sich umgekehrt auch nicht alles platzieren; dies macht unter Umständen Hinweisen notwendig. So lässt sich, ganz gleich ob mit Zeigefinger oder Bild, auf den Eiffelturm hinweisen, wohingegen man ihn wohl kaum platzieren kann. *Was wem* gezeigt werden soll, entscheidet darüber, *wie* es gezeigt werden muss.

Aus diesen Gründen wird hier das Platzieren als ein dritter Typ des Zeigens unterschieden, worunter *auch* das Ausstellen fällt. Es ließen sich auch andere Absichten anführen, wie etwa, dass jemand überrascht werden soll; hierfür ist ein Platzieren jedoch nicht notwendig, da man jemanden – wie es am Exhibitionisten deutlich wird – konfrontativ überraschen kann. Gerade im Fall des Exhibitionisten wird klar, dass der Begriff des »*placement*«[183] diesen Akt nicht richtig beschreibt, da der Exhibitionist seinen Körper aktiv in das Blickfeld des Anderen bewegt, um ihm »den Anblick aufzuzwingen«[184]. Es ließe sich höchstens behaupten, dass sich der Exhibitionist platziert, *um dann* seinen Körper konfrontativ zu zeigen, indem er sich entblößt. Allein dadurch, dass der Exhibitionist an einem Ort steht, hat er seinen Körper noch nicht gezeigt; dies geschieht erst, wenn er sich entblößt. Seinen Körper durch Entblößung zu zeigen, bewerkstelligt er nicht mittels Platzierung, sondern durch Konfrontation. Versuchte er es durch Platzierung, wären seine Erfolgsaussichten wohl geringer, je nach Geschick. Zeigen als Platzierung ist hingegen Objektbewegung, ohne dass das Objekt in den direkten Blick des Anderen geführt wird – da der Andere gar nicht anwesend ist.

Daher rührt auch die Ungewissheit des Erfolgs der Platzierung. Ob jemand überrascht oder die Passanten auf die Kleidung in der Auslage aufmerksam gemacht werden sollen: Wenn man platziert, muss man antizipieren, wo der Blick des oder der Anderen hinfallen könnte. Zuletzt bestätigt die Literatur über Schaufenstergestaltung oder die szenografische Literatur zu Museen und Ausstellungen diesen Umstand des Platzierens: Inszenierung ist der Versuch, den Erfolg der Platzierung zu gewährleisten. Wie oft gehen Menschen durch Museen und an Schaufenstern vorbei, ohne das Intendierte zu sehen? Es gibt keinen Zwang durch die Zeigeform des Platzierens, auch wenn geschickte Inszenierungen versuchen, einen solchen auszuüben.

Das neue Automodell, ein archäologischer Fund oder das Projektergebnis werden so platziert, dass sie in den Blick fallen. Messen, Präsentationen, Schauen oder *Shows* sind Orte, an denen etwas platziert wird, das in den Blick fallen soll. Ebenso werden Werbeanzeigen oder Produkte platziert[185], das heißt, sie werden an einen Ort bewegt, wo sie auffallen sollen. Ließe sich dann aber nicht auch sagen, dass das neue Automodell, der archäologische Fund oder das Projektergebnis ausgestellt sind?

Platzieren und Ausstellen

Jede Ausstellung ist zwar eine Platzierung, aber nicht jede Platzierung eine Ausstellung. Damit ist gesagt, dass Arten der Platzierung unterschieden werden. Richtig ist, dass Ausstellen als Platzierung die Absicht verfolgt, dass etwas gesehen wird. Beides teilt sowohl das Merkmal der Absicht als auch jenes der Objektbewegung, denn wer ausstellt, bewegt die Objekte, indem er sie platziert. Platzierung und Ausstellung lassen sich aber dahingehend unterscheiden, dass Ausstellungen Platzierungen von Zusammengestelltem sind, mit der Absicht, dass dieses Zusammengestellte gesehen wird. Eine Ausstellung wird hier als ein spezifischer Fall der Platzierung als Zeigen verstanden. Anders gesagt: Es gibt verschiedene Formen des Zeigens qua Platzierung. Es gibt aber, wie die Beispiele weiter oben zeigen – das neue Automodell, der archäologische Fund, das Projektergebnis –, Formen, die auch durch Platzierung zeigen, aber eben nicht Zusammengestelltes, sondern Einzelnes. Diese Form wird hier als Präsentation von der Ausstellung unterschieden.

Im Folgenden soll erläutert werden, dass es sich um einen qualitativen Unterschied handelt, der eine begriffliche Differenzierung rechtfertigt, ja notwendig macht, wenn es darum geht zu bestimmen, ob und wie Ausstellungen einen Erkenntniswert haben – auch wenn diese Differenzierung im Alltag begrifflich nicht vollzogen werden muss. Es wird also Präsentieren von Ausstellen unterschieden. Sie unterscheiden sich dadurch, dass in der einen Weise Einzelnes und in der anderen Weise Mehreres platziert wird. Diese Differenzierung ist daher notwendig, da sich die Behauptungen über das epistemische Potenzial von Ausstellungen auf diese Form beziehen und nicht auf die Präsentation von Einzeldingen.

Ausstellen ist deswegen eine besondere Form von Platzierung, weil es das Zeigen von Zusammengestelltem ist. Wer ausstellt, stellt Einzelnes zusammen, das durch Platzierung gesehen werden soll. Dass nun mehrere Dinge gezeigt werden sollen, kann unterschiedliche Beweggründe haben: Vielleicht sind sie Teil einer Sammlung, oder diese einzelnen Objekte sollen miteinander verglichen werden. Es gibt eine Art der zeigenden Platzierung, die sich dadurch auszeichnet, dass das Intendierte des Zeigeakts aus mehreren Teilen besteht.

Ausstellen unterscheidet sich notwendigerweise vom Konfrontieren und Hinweisen, weil das Intendierte nicht auf diese Weisen gezeigt werden kann. Man stellt deswegen aus, weil sonst ein übertriebener Aufwand mit dem Zeigen verbunden wäre oder weil es aufgrund der Beschaffenheit der Sache nicht möglich ist. Es mag Fälle geben, in denen es nicht unmöglich ist, aber diese sind Extreme und nicht die Regel. In Ausstellungen können Akte des Konfrontierens und Hinweisens genutzt werden. Trivialerweise ist nicht alles, was in einer Ausstellung ist oder passiert, in dem angestrebten strengen Sinn Ausstellen oder Ausgestelltes. Wer würde schon behaupten wollen, dass eine Museumsführerin Teil der Ausstellung ist? Oder aber, dass sie, weil sie den Besuchern etwas zeigt, etwas ausstellt? Es gibt aber die Möglichkeit, dass Akte des Konfrontierens und Hinweisens genutzt werden: So kann die Verkäuferin auf eine bestimmte Gitarre im Schaufenster hinweisen oder verschiedene Gitarren vorführen. Gleiches gilt auch für den Museumsführer: Er kann auf die Schmuckstücke seines Hauses verweisen oder sie vorzeigen. Hierbei handelt es sich aber stets um Zeigeakte innerhalb einer Ausstellung, die garantieren sollen, dass das Intendierte sichtig wird. Ausstellungen sind nicht notwendigerweise Werkzeuge, mit denen etwas gezeigt wird. Sie können es sein und sind es zuweilen auch. Man kann *mit* Ausstellungen etwas zeigen, aber in aller Regel wird *in* Ausstellungen etwas gezeigt, weil etwas mit der Absicht, gesehen zu werden, platziert ist.

Wie für Platzierungen gilt auch für Ausstellungen, dass sie sich dadurch auszeichnen, dass Ausstellen kein Akt ist, der in Gegenwart des Besuchers oder des Passanten ausgeführt wird. Wer ausstellt, hat eine Ausstellung gemacht, um etwas zu zeigen. Ausstellen als Praxis des Zeigens unterliegt einer Besonderheit, die dem Konfrontieren und Hinweisen in der Regel so nicht zukommt: Der Akt des Zeigens geschieht in Abwesenheit desjenigen, der zeigt. Dies wird auch im Sprachgebrauch erkennbar: Man spricht zwar von Ausstellungen, aber nicht von Zeigungen. Ausstellen ist deswegen eine besondere Praxis des Zeigens, weil sie zu einer Ausstellung führt. Dies ist insofern besonders, dass es ein *showing* ohne Show geben kann, aber kein Ausstellen ohne Ausstellung. Wer ausstellt, zeigt in und auch mit einer Ausstellung. Ein Merkmal des Ausstellens ist nämlich, dass der Ausstellende in der Regel nicht direkt zeigt: Er stellt dem Besucher nicht etwas direkt in der Gegenwart vor den Augen aus, in dem Sinn, dass er die Exponate platziert, noch verweist er auf die Exponate. Genau genommen muss man sagen, dass der Ausstellende nicht ausstellt, sondern ausgestellt *hat;* dies macht ihn zu einem Aussteller. Die Schiedsrichterin und der Touristenführer hingegen führen den Akt des Zeigens in Anwesenheit aus. Dass jemand ausstellt, hängt damit zusammen, oder besser gesagt: davon ab, was gezeigt werden soll. Es lässt sich nur in oder mit einer Ausstellung zeigen. Manfred Sommer hat diesen Aspekt als wesentlich für das Ausstellen ausgemacht: Ausstellen heißt, die Exponate »so an ›ihren‹ Platz stellen, dass sie gesehen werden können.«[186] Eine Ausstellung zwingt den Besucher oder Passanten nicht, das Ausgestellte sehen zu müssen – wenn auch die Schaufenster mit Lichtern und Pfeilen ausgeschmückt sein mögen, um zusätzlich die Aufmerksamkeit zu lenken. Die Platzierung selbst garantiert nicht, dass das Ausgestellte gesehen wird. Wie beim hinweisenden Zeigen ist eine Bereitschaft des Anderen erforderlich. In diesem Sinne sagt Sommer auch: »Die Ausstellung ist deshalb auch eine Einladung zur Anschauung.«[187] Man kann in Anlehnung an Wiesing, unter Beachtung der Bestimmung des *pointing*, auch sagen, dass es in diesem Fall ein *Sehenlassen* nur mit einem *Sehenwollen* gibt.

Wer ausstellt, muss annehmen, dass der Besucher freiwillig aufmerksam ist, sich auf die Absicht der Ausstellung einlässt, da im

Gegensatz zur Zeigeform des *showing* die Aufmerksamkeit nicht erzwungen werden kann. Dies mag sich graduell vom Verkäufer zum Kurator, vom Kunstliebhaber zum Schüler unterscheiden. Aber wer ausstellt, weiß, dass das Gelingen der Ausstellung von der Bereitwilligkeit des Besuchers oder des Passanten abhängig ist. Ausstellungen werden jedoch inszeniert, um eben auch diese Menschen zu erreichen. Inszenierung ist allerdings für das Ausstellen nicht notwendig, auch wenn, wer sichergehen will, dass das Intendierte wirklich gesehen wird, gut beraten ist, seine Ausstellung szenografisch zu gestalten.

Ausstellen ist deswegen eine besondere Form des Platzierens, weil es das Platzieren mehrerer Dinge mit der Absicht, dass diese gesehen werden, ist. Es ist sinnvoll, immer dann von Ausstellungen zu sprechen, wenn es sich um die Platzierung von Zusammengestelltem handelt. Wenn jemand eine Sache platziert, damit sie gesehen wird – das neue Automodell, der archäologische Fund, das Projektergebnis –, ist es sinnvoll, von Messen, Präsentationen, Schauen oder *Shows* zu sprechen, um diese somit von Ausstellungen zu unterscheiden. Sinnvoll ist diese Differenzierung darum, weil sich das Gezeigte unterscheidet; nämlich dadurch, dass nicht eine, sondern mehrere Sachen gezeigt werden. Ausstellen ist Platzieren mehrerer Dinge, damit sie gesehen werden. Man kann auch per Konfrontation und Hinweisen mehrere Dinge zeigen, aber Ausstellungen bieten die Möglichkeit, die Dinge gleichzeitig und unabhängig von ihrer Beschaffenheit zu zeigen. Ausstellen ist darum eine Sonderform des Platzierens, weil aufgrund dieses Unterschieds des Intendierten die Art und Weise des Zeigens sich im Spezifischen unterscheidet.

Aber ist es hinreichend, dass etwas als Ausstellung gilt, sobald das Intendierte des Zeigens aus mehreren Teilen besteht? Dies ist abwegig, weil es vorstellbar ist, dass jemand jemand anderen mit unterschiedlichen Dingen konfrontiert. So kann die Richterin dem Angeklagten die Beweislast wortwörtlich vor Augen führen, indem sie ihn mit Beweisstücken oder Lichtbildern konfrontiert. Die Museumsführerin wird versuchen, die Schulklasse auf verschiedene Dinge der Museumssammlung aufmerksam zu machen. Es ist also nicht hinreichend für den Ausstellungsbegriff, dass mehrere Dinge gezeigt werden oder mit mehreren Dingen etwas gezeigt wird.

Die Objekte sind nur dann ausgestellt, wenn sie zum Zweck des Sehen-Lassens platziert wurden. Immer dann, wenn eine Zusammenstellung von Objekten durch Platzierung gezeigt werden soll, hat man es mit einem Akt des Ausstellens zu tun. Um von einem solchen Akt des Ausstellens sinnvollerweise sprechen zu können, ist es notwendig, dass beide Bedingungen erfüllt sind: Weder ist es hinreichend, dass etwas zusammengestellt ist, noch, dass es platziert ist. Damit ist der Begriff dem des Zeigens strukturell ähnlich: Es müssen mehrere notwendige Bedingungen zusammenkommen, um eine hinreichende Bestimmung zu haben. Diese Bedingungen gilt es im Folgenden zu spezifizieren.

Dinge werden in einer Ausstellung so platziert, dass sie möglichst gesehen werden oder mit ihnen etwas gezeigt werden kann, was gesehen werden soll. Wer eine Sammlung von spezifischen Gemälden hat, beispielsweise Landschaftsmalereien aus dem 19. Jahrhundert, und möchte, dass diese gesehen werden, der wird sie platzieren. Wer zeigen möchte, dass Vincent van Gogh ein Vorläufer des Expressionismus ist, wird seine Gemälde zusammen mit solchen des Expressionismus platzieren. Ein Sportgeschäft wird seine Auswahl an Sportschuhen platzieren, da es sonst ein immenser Aufwand wäre, jedem Kunden jedes Paar einzeln zeigen zu müssen. Ein sogenannter *Sneakerhead* kann mit seiner Sammlung von Schuhen versuchen zu zeigen, wie sich das Design einer spezifischen Firma entwickelt hat, indem er sie platziert. Wer ausstellt, tut dies, weil sich das Intendierte nicht einfach in den Blick der anderen Person bewegen lässt und auch nicht einfach darauf hingewiesen werden kann; er tut es, weil er das Intendierte nur durch eine Ausstellung zeigen kann. Und dies bedeutet in der Regel: Wer ausstellt, platziert mehrere Dinge, um sie zu zeigen beziehungsweise an ihnen oder mit ihnen etwas zu zeigen.

Der hier explizierte Ausstellungsbegriff ermöglicht es, unabhängig vom Ort, von der Art des Gezeigten oder von beteiligten Medien Unterschiedliches als Ausstellung gelten zu lassen. Immer dann, wenn etwas Zusammengestelltes mit der Absicht, dass es gesehen werden möge, platziert wird, lässt sich sinnvollerweise sagen, dass es sich um eine Ausstellung handelt. Der Fokus auf die Praxis des Ausstellens ermöglicht es, das Schaufenster neben dem Museum, die Socken neben den Reliquien und die Auslage neben dem Podest als gleichberechtigt zu erachten. Der Vorteil dieser Begriffsbestimmung ist darin begründet, dass so auch besondere oder extreme Formen des Ausstellens und der Ausstellung thematisiert werden können – allerdings ohne den Nachteil, dass profanere Formen nicht mehr als Ausstellungen gelten.

Wenn Ausstellen das Zeigen von Zusammengestelltem ist, dann lässt sich fragen, *wie* das Zusammengestellte gezeigt werden kann. Damit ist nicht die Art des Zeigens gemeint, denn das ist das Platzieren, sondern in welchem Verhältnis die Teile des Zusammengestellten gezeigt werden. Wer ausstellt, hat idealtypisch zwei Möglichkeiten, die Dinge zu zeigen. Er stellt entweder mehrere Dinge aus – typischerweise kann das eine Sammlung eines Museums sein oder aber die Bekleidung einer Marke in einem Schaufenster. Oder aber er stellt mit den Dingen etwas anderes aus – typischerweise betrifft das Sonderausstellungen, die ein spezifisches Thema haben, oder etwa Showrooms von Firmen. Diese Möglichkeiten erscheinen jetzt als Entweder-oder, allerdings gibt es realiter Abstufungen der Weisen, in denen die Dinge ausgestellt werden können. Ausstellen lässt sich nicht nur hinsichtlich der Frage bestimmen und differenzieren, ob es ein Akt des Zeigens ist und welcher Art es ist. Wenn eine Ausstellung die Platzierung von Zusammengestelltem ist, dann lassen sich Ausstellungen auch dahingehend unterscheiden, wie das Zusammengestellte gezeigt oder besser gesagt: ausgestellt wird. Ausstellungen lassen sich in der Art und Weise, wie sie Zusammengestelltes zeigen, differenzieren. Es geht also im nächsten Schritt darum zu klären, *wie* die Dinge gezeigt werden, wenn sie ausgestellt werden.

c) *Kollektion* und *Konstellation*: Grundbegriffe einer Ausstellungsphilosophie

Im alltäglichen Sprachgebrauch spricht man von Ausstellungen in den unterschiedlichsten Kontexten. Besonders im Hinblick auf den Ort ist dies bemerkenswert. So unterschiedlich die Orte und Räume wie Museen, Messen, Schaufenster, Galerien oder Showrooms sind, überall wird ausgestellt: Kunstausstellungen, Technikausstellungen, Hundeausstellungen. Es lässt sich sinnvoll die Frage stellen, ob man es an diesen Orten wirklich mit der gleichen Praxis zu tun hat: Worin besteht die Ähnlichkeit zwischen einem Zeigen von Gitarren im Schaufenster, dem Vorzeigen von Pudeln auf einem Podest, dem Inszenieren von Vasen in einer Vitrine, der Dekoration eines Flohmarkttischs und der Aufreihung impressionistischer Gemälde an Wänden? Hat man es jeweils mit derselben Praxis zu tun oder gibt es in der Sache Unterschiede, die begriffliche Differenzierungen sinnvoll erscheinen lassen? Können verschiedene Formen des Ausstellens funktional voneinander unterschieden werden?

Mit einem Praxisbegriff des Ausstellens ist es möglich, Museen, Science-Center, Galerien, Zoos, Schaufenster, Messen und Möbelhäuser als gleichberechtigte Ausstellungsformen auszuweisen. Nimmt man die Praxis des Ausstellens in den Fokus, besteht der Vorteil darin, dass die immense Vielfalt dessen, was mit Ausstellen verbunden scheint, miteingeschlossen werden kann, ohne dass für jegliche Objekt-, Ort- und Medienkategorie Differenzierungsmerkmale eingeführt oder gar ausgeschlossen werden müssten. Ob Skulpturen oder Schreibgeräte, ob in Museen oder Messen, ob mit Vitrinen oder Kleiderständern ausgestellt wird, spielt dafür, was Ausstellen ist, keine Rolle.

Wie bisher rekonstruiert wurde, fiel es der bisherigen Ausstellungstheorie aus zwei Gründen schwer, mit diesen unterschiedlichen Ausstellungsformen zurecht zu kommen: einerseits, weil manche dieser Formen von vornherein ausgeschlossen wurden und somit ein als exklusiv zu bewertender Ausstellungsbegriff vertreten wird, der dann beispielsweise nur das Museum als legitime Form der Ausstellung anerkennt. Andererseits gibt es jene Theorien, die den alltäglichen Gebrauch des Ausstellungsbegriffs ernst nehmen und besagte Formen nicht ausschließen würden, ihre Begriffsbildung dann aber doch an einer spezifischen Form – vornehmlich dem Kunstmuseum – vollziehen, so dass es zu einem Passungsproblem des Begriffs mit den alltäglichen Erscheinungen kommt. Auf der einen Seite besteht also die Schwierigkeit, dass gewisse Formen des Ausstellens nicht mehr als Ausstellungen gelten würden, obwohl man sie alltäglich so bezeichnet. Auf der anderen Seite tritt das Problem auf, dass trotz der Anerkennung dieser Formen als Ausstellungen sie durch einen spezialisierten Begriff nicht mehr adäquat beschrieben werden können. Im ersten Fall ist die willkürliche Setzung die Wurzel des Problems, im zweiten Fall die Priorisierung eines Spezialfalls. Im vorliegenden Buch wird der Ansatz vertreten, unvoreingenommen zu betrachten, welche die geteilten Merkmale der Praxis in all diesen Formen sind. Was sind die Gemeinsamkeiten der Praxis des Ausstellens in einem Autohaus und einem Kunstmuseum? Dargelegt wurde, dass die Praxis sich in all diesen Fällen sich dadurch auszeichnet, dass es sich um Platzierung von Zusammengestelltem mit der Absicht, es möge gesehen werden, handelt.

Es ist nun richtig, dass eine Ausstellung in einem Autohaus in der Regel wenig mit einer Ausstellung in einem Kunstmuseum zu tun hat. Entsprechend ist die Intuition der Ausstellungstheorie, sich mit besonderen Fällen (Wehrmachtsausstellung) oder Formen (Kunstmuseum) auseinanderzusetzen, nachvollziehbar. Problematisch ist dieser Ansatz aber dann, wenn daraus folgt, dass es sich nur bei diesen Fällen oder Formen um Ausstellungen handle oder aber dass sich an diesen Fällen oder Formen bestimmen lasse, was Ausstellungen im Allgemeinen sind.

Es kommt schließlich ganz allein darauf an, was getan wird. Dies gilt auch dann, wenn Unterschiede in den Weisen, auf die beispielsweise in einem Autohaus oder aber in einem Kunstmuseum ausgestellt wird, aufgewiesen werden sollen. Zur Debatte steht, ob Ausstellungen trotz unterschiedlicher Gegenstände, Orte, verwendeter Medien und Zielgruppen strukturell ähnlich sind. Kann es Ausstellungstypen geben, die an jedem beliebigen Ort auffindbar sind, die sich nicht über ihren Gegenstand definieren, sondern darüber, *wie* sie ihre Gegenstände ausstellen? Ist es möglich, Ausstellungstypen nicht nach dem Veranstaltungsort zu unterscheiden, sondern danach, auf welche Weisen man überhaupt ausstellen kann? Hierbei ist nicht die spezifische Weise der Inszenierung gemeint, welche Medien beteiligt sind oder wie die Ausstellungsräume organisiert werden. Mit diesen Gebieten setzt sich die Szenografie auseinander. Auch in dieser Hinsicht soll die These vertreten werden, dass das Spektrum möglicher Ausstellungen nur dann vollständig zu erfassen ist, wenn verstanden wird, worin sich die Praxis des Ausstellens in einer Weise von jener in einer anderen Weise unterscheidet. Wurde im vorigen Kapitel versucht, das Gemeinsame der Ausstellungsphänomene zu erfassen, geht es nun darum, wie Ausstellungen hinsichtlich ihrer Praxis unterschieden werden können.

Klar: Es lassen sich, wie das auch oftmals der Fall ist, Ausstellungen dahingehend unterscheiden, wo ausgestellt wird (beispielsweise Museum oder Messe), wie ausgestellt wird (beispielsweise Dauerausstellung oder Wanderausstellung) und was ausgestellt wird (beispielsweise Kunst oder Regenschirme). Allerdings wird man schnell Fälle finden, in denen es zu Überschneidungen kommt, sodass diese Einteilungen nicht mehr standhalten. Davon abgesehen sind die Einteilungen auch immer willkürlich und kontingent. Daher bieten sich solche Kategorien für eine begriffliche Fixierung nicht an. Wenn man aber fragt, was man tut, wenn man ausstellt, und eben hier, wie man ausstellt, dann fragt man danach, was überhaupt möglich ist. Wo liegen die Grenzen der Ausstellungspraxis? Wann ist es noch sinnvoll, davon zu sprechen, dass etwas ausgestellt sei? Was liegt im Bereich des Möglichen, wenn man ausstellt?

Ein Beispiel: In einem Autohaus wird in der Regel nicht nur ein Exemplar eines beliebigen Autos präsentiert, sondern mehrere ausgestellt. Die Auto-Ausstellung zeigt das Spektrum der Modelle. Die Autos sind dabei sowohl räumlich als auch metaphorisch gegenübergestellt: Sie lassen sich in Hinblick auf Aussehen und technische Spezifikationen vergleichen, sodass Unterschiede und Gemeinsamkeiten festgestellt werden können. Sie lassen sich sogar Probe fahren. Die Modelle sind üblicherweise einfach im Raum aufgereiht, jedoch werden manche besonderen Modelle auch auf Podesten oder in einem spezifischen Winkel präsentiert. Es lassen sich sogar Gruppen ausmachen: hier die Limousinen, dort die Cabriolets. Zur Hilfe kommen dabei dem Interessenten meist kleine Schilder mit den wichtigsten Informationen. Solche Ausstellungen haben in der Regel informativen Charakter: Nach dem Besuch des Autohauses kennt man verschiedene Modelle einer Marke und Fakten über sie.

Ähnlich verhält es sich mit einer typischen Ausstellung in einem Kunstmuseum: Dem Besucher einer Impressionismus-Ausstellung[188] werden mehrere Werke gezeigt, die dieser Strömung zuzuordnen sind. Man wird über die einzelnen Werke und womöglich Maler informiert. Auch sie sind – wie die Autos – gegenübergestellt, in bestimmten Hängungen und Gruppen organisiert. Ebenso wie im Autohaus helfen Schilder, Flyer und ein (Audio-) Guide. In expositorischer Hinsicht besteht allerdings ein essenzieller Unterschied: Man kann sich den Monet nicht – probeweise – in die Küche hängen.

Der typische Einwand gegen einen solchen Vergleich ist der folgende: Der Unterschied besteht darin, dass die Autos im Autohaus im Gegensatz zu den Gemälden im Museum in einem Funktionszusammenhang stehen; die Autos stehen in der Absicht dort, gekauft und gefahren zu werden. Sie stehen als das da, was sie sind und wofür sie gedacht sind. Sie sollen ihrem Zweck nach genutzt werden. Dass dies für die impressionistischen Gemälde hingegen nicht gilt, ist klar: Sie haben im Museum keinen Zweck außer sich selbst. Es wird nicht mittels der Bilder etwas gezeigt, sondern es werden impressionistische Bilder gezeigt.[189] Sicherlich kann mittels einer Tafel darauf verwiesen werden, dass dieses oder jenes Gemälde eine Auftragsarbeit für diese oder jene Person war und für diese oder jene Zwecke angefertigt wurde. In einem typischen Kunstmuseum allerdings hat es einen solchen Zweck nicht mehr: Das Museum entfunktionalisiert das Gemälde hinsichtlich seines ursprünglichen Zwecks. Für Ludger Schwarte markiert dies das definitive Merkmal für den Idealtyp von Ausstellungen, die künstlerische Ausstellung: Ihm zufolge ist es die genuine Eigenschaft von Ausstellungen, dass die Exponate gerade nicht zweckgebunden sind.[190] Dass etwas völlig zweckfrei ausgestellt wird, lässt sich so wohl nur für ein Kunstmuseum denken, und auch dort ist fraglich, ob man von einer völligen Zweckfreiheit sprechen kann.

Wiesing macht einen Vorschlag dazu, wie sich das Verhältnis von Funktion des Exponats und Museum sinnvoll denken lässt. Zwar vertritt er durchaus die Ansicht, dass das Museum den ursprünglichen Sinn des Exponats negiert und es so aus dem ihm zugedachten Zweck herauslöst. Dies wäre soweit eine klassische Ansicht zur Funktion des Museums. Allerdings ist Wiesing der Meinung, dass diese Negation nur ein erster Schritt innerhalb einer Trias ist. Diese Trias besteht in der klassischen Bedeutung des Begriffs der »Aufhebung«[191]. Wiesing ist der Meinung, dass der ursprüngliche Sinn des Exponats zwar negiert, aber dennoch konserviert ist. Der entscheidende dritte Schritt – auch für eine Museumstheorie – bestehe nun darin, dass das Exponat zwar dekontextualisiert sei, es jedoch zu einem »Meta-Sinn«[192] komme: »Das Kunstmuseum gibt dem Bild den Sinn zu zeigen, was es zeigen kann.«[193] Das hieße also, dass das Museum nicht einfach bloß Sinn negiert, sondern: »[D]ie Aufhängung eines Bildes im Museum begründet keinen bestimmten Sinn eines Bildes, sondern ermöglicht ausschließlich die Frage nach dem möglichen Sinn des Bildes.«[194] Allerdings bezieht sich diese Theorie zunächst allein auf Bilder: Wiesing selbst macht in seinem Text deutlich, dass es ihm um die Funktion des Bildes im »Kunstmuseum«[195] geht. Wenn man diese Einschränkung macht, dann kann man Schwarte und Wiesing nur zustimmen: Das typische Kunstmuseum ist der Ort, an dem die Exponate dekontextualisiert und zweckbefreit werden.

Dass die Kunstwerke im Museum jedoch ihrem Zweck entfremdet[196] sind und keiner ursprünglichen oder alltäglichen Funktion nachkommen, liegt nicht daran, dass sie überhaupt ausgestellt, sondern daran, dass sie *in einem Museum* – spezifischer: in einem Kunstmuseum – ausgestellt sind. Was, wenn etwa in einem Kiosk dekontextualisierte und zweckfreie Dinge installiert und ausgestellt sind? Wenn dies der Fall ist, hat der Ort die Funktion eines Kiosks zugunsten jener eines Kunstmuseums aufgegeben.[197] In expositorischer Hinsicht unterscheidet sich ein Museum nicht notwendigerweise von einem Autohaus. Es kann auf dieselbe Weise ausstellen wie das Kunstmuseum. Die Dinge zu dekontextualisieren ist Funktion des Kunstmuseums, nicht der Ausstellung. Freilich kann dies auch in einem Autohaus geschehen, aber dann würde man, um dieses Phänomen adäquat beschreiben zu können, von Musealisierung sprechen müssen. Musealisierung ist jene Funktion, die die Exponate wie Kunst behandelt, das heißt sie zweckfrei ausstellt. Diese Funktion gehört aber nicht genuin zum Ausstellen: Sicherlich lässt sich auf diese Weise etwas ausstellen, doch dann stellt man etwas als Kunst aus, und nicht jedes Ausstellen ist etwas als Kunst ausstellen. Wiesing selber macht deutlich, dass Musealisierung keine genuine Funktion des Ausstellens per se ist: »Die Potenzialität des Bildes als ein mögliches zeigendes Zeichen für vieles wird ausgestellt – und diese Aufgabenstellung entscheidet über das gelingende Funktionieren einer Ausstellung von Bildern als Kunst.«[198] An diesem Zitat wird deutlich, dass Musealisierung nicht als spezifische Funktion des Ausstellens überhaupt gedacht wird, sondern so, dass Kunstmuseen auf diese spezifische Weise ausstellen. Die Funktion der Aufhebung kommt dem Museum zu, nicht der Ausstellung. Unter expositorischen Gesichtspunkten ist das Museum ein Spezialfall der Ausstellung. Dies haben Wiesing und Schwarte gesehen und so sollten ihre Ansätze auch verstanden werden: dass es ihnen um eine bestimmte Art auszustellen geht und nicht um einen allgemeinen Begriff der Ausstellung. Beide wollen die spezifische Art des Ausstellens in einem Kunstmuseum erfassen.

Kunstmuseen können eine besondere Form von Ausstellung sein, weil sie auf eine bestimmte Art ausstellen. Dies gilt jedoch auch für Autohäuser. In der Regel würde man wohl kaum behaupten wollen, dass die Ausstellung eines Autohauses mit der eines Kunstmuseums vergleichbar sei, außer, dass eben ausgestellt wird. Es ist nicht entscheidend, wo etwas ausgestellt wird, sondern wie etwas ausgestellt wird. Die Frage ist also nicht nur, ob es an bestimmten Orten bestimmte Ausstellungstypen gibt, sondern ob nicht an diesen Orten auf verschiedene Arten ausgestellt werden kann. Es geht also darum zu klären, ob man nicht in einem Museum so ausstellen kann, wie man das üblicherweise von einem Autohaus erwarten würde, und ob man nicht in einem Autohaus so ausstellen kann, wie man es üblicherweise von einem Museum erwarten würde. Die hier vertretene These ist eindeutig: Es hängt davon ab, wie man ausstellt, nicht davon, wo. Anders gesagt: Die Praxis des Ausstellens lässt sich weiter spezifizieren, indem gefragt wird, wie etwas ausgestellt wird.

Kollektion und Konstellation: die Möglichkeiten der Ausstellung

Welche Ausstellungsformen es gibt, soll nun also darüber bestimmt werden, wie ausgestellt werden kann. Schließlich steht die Frage danach im Raum, wie man all die unterschiedlichen Phänomene, die man im Alltag als Ausstellung bezeichnet, sinnvollerweise auch als Ausstellung bezeichnen kann. Es muss mithin darum gehen, inwieweit man all diese verschiedenen Phänomene als Ausstellungen verstehen kann, während man gleichzeitig benennt, worin sie sich unterscheiden. Anhand welchen Kriteriums lassen sich Ausstellungstypen differenzieren?

Um Missverständnisse zu vermeiden, soll gesagt sein, dass damit zwei Ansätze nicht gemeint sind: Zum einen soll nicht anhand verschiedener Ausstellungsformate erklärt werden, welche Arten Ausstellungen es gibt. Dass es sich bei einer Ausstellung beispielsweise um eine Dauerausstellung oder eine besonders interaktiv gestaltete Ausstellung handelt, hilft nicht zu klären, welche denkbaren Formen von Ausstellungen es gibt. Zum anderen soll den beteiligten Medien wie Vitrinen, Podesten, Auslagen, Tafeln und Rahmen keine konstitutive Rolle zugesprochen werden. Beide hier genannten Punkte spielen in der alltäglichen Praxis des Ausstellens eine Rolle, aber nicht für das begriffliche Verständnis.

Es leitet hier die Überlegung, dass erst zu verstehen ist, mit welchem Typ Ausstellung man es zu tun hat, wenn man versteht, wie ausgestellt wird. Wurde im vorhergehenden Abschnitt eine Differenzierung des Zeigebegriffs begründet, soll nun eine weitere Binnendifferenzierung angeboten werden, und zwar für Ausstellungen: Ausstellungen lassen sich innerhalb einer Skala verorten, die vom Pol der *Kollektion* bis zum Pol der *Konstellation* reicht. Alles, was als Ausstellung gelten kann, lässt sich auf der Linie zwischen diesen beiden Polen wiederfinden. Die *Kunstgeschichtlichen Grundbegriffe* von Heinrich Wölfflin bieten eine Basis, von der aus auch Ausstellungen in einer Skala erfasst werden können. Es soll daher in einem ersten Schritt eine Rekonstruktion einiger für Ausstellungen relevanter Grundbegriffe erfolgen, um in Anlehnung daran eine Skala zu begründen, mit der sich alles, was unter den Begriff der Ausstellung fällt, erfassen und unterscheiden lässt – sodass das Autohaus ebenso wie das Kunstmuseum als Ausstellung verstanden werden kann, sich aber auch deutlich machen lässt, worin sie sich unterscheiden.

Die zu explizierende These ist die folgende: Konstellationen sind Ausstellungen, die sich dadurch auszeichnen, dass die ausgestellten Dinge in einer Relation zueinander stehen und einen Zusammenhang bilden, der das Intendierte der Zeige-, oder besser gesagt: der Ausstellungshandlung ist. Dies ist bei der Kollektion, wie man ihr üblicherweise im Schaufenster oder auf einer Messe begegnet, nicht der Fall: Hier stehen die Dinge *für sich* – zwar ebenso vergleichbar in einer Relation, aber das Intendierte sind die Dinge, nicht der Zusammenhang.

Ein Beispiel: Das fiktive *Musikhaus Schönstadt* stellt verschiedene Instrumente in seinem Schaufenster aus, so wie es auch das *Grassi-Museum für Musikinstrumente der Universität Leipzig* in seinen Räumen tut. Aber *was* genau wird hier ausgestellt? Das Musikhaus stellt einzelne Instrumente verschiedener Marken und verschiedener Preisklassen aus. Das Museum stellt zusätzlich eine Geschichte, ein Thema oder eine These aus. Damit unterscheidet sich das eine Ausstellen vom anderen. Das *Grassi-Museum* nennt nicht nur eine Dauerausstellung sein eigen, dessen Zweck es ist, die historische »Suche nach dem vollkommenen Klang«[199] zu rekonstruieren, sondern es umfasst auch eine sogenannte systematische Ausstellung, wo durch »systematische Anordnung der Objekte [...] Fachleuten und anderen interessierten Besuchern der direkte Vergleich verwandter Instrumente«[200] ermöglicht werden soll. Der Unterschied wird also deutlich: Konstellationen zeichnen sich dadurch aus, dass die Dinge in eine Relation zueinander gebracht werden, und genau diese Relation wird ausgestellt. Hingegen hat man es bei Kollektionen damit zu tun, dass die Exponate in Relation, aber für sich, ausgestellt werden. Auf die eine Weise wird die Relation ausgestellt, auf die andere die Relata. Um zu verdeutlichen, was mit dieser Differenzierung gemeint ist, soll auf Wölfflins *Kunstgeschichtliche Grundbegriffe* zurückgegriffen werden. Mithilfe dieser Strukturanalogie sollen Einsichten in das vielfältige Gebiet der Ausstellungen gewonnen werden. Der Rückgriff auf Wölfflin hat zwei Vorzüge: Zum einen kann man mit Wölfflin den Bereich der Ausstellungen verstehen und beschreiben, dessen Exemplare höchst individuell sind und damit der Erfassung Schwierigkeiten bereiten. Zum anderen bieten zwei der fünf Begriffspaare für das Thema Ausstellung eine Beschreibungsebene struktureller Merkmale: *linear – malerisch* und *vielheitlich – einheitlich.* Mit Wölfflin lässt sich die Frage danach beantworten, in welcher Weise die Objekte in einer Ausstellung verwendet werden. Wölfflins Formulierung der Aufgabe gilt hier auch für das Ausstellen: »Und eben dieses Gemeinsame bei größter individueller Verschiedenheit soll hier begrifflich gefaßt werden.«[201]

Heinrich Wölfflin I: das Programm der Kunstgeschichtlichen Grundbegriffe

Die *Kunstgeschichtlichen Grundbegriffe* von Heinrich Wölfflin sind der Versuch, die Stilentwicklung in der Kunst anhand von Begriffspaaren nachzuvollziehen und zu erfassen. Ebenso, wie etwas im Bereich zwischen heiß oder kalt liegen kann, möchte Wölfflin ein begriffliches Instrumentarium aufstellen, mit dem sich Kunstwerke verorten lassen. Somit hat man nicht nur einen »Maßstab«[202], um einzelne Werke innerhalb dieses Bereichs einordnen zu können, sondern es lässt sich auch eine Entwicklung der künstlerischen Produkte aufzeigen. Anders gesagt: Mithilfe dieser Begriffspaare lassen sich sowohl historische als auch systematische Aussagen über Kunstwerke machen. Wölfflin versucht hierzu, den »geschichtlichen Wandlungen«[203] des Stils nachzugehen. Er geht dabei von einer Relativität und Variabilität des Sehens aus und macht die These stark, dass das Sehen selbst einem Interesse unterliegt, dass also die Gegenstände der Wahrnehmung unterschiedlich aufgefasst werden können: »Das Sehen an sich hat seine Geschichte«[204]. Dabei möchte er nicht der Behauptung nachgehen, dass unterschiedliche biologische Voraussetzungen zu einer unterschiedlichen Wahrnehmung bei Menschen führten, sondern er unterstellt, dass man Sehen lernen kann.[205] Wölfflin möchte die Geschichte der Kunst unter dem Fokus der Sehweise analysieren. Auf die Frage, warum ein Werk in einer bestimmten Weise gemalt ist, würde er antworten: weil die Menschen so *gesehen* haben. In der Stilentwicklung in der Kunst könne zwar nicht jeder Schritt punktgenau festgelegt, jedoch könnten Übergänge festgestellt werden: Es lassen sich zwar Tendenzen und Einteilungen mithilfe der Grundbegriffe vornehmen, wenn auch nicht jede Nuance einfangbar ist.[206] Für ihn gilt: »Alles ist Übergang.«[207] Wölfflins These geht aber darüber hinaus, lediglich zu konstatieren, dass es unterschiedliche Stile in der Kunst gibt und sie sich analysieren lassen. Trotz der Relativität des Sehens handelt es sich um logische Kategorien: Wer sieht, kann und muss innerhalb dieser Kategorien sehen. Anders gesagt: Es handelt sich um relationslogische Kategorien und nicht um empirische, kontingente oder willkürliche Vorkommnisse.

Wölfflins Ausführungen versuchen eine Antwort auf die Frage zu geben, inwieweit die Natur objektiv dargestellt werden kann. Er bezieht sich hierbei auf eine Anekdote aus dem Leben Ludwig Richters, der zusammen mit drei anderen Malern dasselbe Stück Landschaft nachahmen wollte. Dabei entstanden allerdings vier völlig verschiedene Gemälde. Vor diesem Hintergrund stellt sich die Frage, wie anhand desselben Stücks objektiver Natur trotz vergleichbarer Könnerschaft und künstlerischer Begabung vier unterschiedliche subjektive Darstellungen entstehen können. Diesem Umstand versucht Wölfflin mit seiner Analyse der Stilentwicklung in der Kunst unter Berücksichtigung der Sehweise Rechnung zu tragen. Er nimmt dabei die Zeitspanne vom 16. bis zum 17. Jahrhundert in den Blick. Der historische Ausschnitt dient dabei einem systematischen Zweck. Wölfflins Vorschlag besteht darin, anhand der folgenden fünf Begriffspaare die Entwicklung der Kunst zu beschreiben: malerisch – linear, flächenhaft – tiefenhaft, geschlossene Form – offene Form, vielheitlich – einheitlich und absolute Klarheit – relative Klarheit.[208]

Für das Thema des Ausstellens sind es die Begriffspaare malerisch – linear sowie dann insbesondere vielheitlich – einheitlich, die eine Rolle dabei spielen, zu erfassen, auf welche Weisen überhaupt ausgestellt werden kann, welche Arten von Ausstellungen denkbar sind. Daher sollen beide Begriffspaare kurz in ihrem kunstgeschichtlichen Kontext rekonstruiert werden, um sie dann für das Ausstellen systematisch zu nutzen.

Heinrich Wölfflin II: malerisch und linear

Wölfflin hat in seiner Arbeit ein begriffliches Werkzeug geschaffen, mit dem sich das »Verhältnis zur Welt des Sichtbaren«[209] beschreiben lassen soll. Dieses Verhältnis äußere sich darin, dass sich in der Geschichte der Malerei zwei grundlegende Stile des Sehens ausgebildet hätten: der ›lineare‹ Stil Albrecht Dürers und der ›malerische‹ Stil Rembrandts. Diese beiden Sehstile sind die Idealtypen, an denen Wölfflin seine Begriffspaare aufstellt und schärft. Die Idealtypen sind aber nicht die einzigen Möglichkeiten, wie sich Stil realisieren kann. Es handelt sich nicht um ein Entweder-oder.

Vielmehr lassen sich Werke der Kunst auf einer Skala zwischen den Polen Dürer und Rembrandt verorten: »Man müßte tausend Worte haben, um alle Übergänge bezeichnen zu können. Immer handelt es sich um relative Urteile.«[210] Für Wölfflin machen diese beiden Pole »zwei Weltanschauungen«[211] aus. Allerdings stehen sie sich nicht von Beginn an gegenüber, sondern der malerische Stil entwickelt sich aus dem linearen heraus. Nichtsdestoweniger sei die malerische Art des Sehens in ihrem Interesse so unterschiedlich gegenüber dem linearen Stil, dass für Wölfflin diese Gegenüberstellung möglich wird.

Die Idee ist, dass die lineare Darstellung, »die Dinge gibt, wie sie sind, diese [die malerische], wie sie zu sein scheinen.«[212] Der malerische Stil zeichnet sich also dadurch aus, dass weniger das *Was* des Sehens im Fokus der Darstellung steht als das *Wie*. Die Dinge lassen sich nach Wölfflin von Dürer an als das, was sie sind, darstellen oder aber – beginnend mit Rembrandt –, wie sie dem Sehenden erscheinen: »Das eine ist eine Kunst des Seins, das andere eine Kunst des Scheins.«[213] Anders formuliert: Der malerische Stil Rembrandts markiert den Einzug der Exemplifikation von Wahrnehmung in der Malerei. Bemerkenswert ist, dass sich in der Art und Weise des Sehens das Interesse des Wahrnehmenden ausdrücken soll: »Der zeichnerische Stil sieht in Linien, der malerische in Massen.«[214] Das Sehen wird bei Wölfflin als eine Aktivität vorgestellt, bei der der Gegenstand in dem einen oder aber in dem anderen Sinne aufgefasst werden kann – mal eher malerisch, mal eher linear, im seltensten Fall ganz konkret eines von beiden. Der Begriff der Auffassung markiert dann auch den entscheidenden Umstand für Wölfflin. Ob die Dinge linear oder malerisch aufgefasst werden, liegt wortwörtlich im Auge des Betrachters: »Malerisch und linear aber sind wie zwei verschiedene Sprachen, in denen man alles mögliche sagen kann«[215]. Das Lineare zeichnet sich dadurch aus, dass es feste Grenzen der Objekte sichtbar macht und sie so isoliert. Das Malerische hingegen lässt die Grenzen verschwimmen und setzt die Objekte zusammen. Die Frage, mit welchem Stil man es zu tun hat, entscheidet sich für Wölfflin letztendlich daran, dass »dort die Dinge für sich, hier die Dinge in ihrem Zusammenhang«[216] gesehen und dargestellt sind. Während beim linearen Stil die Teile für sich stehen können, gilt für den malerischen, »dass sie als Masse wirken und dass sie bis zu einem gewissen Grad im Eindruck des Ganzen untergehen«.[217] Es geht also, um »den Gegensatz eines Sehens im einzelnen [sic] und eines Sehens im ganzen [sic]«.[218] Auf diese Unterscheidung bauen dann alle anderen Begriffspaare auf, so auch das Paar *vielheitlich – einheitlich.*

Heinrich Wölfflin III: vielheitlich und einheitlich

»Alle bisherigen Kategorien haben diese Einheit vorbereitet.«[219] Das Gegensatzpaar *vielheitlich – einheitlich* basiert auf dem Paar *linear – malerisch* und ist für die hier vorliegende Auseinandersetzung mit Arten von Ausstellung der Anknüpfungspunkt. Allerdings beschreiben die beiden Paare dennoch unterschiedliche Aspekte. Die fundamentale Differenz besteht in der Art und Weise, wie die Teile im Bild organisiert sind. Wölfflin bietet hierfür die Unterscheidung von *Koordination* und *Subordination* an: »Der Bedeutungsakzent der einzelnen Teile innerhalb des Ganzen will erfaßt sein, wie stark die Form einer Wange zum Beispiel neben Nase und Auge und Mund zur Geltung kommt. Neben dem einen Typus relativ reiner Koordination gibt es unendlich viele Modalitäten von Subordination.«[220] Während es für *linear – malerisch* zu klären galt, *ob* die Teile isoliert oder vermengt sind, gilt es für *vielheitlich – einheitlich* zu klären, in welcher Relation sie stehen. Ausschlaggebend ist also das »Verhältnis der Teile zum Ganzen«[221]. Wölfflin bestimmt die Typen dieses Begriffspaares aber noch genauer. Behauptete man nämlich, es gäbe in einem Kunstwerk entweder Vielheit oder Einheit – oder besser gesagt: es sei auf einer Skala zwischen diesen Punkten zu situieren –, dann müsste man sich die Frage stellen, wie man im Falle der Vielheit überhaupt noch ein Werk als Werk sehen und wie man umgekehrt im Fall der Einheit noch unterschiedliche Teile sehen könnte. Aus diesen Gründen spricht Wölfflin überzeugend von vielheitlicher Einheit und einheitlicher Einheit. Es gibt ihm zufolge also eine Auffassung des Werkes als Ganzes, an der sich allerdings unterscheiden lässt, wie die Teile zum Ganzen aufgefasst werden, also in welcher Ordnung die Teile stehen. Vielheitliche Einheit meint, »daß die Teile ein System bilden, wo jeder [Teil] an seiner Stelle vom Ganzen bedingt erscheint und dabei doch vollkommen selbständig wirkt«[222]. Für die einheitliche Einheit gilt hingegen: »Es fügen sich nicht mehr schöne Einzelteile zu einer Harmonie zusammen, in der sie selbstständig weiter atmen, sondern die Teile haben sich einem herrschenden Gesamtmotiv unterworfen, und nur das Zusammenwirken mit dem Ganzen gibt ihnen Sinn und Schönheit.«[223] Wie es schon für das Lineare und Malerische galt, drücken sich auch hier für Wölfflin unterschiedliche Weltauffassungen aus. Für die einheitliche Einheit gilt: »Es ist ein allgemeines Gefühl für das Untergehen des Einzelnen im Ganzen von Anfang an hier vorhanden, das Gefühl, daß jedes Wesen erst im Zusammenhang mit andern, mit der ganzen Welt Sinn und Bedeutung haben könne.«[224] Diese Differenzierung in vielheitliche und einheitliche Einheit lässt sich auch auf die Verwendung von Dingen in Ausstellungen anwenden.

Von den kunstgeschichtlichen zu den ausstellungsphilosophischen Grundbegriffen

Es ist gerade dieses Begriffspaar, mit dem sich eine Grundunterscheidung für die Arten und Weisen, auf die ausgestellt werden kann, einführen lässt. Anders gesagt: Mithilfe dieses Begriffspaares lassen sich die Eigenarten oder Möglichkeiten, wie überhaupt ausgestellt werden kann, analysieren und beschreiben. Wölfflin hat eine funktionelle Unterscheidung für das Sehen getroffen, die für das Ausstellen ebenfalls eine fundamentale Rolle spielt: Es geht um die Art der Teil-Ganzes-Relation. Die Dinge einer Ausstellung – sei es ein Museum, Schaufenster oder Messehalle – können als Teil einer Relation ausgestellt werden oder aber mit den Dingen wird eine Relation ausgestellt.[225] Anders formuliert: Es werden Relata oder Relationen gezeigt beziehungsweise es werden Teile von Relationen oder aber die Relationen selber gezeigt. Wenn jemand ausstellt, dann muss diese Person notwendigerweise die auszustellenden Dinge in ein Verhältnis setzen: Die Dinge stehen entweder für sich oder sie werden in Beziehung zueinander gesetzt. Wer ausstellt, organisiert die Beziehung der Teile im Verhältnis zum Ganzen. Zur Charakterisierung dieses Verhältnisses sollen die Begriffe *Kollektion* und *Konstellation* herangezogen werden. Sie markieren die beiden Enden einer Skala, zwischen denen sich jede Ausstellung verorten lässt. Die beiden Termini machen das Verhältnis der ausgestellten Dinge zueinander deutlich: Im Fall der Kollektion ist es das Ausstellen verschiedener Teile einer Relation, im Fall der Konstellation ist es das Ausstellen einer Relation mithilfe verschiedener Teile. Anders gesagt: Einerseits werden die Relata einer Relation gezeigt, andererseits die Relation mit den Relata. In diesem Sinn lässt sich Wölfflins Unterscheidung auf Ausstellungen übertragen: »Dort das Zerstreute, hier das Zusammengefaßte; dort bald die Armut des Vereinzelten, bald die Unentwirrbarkeit des Allzuvielen, hier ein gegliedertes Ganzes, wo jeder Teil für sich spricht und faßbar ist und doch sofort in seinem Zusammenhang mit dem Ganzen, als Glied einer Gesamtform sich zu erkennen gibt.«[226]

Typischerweise findet man Konstellationen eher im Museum als im Schaufenster. Nichtsdestoweniger muss im Museum nicht notwendigerweise auf diese Art ausgestellt werden, denn man findet dort genauso auch Kollektionen. Die Möglichkeiten des Ausstellens – ob es sich nun um ein Museum, ein Schaufenster, eine Galerie, ein Bahnhofsfoyer handelt – sind unabhängig vom Ort der Ausstellung. Die Pole des Spektrums der möglichen Modi des Ausstellens werden hier als Kollektion und Konstellation bezeichnet. *Wie* man ausstellt, heißt also, wie man das Verhältnis der Teile zum Ganzen organisiert. Es kann nachvollziehbarerweise jemandem in einer Ausstellung im Modus der Kollektion ein nicht intendierter Zusammenhang auffallen, aber dann ist dieser Zusammenhang dennoch nicht ausgestellt, denn Ausstellen ist eine Form des Zeigens und Zeigen ist das Sehenlassen von Intendiertem. Das *Wie* des Ausstellens lässt sich grundlegend wie folgt differenzieren: Auf der einen Seite die Ausstellung als Konstellation, wodurch die Exponate in eine Relation gestellt werden und es genau um das Ausstellen dieser Relation geht. Auf der anderen Seite das Ausstellen der Exponate für sich: die Ausstellung als Kollektion.

Es geht darum, mit Wölfflins begrifflichem Instrumentarium die verschiedenen Weisen, auf die ausgestellt werden kann, zu erfassen und zu beschreiben. Dabei spielt es dann keine Rolle, ob es sich um ein Museum, ein Schaufenster oder ein Möbelhaus handelt. Es gilt also, die jeweiligen Pole zu bestimmen und an ihnen beispielhaft zu zeigen, was idealtypisch den einen und den anderen ausmacht. Es geht nicht wie bei Wölfflin um eine Stilgeschichte, sondern die Begriffspaare werden genutzt, um strukturelle Unterschiede festmachen zu können.

Das Ausstellen im Showroom eines Autohauses verfolgt einen klaren Zweck: Die Wagen werden präsentiert, um gekauft zu werden. Das Autohaus wird in der Regel in seinen Verkaufshäusern wenig darum bemüht sein, die Geschichte der Firma oder die Entwicklung des Automobils auszustellen, sondern ihm geht es um die Produkte. Allerdings existieren eigens gebaute Museen verschiedener Autohersteller[227]. Im *Porsche-Museum* werden die Wagen ausgestellt, um wiederum einen Zusammenhang auszustellen. Im Showroom werden sie als das präsentiert, was sie sind: Autos, die in unterschiedlicher Hinsicht einen spezifischen Zweck erfüllen, beispielsweise, dass sich mit ihnen komfortabel fahren lässt, oder aber, dass sich besonders viel in ihnen verstauen lässt. Wer beispielsweise einen *Porsche 911* kaufen wollte, der würde womöglich auf die vielen neuen Technologien aufmerksam gemacht, durch die sich das Modell auszeichnet. Für die wenigsten dürfte allerdings die historische Bedeutung dieses Modells für die Automobil- und Rennsportgeschichte Kaufgrund sein. Denn würde man diese Bedeutung zeigen wollen, müsste man einen Zusammenhang aufzeigen. Dieser ist üblicherweise aber nicht an Orten wie dem Showroom ausgestellt, sondern dann in einem Museum.

Es zeigt sich an diesem kurzen Beispiel, dass man den Gegenstand als solchen ausstellen kann oder eben als Gegenstand, der in einem Zusammenhang steht. Daher kann ein kollektives von einem konstellativen Ausstellen unterschieden werden. Man hat es hier in dem Sinne mit einer idealtypischen Unterscheidung zutun, dass man prinzipiell auch in einem Showroom konstellativ und im Museum kollektiv ausstellen kann. Galerien und Messen könnte man als mögliche Zwischenformate nennen, wobei aber der Zweck dieser Orte üblicherweise in der Präsentation der einzelnen Exponate liegt. Auch die Dauerausstellung beispielsweise eines Kunstmuseums lässt sich als ein kollektives Ausstellen bezeichnen, insofern es sich dabei um das Zeigen der eigenen Sammlung handelt. Dass also die Typen des Ausstellens nicht zwingend an einen Ort gebunden sind, sollte ersichtlich sein. Um es ganz klar zu sagen: Der Ort des Ausstellens ist kein Differenzierungsmerkmal für das

Ausstellen, weil er für die Praxis, wie ausgestellt werden kann, keinen Unterschied macht. So können das Autohaus und das Museum in ihrer expositorischen Eigenheit bestehen bleiben, aber in Relation zueinander gesetzt und damit verglichen und unterschieden werden. Man kann in Analogie sagen: Kollektionen sind Ausstellungen nach Dürer und Konstellationen sind Ausstellungen nach Rembrandt.

Was ist eine Kollektion?

Der Begriff der *Kollektion* bietet sich deswegen an, weil die Sammlung eine relativ lose Relation ist. Man zeigt eine Kollektion, in dem man ihre Teile zeigt. Die Sammlung lässt sich nur dadurch zeigen, dass Exemplare aus ihr gezeigt werden. Wer also eine Kollektion ausstellt, stellt diese insofern aus, als ihre Teile ausgestellt werden. Die spezifische Relation der Teile zum Ganzen besteht somit darin, dass diese Teile zwar Teile einer Sammlung sind, aber für sich stehen. Die Modekollektion ist das namengebende Beispiel hierfür: Jedes Teil ist ein Exemplar aus der Kollektion. Die Relation der Teile zueinander besteht hierbei in der Regel lediglich in ihrer Zugehörigkeit zur Sammlung. Aber auch hier gilt, dass damit nur ein prototypischer Fall von Modekollektion beschrieben ist, denn es gibt Modekollektionen, bei denen die Teile sich auch aufeinander beziehen und in diesem Sinn konstellative Aspekte beinhalten. Wer eine Kollektion ausstellt, tut dies, indem die Teile der Kollektion ausgestellt werden.

Im Modus der Kollektion sind die Dinge zwar versammelt, stehen aber für sich und werden als eigenständige Dinge gezeigt. Die Kollektion ist vielheitliche Einheit. So kann es etwa eine Ausstellung über impressionistische Malerei geben, die beispielhafte Werke des Impressionismus zeigt. Hier soll jedes Werk für sich gezeigt werden, aber eben als beispielhaft impressionistisches. Das Ausstellen dieser Kollektion soll Gegenstände des Impressionismus zeigen. Es lässt sich sagen, dass es um das Zeigen einer Quantität geht: All diese Gegenstände sind impressionistische Gemälde. Dass es sich um impressionistische Gemälde handelt, wird daran ersichtlich, dass sie als solche ausgestellt werden. Die Gemälde stehen zwar für sich, sind aber doch Teil eines Ganzen: Die Werke Manets, Monets und Renoirs stehen für sich, sind aber Teile respektive Exemplare des Impressionismus. In der Extremform der Kollektion besteht die Beziehung der Teile lediglich darin, dass sie Teile einer Sammlung sind. Historisches Beispiel hierfür ist die Wunderkammer: Wunderkammern können die unterschiedlichsten Dinge beinhalteten, dann besteht die Beziehung der Teile der Wunderkammer lediglich darin, dass sie Teile dieser Wunderkammer, Teile dieser Sammlung sind. Wenn die Wunderkammer nicht nur die Funktion eines Depots erfüllt, sondern auch etwas gezeigt werden soll, dann besteht die Intention dieses Zeigens im Zeigen dieser Sammlung. Das Zeigen der Sammlung ist das Zeigen der Teile dieser Sammlung. Wer seine Sammlung zeigen will, der zeigt die Teile seiner Sammlung. Man hat es hier mit einer weitverbreiteten, ganz typischen Art des Ausstellens zu tun, nämlich der Sammlungsausstellung, wie man sie von Kunstsammlungen kennt. Aber auch die Schaufenster von Bekleidungsgeschäften lassen sich hier in der Regel einordnen: Es werden exemplarische Teile der aktuellen Kollektion ausgestellt. Die Sammlung ist das typische Beispiel dafür, wie die Beziehung mehrerer Teile ausgestellt wird, wie man es von Modeschauen kennt: Die Kollektion ist das Zeigen der Sammlung durch Zeigen der einzelnen Teile dieser Sammlung.

In der Weise der Kollektion werden Dinge versammelt und als Sammlung ausgestellt, eben als Sammlung von Musterstücken. Dies bedeutet zum Beispiel: Wenn ich wissen möchte, was alles als impressionistisches Gemälde gilt, kann ich in eine Ausstellung gehen und mir dies zeigen lassen. Es geht um das Zeigen dieser Dinge. Wer eine Sammlung ausstellt, will, dass diese Dinge gesehen werden. Wer eine Ausstellung mit impressionistischen Gemälden macht, will, dass diese Bilder jeweils als impressionistisches Bild gesehen werden; er zeigt das Gemälde als impressionistisches Gemälde. Wer so ausstellt, der will etwas *als etwas* zeigen. Wer also besagte Ausstellung besucht, weiß, dass diese Bilder verwendet werden können, um zu zeigen, dass sie impressionistische Bilder sind. Die Exponate werden als Exemplare von impressionistischen Bildern gezeigt. Das heißt, dass die Ausstellung zeigt, dass alle diese Gemälde impressionistische Gemälde sind respektive so verwendet werden. Die Ausstellung zeigt den Gegenstandsbereich von

»impressionistisches Gemälde«, sie zeigt, dass alle Exemplare oder Exponate hierunter fallen.

Was ist eine Konstellation?

Der Begriff der *Konstellation* hingegen, wie man ihn insbesondere aus der Astronomie und Astrologie kennt, bezeichnet ein Gesamtes, für das die Bezogenheit der Teile zueinander notwendig ist. Unter anderem gehören zu den Konstellationen im astronomischen Sinn die Sternbilder: Man hat es nicht mehr mit der Konstellation des *Großen Wagens* zu tun, sobald beispielsweise der Stern *Dubhe* fehlt. Das Vorhandensein spezifischer Teile sowie ihre Beziehung zueinander sind konstitutiv für eine Konstellation. Während es eine Kollektion auch ohne ein spezifisches Teil geben kann, es nicht zwingend notwendig dafür ist, spielt jedes Teil in der Konstellation eine notwendige Rolle. In der Kollektion gibt es eine kontingente Beziehung der Teile zum Ganzen, wohingegen die Beziehung der Teile zum Ganzen in der Konstellation notwendig ist. Man zeigt eine Konstellation, indem man die Beziehung der Teile zeigt, oder aber zeigt, dass es eine Beziehung gibt. Somit stehen die Teile in der Kollektion für sich, wohingegen sie in der Konstellation in Beziehung stehen. Wer eine Konstellation ausstellt, der stellt sie dadurch aus, dass die Teile in Beziehung gebracht werden.

Wer eine Konstellation ausstellt, möchte mit den versammelten Dingen etwas zeigen. Konstellationen sind eine einheitliche Einheit. Wer also jemandem mithilfe einer Ausstellung die Entwicklung und Geschichte der impressionistischen Malerei zeigen will, wird die Dinge so auswählen, arrangieren und in Beziehung setzen, dass dies gesehen werden kann. Dies lässt sich verständlicherweise nicht an einem Gemälde zeigen, sondern nur mithilfe verschiedener impressionistischer Gemälde sowie womöglich Vorgängern und Nachfolgern impressionistischer Malerei. In diesem Sinn werden die Dinge nicht nur als impressionistische Gemälde gezeigt – was sie vielleicht gar nicht alle sind –, sondern es wird der Impressionismus gezeigt. In einer Konstellation erfüllt das Bild von Manet den Zweck, dass an ihm die Relation erkenntlich werden soll, in die es gesetzt wird. Es ist hier exemplarisch in dem

Sinn, dass Impressionismus an ihm erkannt wird, indem es zu anderen Werken, Malern und Epochen in Beziehung gesetzt wird. Anders formuliert: Das Prinzip des Impressionismus – etwa die Darstellung subjektiver Wahrnehmungszustände – wird dadurch an Exemplaren impressionistischer Malerei ersichtlich, dass sie in Beziehung zu anderen (nicht-)impressionistischen Werken gestellt werden. An den einzelnen Werken soll unter Bezugnahme aufeinander das Allgemeine gesehen werden. Dies schließt aber nicht aus, dass auch beides zugleich geschehen kann: Es handelt sich hier um eine idealtypische Unterscheidung. Das Bild von Manet ließe sich zugleich sowohl als Exemplar als auch als exemplarisch zeigen – wenn man es denn so zeigt. Denn es ist nicht an sich einfach so, sondern muss dazu in bestimmter Weise verwendet werden. Eine Extremform der Konstellation – dass also die Teile eine Relation sichtbar werden lassen – findet man in der Form des Mosaiks: Das einzelne Teil hat lediglich die Funktion, das Gesamte zur Erscheinung zu bringen.

Typische Beispiele für konstellative Ausstellungen sind insbesondere die Sonderausstellungen der Museen. Exemplarisch dokumentiert wird dies im Band *Themen zeigen im Raum* des Deutschen Hygiene-Museums. Schon der Titel verrät, dass nicht primär die Objekte das Ausgestellte sind, sondern dass mit diesen Objekten Themen oder Thesen gezeigt werden sollen. Zu diesen ausgestellten Themen gehören beispielsweise Sex, Freundschaft, Scham, Schlaf und Rassismus. Den Kuratoren geht es also weniger darum, spezifische Objekte als zu diesen Themenbereichen zugehörig auszustellen, sondern darum, mit ihnen die jeweiligen Themen respektive Thesen zu den Themen auszustellen. Das Hygiene-Museum versteht sich selbst als ein »Diskursort«; für das Museum sei es ausschlaggebend, dass es »einen Standpunkt beziehen« müsse, den es »exponatgestützt« vertrete.[228] Die jeweilige Konstellation unterscheidet sich je nach den kuratierenden Personen, was jedoch allen gemeinsam ist, ist die Weise der Verwendung der Exponate: Sie bilden ein Gesamtgefüge, das das Thema oder die These sehen lassen soll. Die Teile stehen in einer spezifischen Relation zueinander, um die Relation selber zu zeigen. Der spezifische Standpunkt der Ausstellung zu den Themen wie Sex, Freundschaft, Scham, Schlaf und Rassismus wird mit den Exponaten gezeigt.

Zusammenfassung

Das Beispiel einer Impressionismus-Ausstellung zeigt, welche prototypischen Möglichkeiten es gibt, etwas auszustellen. So können Exemplare wie zum Beispiel Gemälde ausgestellt werden, die dem Impressionismus zugehörig sind, oder mithilfe verschiedener Exponate kann gezeigt werden, was Impressionismus ist. Dies gilt allerdings eben nicht nur für die klassische Kunstausstellung. Alles, was als Ausstellung gelten kann, lässt sich entlang der Skala zwischen Kollektion und Konstellation einordnen. Wer ausstellt, wird aufgrund dessen, was er ausstellt, die Teile in einer bestimmten Weise zum Ganzen organisieren müssen. Neben der Bestimmung, dass *Ausstellen das Zeigen einer Zusammenstellung durch Platzierung ist*, ist Ausstellen im Spezifischen auch dadurch bestimmt, dass die ausgestellten Dinge in eine Relation gestellt werden. Wer ausstellt, muss die Exponate notwendigerweise in ein Verhältnis stellen – selbst wenn dies nur bedeutet, dass sie für sich stehen. Man kann hier mit Wölfflin sagen, dass in der einen Weise die Exponate koordiniert und in der anderen subordiniert werden. Stets geht es darum, in welcher Weise die Objekte ausgestellt sind. Insofern wurde eine Antwort darauf geben, was eine Ausstellung ist und welche idealtypischen Möglichkeiten es gibt. Mit ihr lässt sich der gesamte Bereich vom Museum bis zum Schaufenster beschreiben.

Anhand dieser begrifflichen Bestimmung soll es nun im dritten Kapitel um die Frage gehen, ob und wie Ausstellungen einen Erkenntniswert haben. Im ersten Abschnitt wird es darum gehen aufzuzeigen, dass die Voraussetzungen für diese Art von Fragestellung schwierig sind. Dies ist dadurch begründet, dass die Frage nach der Erkenntnis sich in der Philosophie in der Regel auf sprachliche Aussagen bezieht. Für Ausstellungen gilt dies, wenn überhaupt, nur bedingt. Daher gilt es in einem ersten Schritt den Rahmen abzustecken, in dem die Frage nach dem Erkenntniswert von Ausstellungen überhaupt sinnvoll gestellt werden kann.

Vor diesem Hintergrund gilt es dann einige prototypische ausstellungstheoretische Antworten auf die Frage nach dem Erkenntniswert von Ausstellungen zu rekonstruieren. Worin soll der spezifische Wert bestehen? Was wird von Ausstellungen erwartet und unter welchen Voraussetzungen? Gilt es für alle Ausstellungen oder nur besondere? Wie sind diese epistemologischen Behauptungen nach dem heutigen Stand der Erkenntnistheorie einzuordnen, wie verhalten sie sich dazu?

Anhand der Rekonstruktion wird im letzten Abschnitt ein eigener Vorschlag dazu entwickelt, wie ein Erkenntniswert von Ausstellungen argumentiert werden kann: Der Begriff der Konstellation soll nicht nur ausstellungsphilosophisch relevant gemacht werden, sondern auch erkenntnistheoretisch. Ansatzweise ist ein solcher Begriff in einigen Ausstellungstheorien zum einen schon enthalten, wenn er auch nicht expliziert wird. Zum anderen spielt er in philosophischen Kontexten eine erkenntnistheoretische Rolle. Somit lässt sich einerseits einer in den entsprechenden Texten erwähnten Intuition folgen und diese zur Klarheit bringen. Andererseits wird ein begrifflicher Vorschlag dazu gemacht, unter welchen Voraussetzungen es sinnvoll ist, von einem Erkenntniswert von Ausstellungen zu sprechen.

3. Der Erkenntniswert von Ausstellungen

a) Nicht-propositionale Erkenntnis: Ästhetik und Epistemologie

Da die Debatte über die Erkenntnisfunktion von Ausstellungen aktuell und sehr jung ist, ist die Literaturlage entsprechend überschaubar und einschlägige Texte sind in der Regel nicht älter als zehn Jahre. Die aktuelle Forschungsliteratur positioniert sich recht eindeutig hinsichtlich der Frage nach der Erkenntnisfunktion des Ausstellens: Ludger Schwarte verteidigt in seinem Aufsatz »Politik des Ausstellens« von 2010 die Ansicht, dass »das Einzelne, das ausgestellt wird, sein So-Sein zur Disposition [stellt], um das Bestehen oder Nicht-Bestehen eines Sachverhalts aufzuweisen«.[1] Philipp Aumann und Frank Duerr sprechen in ihrem Buch *Ausstellungen machen* von der Ausstellung als »Erkenntnisort«[2]. Anke te Heesen untersucht in ihrem Forschungsprojekt, wie sich der Ausstellungskatalog auf dem Rang einer geisteswissenschaftlichen Monografie etabliert hat.[3] Ebenso weist auch ein unter ihrer Herausgeberinnenschaft 2005 erschienener Sammelband mit dem Titel »Dingwelten. Museen als Erkenntnisorte«[4] auf den Zusammenhang von Ausstellung und Erkenntnis hin. Ein weiterer nennenswerter Beitrag ist die Monografie *Müde Museen. Oder: Wie Ausstellungen unser Denken verändern* von Daniel Tyradellis aus dem Jahr 2015. Was der erwähnten Literatur und der Diskussion im Allgemeinen allerdings fehlt, ist die Einbettung in die erkenntnistheoretische Debatte.

Allerdings sind die Argumentationsweisen hinsichtlich des Bezugs zur Erkenntnistheorie nicht völlig neu und fremd. Daher bietet sich ein anderer Blick auf die Debatte um den Erkenntniswert des Ausstellens an: Es gibt innerhalb der Ästhetik als Disziplin eine lange Tradition erkenntnistheoretischer Fragen. Alexander Gottlieb Baumgartens Werk *Aesthetica*[5] ist hier doppelter Ursprung, zum einen für die Ästhetik selber, zum anderen für die

Verknüpfung von Ästhetik und Epistemologie, versucht Baumgarten doch zu begründen, dass Wahrnehmung einen zur Vernunft äquivalenten epistemischen Wert besitzt. Die Konsequenz ist die Begründung der Ästhetik als der Wissenschaft von der sinnlichen Erkenntnis. Mögen sich die Themen und die Gewichtung der Fragestellungen seitdem innerhalb der Ästhetik verändert und erweitert haben, so lässt sich dennoch feststellen, dass die epistemologische Grundausrichtung seit Baumgarten beibehalten wurde.

Die epistemologisch geltend gemachte Differenzierung von Aisthesis und Noesis ist bis heute fundierende Grundausrichtung vieler Arbeiten innerhalb der Ästhetik: Es lässt sich feststellen, dass in vielen Fällen der Untersuchungsgegenstand mit erkenntnistheoretischen Fragestellungen konfrontiert wird. Gerade die Klassiker der Ästhetik geben über diesen Sachverhalt Aufschluss: Kant behauptet, dass ästhetische Erfahrung ein freies Spiel der Erkenntniskräfte ist[6], für Hegel ist Kunst ein Ausdruck des absoluten Geistes[7]. Nietzsche entwickelt seine Ästhetik vor dem Hintergrund, dass er die Möglichkeit von Erkenntnis generell negiert und daraus die Konsequenz zieht, dass sich der Mensch ästhetisch auf die Welt bezieht.[8] Adorno baut sein Kunstverständnis auf der Funktion begriffsloser Erkenntnis auf.[9] Nelson Goodman fordert, dass »Künste als Modi der Entdeckung, Erschaffung und Erweiterung des Wissen […] ebenso ernst genommen werden müssen, wie Wissenschaften«.[10] Insbesondere Gottfried Gabriel hat hier beachtenswerte Arbeit geleistet und die Diskussion auf ein neues differenzierteres Niveau gehoben.[11] Grundlegende These Gabriels ist die Behauptung, dass man Erkenntnis nicht bloß als Resultat wissenschaftlicher Vorgänge begreifen könne, sondern dass dem Menschen noch andere Erkenntnisformen zur Verfügung stünden. Die Geschichte der Ästhetik zeigt also nicht nur eine enge Verbindung mit epistemologischen Fragestellungen, sondern man muss sagen, dass sie von ihnen geleitet wird. Dieter Mersch vertritt in seiner Studie *Epistemologien des Ästhetischen*[12] von 2015 eine ähnliche These: Hier versucht er die enge Verknüpfung von Erkenntnistheorie und Ästhetik nachzuweisen.

Die Verknüpfung von Ästhetik und Erkenntnistheorie wird im 20. Jahrhundert noch deutlicher: Es bestehen jetzt Verknüpfungen nicht mehr nur mit den Themenkomplexen Wahrnehmung, Schönheit und Kunst[13], sondern mit Bildern, Literatur, Medien und Film.[14] Musterbeispiel für die gegenwärtige Zusammenführung von Ästhetik und Epistemologie in der Forschung ist die Bildtheorie: Vor dem Hintergrund des vermehrten Einsatzes bildgebender Verfahren als Mittel zur Wissensgenerierung in der Medizin oder die Rolle von Bildern zur Beweisführung innerhalb der Jurisprudenz stellen sich Fragen hinsichtlich der epistemischen Funktion von Bildern.[15] Es zeigt sich also, dass vor dem Hintergrund der Ästhetik die grundlegende Frage aufkommt, inwieweit man es mit einer besonderen Form von Erkenntnis zu tun hat, die in der Forschungsliteratur als nicht-propositionale Erkenntnis bezeichnet wird.

Die Frage nach der Möglichkeit nicht-propositionaler Erkenntnis lässt sich auf den Themenkomplex der Ausstellung übertragen. Auch wenn das Thema in der Regel systematisch nicht so diskutiert wird, gibt es inhaltliche Überschneidungen. Allerdings, und das gilt auch für die Debatte um den Erkenntniswert des Ausstellens, treten oft einige systematische Schwierigkeiten in der Diskussion zutage, die vornehmlich darin begründet liegen, dass die erkenntnistheoretischen Grundlagen nicht geklärt sind. Exemplarisch soll dies an der Debatte über die sogenannte *künstlerische Forschung* aufgezeigt werden, da einige derjenigen, die für den Erkenntniswert des Ausstellens argumentieren, sich der künstlerischen Forschung zurechnen lassen. Ausstellen wird als eine Methode künstlerischer Forschung verstanden. Die Rekonstruktion wird zeigen, dass es einer Klärung der erkenntnistheoretischen Begriffe bedarf, um die etwaigen Behauptungen stützen zu können. Vor diesem Hintergrund wird es dann darum gehen, den Gegensatz zwischen propositionaler und nicht-propositionaler Erkenntnis aufzuzeigen.

Künstlerische Forschung als Herausforderung der Erkenntnistheorie?

In der philosophischen Ästhetik wird seit ungefähr 20 Jahren verhandelt, inwieweit künstlerische Techniken und Methoden den wissenschaftlichen überlegen, ebenbürtig oder zu ihnen komplementär seien. Anders gesagt: Die Frage danach, ob Kunst eine Funktion hat, wird aktuell insbesondere mit Blick auf ihr epistemisches Potential diskutiert. Es lassen sich vermehrt Begründungsstrategien finden, die künstlerischen Methoden eine Erkenntnisfunktion zusprechen. Diese Debatte fand vor dem Hintergrund der Frage statt, ob es ermöglicht werden sollte, den Doktorgrad auch in künstlerischen Fächern erlangen zu können. Hierfür haben sich zuletzt verschiedene Kunstinstitute zusammengetan und Richtlinien dafür festgelegt, unter welchen Bedingungen ein solcher Doktorgrad vergeben werden könnte.[16]

Unter anderem hat diese Debatte zur Frage nach dem Rang künstlerischer Forschung geführt, also zur Frage danach, inwieweit diese vermeintlich forschende Tätigkeit mit wissenschaftlicher Forschung vergleichbar ist.[17] Allen voran sind das *Institut Y* der *Hochschule der Künste Bern* sowie das *!KF – Institut für künstlerische Forschung* in Berlin die führenden Einrichtungen, wenn es um die Frage geht, wie sich dieses vermeintliche Erkenntnispotential künstlerischer Methoden begründen lässt. Sprachrohr dieser Debatte sind die *Society for Artistic Research* und das *Journal for Artistic Research*. Nicht zuletzt waren es auch die *documenta 11* und *13*, die die Termini »knowledge production« und eben auch »artistic research« mit in den Fokus der Aufmerksamkeit rückten.[18] Terminologisch wird vermehrt auch von ästhetischer Forschung beziehungsweise »aesthetic research« gesprochen. Hauptsächlich findet diese Diskussion in Sammelbänden statt, zuletzt aber auch verstärkt in Monografien, sodass 2015 ein umfassendes Handbuch erschien.[19] Das Besondere an dieser Diskussion ist, dass mindestens zwei Themenkomplexe verhandelt werden: Inwieweit ist (1) durch Kunstobjekte und -performances Erkenntnis möglich und in welchem Verhältnis stehen (2) die Produktionstechniken der Kunst zu den Forschungsmethoden der Wissenschaft?[20] Können künstlerische Techniken dabei helfen, Erkenntnisse über die Welt und das Menschsein zu generieren? Wer ist das erkennende Subjekt, der Künstler oder der Rezipient? Verkörpert Kunst Wissen? Kann Forschung künstlerisch sein, oder andersherum gefragt: Forscht die Kunst? Diese Fragen stellen sich aufgrund ungenauer Begriffsverwendung. Dies gilt nicht nur für den Begriff der Kunst, sondern auch für den der Forschung, des Experiments, ja selbst den der Wissenschaft. So ist es auch ein Gemeinplatz, zu sagen, dass das Spezifische der Kunst darin liege, dass sie ambivalent sei.

Die Debatte um künstlerische Forschung scheint die Eindeutigkeit wissenschaftlicher Begriffe respektive den Begriff der Wissenschaft selbst in Frage zu stellen. Nicht anders denn als programmatische Frage ist der Titel des Sammelbandes »Wie verändert sich Kunst, wenn man sie als Forschung versteht?«[21] zu verstehen. So lässt sich inzwischen, wie auch schon Dieter Mersch festgestellt hat[22], eine kaum noch zu überblickende Fülle an Diskussionsbeiträgen ausmachen, die – abseits spezifischer inhaltlicher Themen – darum bemüht sind, Gründe zu finden, warum Forschung künstlerisch sein kann oder Kunst forscht. Es kann konstatiert werden, dass diese Debatte sich im Großen und Ganzen intensiviert, was an einer Zunahme an Publikationen und Tagungen festgemacht werden kann.

Vordergründiges Merkmal der Debatte ist die nahezu in allen Beiträgen zu findende Auffassung, dass das Verhältnis von Kunst und Wissenschaft ein komplementäres sei. Die Diskussionen zeichnen sich im Allgemeinen dadurch aus, dass der Versuch gemacht wird, die Gemeinsamkeiten von Kunst und Wissenschaft zu betonen. Dieses Charakteristikum fällt immer dann auf, wenn Analogien gebildet werden, beispielsweise, wenn behauptet wird, dass Malerei auch ein Experiment sein könne. Die Nähe zwischen Kunst und Wissenschaft wird dann auch terminologisch ausgewiesen.[23] Auffallend an der Debatte um den Erkenntniswert des Künstlerischen ist erst einmal, dass es trotz der Menge an Beiträgen bisher kaum möglich ist, anhand der Argumentationen klare Typen oder Positionen zu unterscheiden.

Eine erste Unterscheidung, die sich einziehen lässt, betrifft die Frage nach dem Verhältnis der Kunst zur Wissenschaft: Ob Kunst beziehungsweise künstlerische Forschung überhaupt in der Lage ist, Erkenntnis zu generieren, wird durch antikognitivistische Positionen in Zweifel gezogen und an die Frage gebunden, inwieweit Kunst propositional und damit wahrheitsfähig sei.[24] Die Position, die die Ansicht verteidigt, dass die Künstlerische Forschung komplementär zur Wissenschaft stehe, ist die gegenwärtig von denjenigen, die einen Erkenntniswert der Kunst behaupten, am häufigsten vertretene. Sie argumentieren, dass Kunst mit ihren eigenen Mitteln einen ergänzenden Beitrag zur wissenschaftlichen Forschung beisteuern könne.[25] Gegen diese Ansicht argumentieren diejenigen, die behaupten, dass der Wert und Beitrag künstlerischer Forschung nicht gewürdigt werden könne, wenn Wissenschaft stets der Maßstab sei und die »eigene Weise des Denkens«[26] nicht anerkannt werde.

Hinsichtlich der Frage, was unter Forschung, Wissenschaft und Erkenntnis zu verstehen ist, bleibt vieles im Vagen. Ein enger, an den Stand der Erkenntnistheorie, anschließender Diskurs ist oftmals nicht auszumachen. Gerade dann, wenn die Bemühung darin besteht, eine Gleichrangigkeit der Künste mit den Wissenschaften zu erreichen – wie es ja die Diskussion um den Doktorgrad zeigt –, bedürfte es jedoch dieser Klarheit. Da es zwei Motive gibt, die sich in verschiedenen Argumentationen variierend wiederfinden lassen, lässt sich eine weitere grobe Binnendifferenz etablieren. Theorien künstlerischer Forschung lassen sich dahingehend unterscheiden, dass sie entweder den epistemischen Wert des Künstlerischen dahingehend ausmachen, dass sie behaupten, dass Wissen immer einen subjektiven Anteil habe; oder aber, dass sie behaupten, der Wert des Künstlerischen sei deswegen gegeben, weil es einen rein subjektiven Wissenstyp gäbe. Jene meinen, dass Wissen ohne Erfahrung nicht möglich sei; diese meinen, Erfahrung selbst sei eine Wissensform. Die Theorien lassen sich also hinsichtlich dessen unterscheiden, wie hoch sie den Anteil des Subjektiven an der Konstitution von Wissen bewerten. Sie sind sich jedoch darin einig, dass Subjektivität im Sinne von Erfahrung konstitutiv sei. Alles in allem macht die Debatte um künstlerische Forschung den Eindruck, dass in historischer Sicht das Programm von Baumgartens *Aesthetica* zurückgewonnen werden soll, wenn es um die Betonung der Rolle der Subjektivität für Wissens geht.[27]

Martin Tröndle beispielsweise argumentiert, dass die Praktiken künstlerischer Forschung weniger Wissen generierten, als dass sie es vielmehr erfahrbar machten. Ferner stellt er die Behauptung auf, dass Kognition vom Körper beeinflusst sei, weswegen die künstlerischen Praktiken Wissen erfahrbar machen könnten und damit am Erkenntnisprozess beteiligt seien.[28] Die Frage, die sich hierbei allerdings stellt, ist: Inwieweit gilt dies für sämtliche künstlerische Medien? Ist die Behauptung also auf die Malerei wie die Performance, die Literatur und die Musik übertragbar oder müssen dann doch mediale Unterschiede markiert werden? Alles in allem lässt sich für diese Argumentation festhalten, dass sie einem Kunstbegriff folgt, der anscheinend Sinnlichkeit zum Inhalt hat; dann allerdings müsste beispielsweise die Literatur als Kunstgattung herausfallen, denn selbst beim postmodernsten Roman ist es eher unwahrscheinlich, dass er die leibliche Wahrnehmung beeinflussen wird. Es besteht die Frage, ob diese Form der Gleichsetzung qualitative Unterschiede in den Medien übersieht oder sogar verwischt.

Annemarie Matzke argumentiert ähnlich, jedoch, während Tröndle aus der Perspektive der Rezipienten spricht, mehr auf Seiten der Produzierenden, also der Künstler. Ihre Argumentation bewegt sich an einer Schnittstelle; sie postuliert eine Verschränkung von verkörpertem Wissen und Handlungswissen. Matzke behauptet, dass künstlerische Praktiken Verschränkungen von kognitiven und körperlich-habituellen Wissensformen seien.[29] Dies lässt sich so allerdings sicherlich auch vom Tischlereihandwerk behaupten, da Matzke nicht erklärt, was die künstlerische Praktik eben zu einer künstlerischen macht. Mit einem losen Verweis auf Michael Polanyi behauptet sie, dass das Potential der Künste in einer Überlagerung von *know-how* und *know-that* bestehe.[30] Darüber hinaus vertritt sie hinsichtlich des Wissensbegriffs einen konstruktivistischen Ansatz: Sie ist der Meinung, dass Wissen nicht ein Korpus objektiver Wahrheiten sei, sondern durch soziale und performative Handlungskontexte hervorgebracht werde.[31] Ohne diesen spezifischen Wissensbegriff diskutieren zu können, stellt sich dann aber durchaus die Frage, wie es sich etwa mit mathematischen Wahrheiten oder Fakten verhalten soll. Worauf hier hingewiesen werden soll, ist vor allem der bereits angesprochene Punkt, dass man es oftmals eher mit begrifflichen Setzungen denn mit Diskussionen zu tun hat. Auch Matzke setzt ihren Wissensbegriff, ohne darüber Aufschluss zu geben, wie er sich herleitet, insbesondere auch nicht darüber, wie mit dem Problem des Status objektiver Wahrheiten umzugehen ist. Matzkes Position ist hierbei ganz prototypisch. Viele der Positionen, die ein Wissen durch künstlerische Methoden verteidigen, schließen sich postmodernen und poststrukturalistischen Theorien an und vertreten einen konstruktivistischen und relativistischen Wahrheits- und Wissensbegriff. Man bekommt den Eindruck, dass Ausdrücke wie »Wahrheit« und »Objektivität« ausschließlich pejorativ verwendet werden. Nur wenige sind der Ansicht, dass es sich hierbei womöglich um eine komplementäre Wissensform handelt. Eher lautet die Argumentation so: Da alles ambivalent ist, ist es ganz unproblematisch, bei Kunst von Erkenntnis zu sprechen.

Matzke entzieht sich beispielsweise auch einem weiteren Problem: Sie behauptet, dass Wissen nichts mit objektiver Wahrheit zu tun habe und dass künstlerisches Wissen eine Überschneidung von *know-how* und *know-that* sei. Nun ist es aber so, dass für die Wissensform des *know-that* die Kategorie der objektiven Wahrheit erforderlich ist oder zumindest in den meisten Fällen als Standardkriterium dafür gilt ist. Das Kriterium der Wahrheit muss für diese Form von Wissen erfüllt sein, damit von Wissen gesprochen werden kann. Warum dieses Kriterium dann für Matzkes Begriff des Wissens keine Rolle mehr spielt, diese Antwort bleibt offen. Sie definiert wie folgt: »Künstlerische Forschung zielt auf ein in und durch künstlerische Praktiken und ästhetische Darstellungsformen hervorgebrachtes Wissen, das sich in je eigenen Präsentationsweisen und Rezeptionsstrukturen vermittelt, die sich grundlegend von denen in anderen Wissenschaften unterscheiden.«[32] Diese Definition bleibt aber unbestimmt, weil man nicht weiß, was »künstlerisch« meint, was die »eigenen Präsentationsweisen und Rezeptionsstrukturen« sind und worin sie sich nun im Spezifischen unterscheiden sollen. Auch Henk Borgdorff schließt sich dem Diskurs um die Verbindung von *embodied knowledge* und Kunst an: Sein Wissensbegriff umfasst die Eigenschaften des Verkörperten, Praktischen und Sinnlichen. Wissen soll kognitiv und rational, dabei aber nichtsprachlich und nichtbegrifflich sein.[33] Wie das konkrete begriffliche Verhältnis jedoch gedacht werden soll, bleibt unklar.

Mit diesen exemplarischen Ansätzen geht einher, dass es sich jeweils um eine subjektive Ausrichtung des Wissensbegriffs handelt: Wenn künstlerische Forschung Wissen ermöglicht oder generiert, dann soll es in einer spezifischen Weise subjektiv sein. Tasos Zembylas spricht davon, dass dieses Wissen »persönlich«[34] sei; Victoria Pérez Royos Position besteht darin, zu behaupten, dass das Subjekt in der künstlerischen Forschung das Medium sei, durch das es Wirkungen an sich selber erforsche, also Psychologie mittels Kunst treibe. Das grundlegende Problem an all diesen Vorschlägen besteht darin, dass sie nur assoziativ an den Stand der Erkenntnistheorie anschließen. Was ihnen fehlt, ist eine Begründung durch ein Kriterium, mit dem sich feststellen lässt, ob etwas begrifflich als Wissen gelten kann. Diese Argumentationen setzen an den Typen nicht-propositionalen Wissens an. Die entsprechenden Beiträge verweisen hierbei lose auf Autoren wie Gilbert Ryle und Michael Polanyi, ohne dass jedoch in den meisten Fällen eine Rekonstruktion des spezifischen Arguments folgt, was dann zuweilen lediglich wie die Übernahme eines Slogans klingt. Bisher bleibt man bei einer ungefähren Ahnung, dass das hypothetisch durch künstlerische Forschung generierte Wissen irgendwo zwischen phänomenalem, praktischem und verkörpertem Wissen zu situieren ist.

Es gibt aber noch eine andere epistemische Ausrichtung oder Überzeugung in der künstlerischen Forschung, und somit lässt sich in mindestens zwei Ausrichtungen differenzieren. Zum einen, wie rekonstruiert wurde, die Ansicht, dass künstlerische Forschung in einem weiten Sinn subjektive Zustände erforsche; zum anderen jene, dass die künstlerische Forschung frage, was Forschung ist.[35] Das meint also, dass künstlerische Forschung selber als Meta-Forschung zu begreifen sei, als Wissenschaft von der Forschung.[36] Dann ist aber nicht geklärt, wie man argumentieren kann, dass die Praktiken in der künstlerischen Forschung überhaupt forschende Praktiken sind: Man will mit Mitteln der Forschung erforschen, was Forschung ist, ohne dass aber klar ist, was Merkmale von Forschung sind, sodass nicht klar ist, ob die Meta-Forschung überhaupt als Forschung bezeichnet werden kann. Man hat es bei diesen Beiträgen eher mit Setzungen als Begründungen zu tun: So intuitiv es sein mag, dass beispielsweise Sibylle Peters vorschlägt, Präsentationen als Teil künstlerischer Forschung zu verstehen, so unklar bleibt, aus welchen Gründen dies so sein soll. Vielmehr muss man konstatieren, dass noch mehr Unklarheit aufkommt, wenn Peters dann noch von verschiedenen Formen des Wissens spricht, ohne sie spezifisch zu unterscheiden oder gar zu begründen, warum es überhaupt verschiedene Formen gibt. Auch hier tritt das besagte Problem einer fehlenden begrifflichen Reflexion auf. Zwar sind die Thesen nicht etwa intuitiv abwegig, aber eine strenge Begründung fehlt ihnen.

In systematischer Hinsicht schließen Theorien künstlerischer Forschung an Argumentationen zum nicht-propositionalen Wissen an. Es wird insbesondere mit zwei Theorien argumentiert: *know-*

how und *embodied knowledge*. Damit aber überhaupt verständlich werden kann, um welche etwaigen Wissensformen es sich dabei handelt, muss zuerst die Unterscheidung zwischen propositionaler und nicht-propositionaler Erkenntnis geklärt werden. Sie ist, wie sich am Beispiel der künstlerischen Forschung zeigen lässt, für den Erkenntnisanspruch der Ästhetik von grundlegender Bedeutung.

Sprache und Erkenntnis – Propositionalität als Bedingung?

Will man definieren, was Erkenntnis ist, hat man es in der deutschen Sprache erst einmal mit einer Besonderheit zu tun. Im Alltagsgebrauch werden die Ausdrücke »Erkenntnis« und »Wissen« synonym für denselben Sachverhalt verwendet. Ähnlich ist die Situation auch in den romanischen Sprachen, wie im Französischen im Fall von *savoir* und *connaissance* oder im Italienischen mit *cognizione* und *sapienza*. Im Englischen findet sich eine solche Unterscheidung nicht, hier ist lediglich die Rede von *knowledge*. Aber nicht nur in der Umgangssprache, sondern auch in der philosophischen Debatte darum, was Erkenntnis beziehungsweise Wissen ist, werden in den allermeisten Fällen beide Begriffe synonym verwendet. Es gibt wenige Beiträge, die eine Differenzierung vornehmen; ein Vorschlag besteht darin, dass der Begriff des Wissens ein eher statischer Begriff sei, der das Ergebnis oder das Produkt aus einem Erkenntnisprozess beschreibe, also das ist, worauf jedes Mal zurückgegriffen werden kann. Dementsprechend wäre dann Erkenntnis der Prozess, der zu einem Ergebnis respektive Wissen führt.[37] Ein Beispiel: Wenn ich 1+1 rechne und dabei zu dem richtigen Ergebnis 2 komme, dann besteht die Erkenntnis im Akt des Rechnens und das Wissen darin, dass 1+1=2 ist. Ob diese Unterscheidung notwendig ist, ist fraglich, da man der Sache nach auch vom Wissensakt oder Erkenntnisprodukt sprechen könnte; noch basaler drückt dies die grammatikalische Form von Wissen und Erkenntnis als Verb und Substantiv aus. Es scheint der Sache nach keine argumentative Notwendigkeit für eine Unterscheidung nahezuliegen. Das *Historische Wörterbuch der Philosophie* führt zwar »Erkenntnis« und »Wissen« als getrennte Stichwörter auf, wobei aber der Eintrag zum Wissen sich eher an »wissenschaftlichem

Wissen« orientiert und der Eintrag zur Erkenntnis breiter aufgestellt ist. Der Sache nach meinen aber beide Begriffe dort dasselbe, nämlich einen Sachverhalt adäquat zu erfassen.[38] Zumindest lässt sich kein Hinweis hinsichtlich einer Unterscheidung in Akt und Produkt finden. Auch im vorliegenden Buch werden im Anschluss hieran beide Begriffe synonym verwendet.

Ein kurzer Blick in die aktuelle Forschungsliteratur zur Erkenntnistheorie reicht aus, um festzustellen, dass es anscheinend so etwas wie eine »Standarddefinition«[39] der Erkenntnis gibt, die die Bestimmung von Platon aufgreift: Erkenntnis ist wahrer, gerechtfertigter Glaube.[40] Nun mag man sich fragen: Wenn es scheinbar seit Platon so etwas wie einen Standardbegriff der Erkenntnis gibt, wozu bedarf es dann überhaupt noch einer Erkenntnistheorie, wenn sich dem Anschein nach der Großteil der philosophischen Zunft darüber einig ist, dass man mit dieser Definition den Nagel auf den Kopf getroffen hat? Es ist völlig richtig, dass, wenn man verschiedene Abhandlungen zum Begriff der Erkenntnis konsultiert, die Argumentationen sich mit diesem vermeintlichen Standardbegriff auseinandersetzen. Das kanonische Beispiel für eine skeptische Auseinandersetzung mit der Standarddefinition der Erkenntnis ist das sogenannte *Gettier-Problem*[41], das prototypisch für einen Großteil erkenntnistheoretischer Arbeiten stehen kann. Edmund Gettier ist der Auffassung, dass die Standarddefinition von Erkenntnis als wahrem, gerechtfertigtem Glauben nicht hinreichend ist. Sie könne den Zufall nicht ausschließen, was Gettier versucht, durch verschiedene Beispiele zu beweisen, die auf den Schluss führen, dass es wahren, gerechtfertigten Glauben zwar gibt, dieser aber nicht immer als Wissen gelten könne.[42] In diesem Sinne argumentieren einige Erkenntnistheoretiker, dass die Standarddefinition nicht genügend sei.

Man hat es mit einer wunderlichen Situation zu tun: Vor dem Hintergrund, dass es so etwas wie eine Standarddefinition gibt, werden gegen diese viele Einwände erhoben. Die Definition ist zwar der Ausgangspunkt nahezu jeder Erkenntnistheorie, aber von Einigkeit kann kaum die Rede sein. So wird diese Definition dann auch schon von Platon selber in Zweifel gezogen.[43] Darüber hinaus wird schnell ersichtlich, dass man sich nicht einmal darüber einig ist, was Rechtfertigung, geschweige denn Wahrheit überhaupt meint. Gerade der Begriff der Wahrheit als Bedingung für Erkenntnis ist so intensiv diskutiert, dass spätestens an diesem Punkt Uneinigkeit herrscht: Ist Wahrheit überhaupt eine Bedingung für Erkenntnis? Wenn ja, wann ist etwas wahr? An welchem Kriterium lässt sich dies entscheiden? Der Diskussionsstand ist gut daran zu erkennen, dass sich die philosophiegeschichtliche Literatur auf bestimmte Zeitabschnitte begrenzt, da die begriffliche Diskussion gerade seit dem 20. Jahrhundert besonders verästelt ist.[44] Schon die vermeintliche Standarddefinition wird in ihren Bestandteilen für nicht hinreichend erklärt wird; und von einer Eindeutigkeit der einzelnen Bestandteile kann also auch nicht die Rede sein. Was jedoch all diesen Theorien zugrunde liegt, ist, dass es sich immer um propositionale Erkenntnis handelt respektive handeln soll. Was heißt nun *Proposition*?

Die Aussage »Die Erde ist rund« hat einen Aussageinhalt. Er besteht darin, dass die Erde rund ist. Der Aussageinhalt macht die Bedeutung des Satzes aus, er bezieht sich also in der Regel auf etwas. Das Besondere an einer Proposition, im Gegensatz beispielsweise zu einer Frage oder einem Befehl, besteht darin, dass sie einen Wahrheitswert hat, also dass die Aussage wahr oder falsch sein kann. »Reichst du mir das Wasser?« oder »Beruhigen Sie sich!« haben keinen Wahrheitswert. Es geht bei der propositionalen Erkenntnis mithin um Aussagenerkenntnis: Gemäß der Standarddefinition der Erkenntnis hat man es dann mit Erkenntnis zu tun, wenn es jemanden gibt, der etwas behauptet, sowie diese Behauptung gerechtfertigt und wahr ist. Es sind in der Regel diese drei Merkmale oder Kriterien, anhand derer der Anspruch nach Erkenntnis überprüft wird.

Entsprechend ist in der Erkenntnistheorie auch die Rede von einem *Wissen, dass* oder *knowing-that*, da sich propositionale Sätze in Formen bringen lassen wie: »Mariana weiß, dass Adorno am 11. September 1903 geboren wurde«, »Jörg behauptet, dass Schönheit der moralische Maßstab ist«, oder auch »Bastian meint, dass Celle nicht mehr zu Norddeutschland gehört«. Dass es sich nun in all diesen Fällen um Erkenntnis handelt, ergibt sich, wenn es wahr und gerechtfertigt ist, dass Adorno am 11. September 1903 geboren wurde, dass Schönheit der moralische Maßstab ist, dass Celle nicht zu Norddeutschland gehört.

Dass in der Erkenntnistheorie von einem propositionalen Wissen gesprochen wird, legt nahe, dass es noch andere Formen von Wissen gibt oder zumindest die Möglichkeit dafür besteht. In der Tat gibt es drei vornehmlich diskutierte Fälle[45]: Handlungswissen, phänomenales Wissen und verkörpertes beziehungsweise implizites Wissen. Im ersten Fall hat man es mit dem ebenso alltäglich bezeichneten *knowing-how* zu tun. Hierbei wird ein Können als ein *Wissen, wie* beschrieben. Wenn Michael weiß, wie man eine pentatonische Skala auf einer Gitarre spielt, dann besitzt er ein *know-how*, wenn er sie tatsächlich auf der Gitarre spielen und nicht nur erklären kann, wie man diese spielen müsste. Entsprechend wissen vermutlich viele Menschen nicht, wie ein Computer funktioniert, und können ihn doch bedienen. Ein Können impliziert nicht immer eine theoretische Aneignung der jeweiligen Sache. So ist es für einen erfolgreichen Basketballspieler nicht erforderlich, ein guter Mathematiker zu sein: Wenn Denise 12 von 15 Würfen trifft, ohne dass sie vor jedem Wurf Winkel und Geschwindigkeit berechnet, dann ist sie eine gute Werferin, ohne ein physikalisch-theoretisches Wissen zu besitzen, auf das sie ihre Wurfbewegung stützt. Viele professionelle Basketballspieler sind gute Werfer, ohne dass sie auch gute Physiker sein müssten. Denise weiß, wie sie werfen muss, da ihr Wissen auf Erfahrung und Gewohnheit basiert. Insbesondere sind gute physikalische Kenntnisse nicht hinreichend, damit man ein guter Werfer ist. Entsprechend müssen die Spieler und Spielerinnen trainieren, um den perfekten Wurf[46] zu erlernen: Sie werden nicht zu guten Werfern, weil ihnen jemand sagt, dass sie so und so werfen müssen. Sie müssen dies selbst mehrfach üben und ausführen. Diese Unübertragbarkeit des Sprachlichen ins Leibliche wird auch in der erkenntnistheoretischen Diskussion damit umschrieben, dass es sich beim *know-how* um ein »implizites Wissen«[47] handelt. Davon wird weiter unten noch zu sprechen sein. Diskutiert wird insbesondere, inwieweit *know-how* und *know-that* zusammenhängen.[48]

Mit phänomenalem Wissen bezeichnet man das Wissen um eine subjektive Qualität. Wenn Hiram Kopfschmerzen hat und Bianca dies mitteilt, dann wird Bianca wahrscheinlich eine ungefähre Vorstellung davon haben, da sie womöglich schon einmal Kopfschmerzen hatte. Wie sich aber Hirams aktueller, konkreter Kopfschmerz anfühlt, weiß nur er. Er kann zwar versuchen, Bianca genau zu beschreiben, wie der Schmerz sich anfühlt. Aber um zu wissen, wie sich der Schmerz anfühlt, müsste Bianca Hiram sein. Genauso verhält es sich auch mit dem Geschmack eines Apfels. Anne kann Pietro beschreiben, wie ein bestimmter Apfel schmeckt, und Pietro kann verstehen, was sie meint, da Pietro womöglich Erfahrung mit den Geschmacksrichtungen süß und sauer hat. Aber wie der Apfel als individueller schmeckt, weiß er erst, wenn er hineinbeißt: Darin besteht die Qualität des Geschmacks. In genau diesem Sinne argumentiert dann auch Bertrand Russell, der diese Art des Wissens Wissen als Bekanntschaft, *knowledge by acquaintance,* genannt und es überhaupt in den Status einer Erkenntnis erhoben hat.[49]

Hinsichtlich der schon erwähnten Beispiele lässt sich festhalten, dass es aktuell die Diskussion um verkörpertes Wissen oder auch *embodied knowledge* ist, die im Rahmen der Frage nach der Möglichkeit von nichtpropositionalem Wissen geführt wird. Anschließend an Michael Polanyi ist mit verkörpertem Wissen eine Form von Wissen gemeint, die sich der Idee des impliziten Wissens unterordnet. Was damit gemeint ist, lässt sich am besten mit dem Begriff der Intuition erklären: Man stelle sich zwei Amateur-Gitarristen vor, die sich zum Musizieren treffen. In der Regel versuchen sich beide zu ergänzen, in dem Sinne, dass das, was sie spielen, harmonisch zueinander passt. Nun gibt ein Gitarrist einen Grundton vor und der andere spielt intuitiv die Quinte dazu, ohne das entsprechende musiktheoretische Wissen zu haben. Je nach Grad der Amateurhaftigkeit mag dies auch Zufall sein, aber wenn in diesem Beispiel der Fall impliziten Wissens vorläge, dann wäre es möglich, dass der zweite Gitarrist schon einmal eine pentatonische Skala gespielt hat und dieses schon einmal erworbene Wissen nun – intuitiv – benutzt. Hieran lassen sich verschiedene Merkmale intuitiven Wissens erläutern: Es handelt sich um ein Wissen, das ähnlich zum *know-how* praktisch ist sowie im Moment des Spielens nicht verbalisierbar. In der Diskussion zu diesem Wissenstyp wird als unterscheidendes Merkmal immer wieder die Differenzierung von Könnerschaft und Kennerschaft genannt. Könnerschaft zeichnet sich durch einen Erwerb aus, der sich aus Erinnerungen und Erfahrungen speist. Damit wird klar, dass es sich bei Formen impliziten Wissens um mentale Prozesse handeln soll. Von Wissen ist in diesen Fällen die Rede, wenn das Kriterium des Gelingens erfüllt wird. Dies lässt sich wieder gut am Basketball aufzeigen: Die wenigsten Basketballspieler wissen oder könnten in Spielsituationen erklären, in welchem Winkel und mit welcher Geschwindigkeit sie werfen müssen, um den Korb zu treffen. Treffen sie dennoch den Korb, ohne dieses physikalische Wissen zu haben, drückt sich darin ein implizites Wissen aus, das sie durch Training erworben haben: Es handelt sich um ein Wissen im Vollzug. Diskutiert wird diese Wissensform auch unter dem Begriff der *Empraxis*[50]. Genau auf diesen Umstand möchten auch die Vertreter des Begriffs des verkörperten Wissens hinaus, allerdings mit der Wendung, dass sich nicht nur in menschlichen, leiblichen Aktionen Wissen ausdrückt, sondern dass auch in Produkten menschlicher Handlungen Wissen inkorporiert ist. So ließe sich sagen, dass in einem Auto das Wissen darüber verkörpert ist, wie das Auto hergestellt wurde.

Das grundlegende Problem an dieser Typisierung liegt insbesondere darin, dass – wie es im Beispiel des gemeinsamen Musizierens angeklungen ist –, der Zufall nicht ausgeschlossen werden kann. Als Beobachter lässt sich in vielen Fällen vermeintlichen impliziten Wissens nicht klar sagen, ob es sich wirklich um Wissen oder bloß um Zufall handelt. Polanyi, auf den eben diese Konzeption von Wissen zurückgeht, hatte sie als psychologisches Modell entworfen, weniger als philosophisches. Grundlegend lässt sich zu den Theorien, die sich auf dieses Konzept berufen, anmerken, dass sie die begriffliche Differenzierung zwischen Wissen und Intuition aufheben oder, anders gesagt, sie zumindest nicht thematisieren. Es wäre auch darüber zu diskutieren, inwieweit man es beim verkörperten Wissen mit einer Metapher und Quasi-Animierung zu tun hat, wenn behauptet wird, dass Gegenstände eben verkörpertes Wissen seien.[51]

An diesen Fällen wird schnell eines deutlich: Es handelt sich um Fälle *nicht-propositionalen Wissens*, denn das thematisierte Wissen ist keines, das in Aussageform vorliegt. Es ist zwar mitteilbar, aber seine spezifischen Qualitäten als Wissen liegen in einem Können und Kennen. Geht man den Schritt, zu behaupten, dass es sich bei diesen Fällen um Wissen handelt, dann muss auch begründet werden können, durch welche Kriterien gesichert wird, dass es sich bei dem jeweiligen Tun oder Empfinden um Wissen handelt. Dieser Punkt ist in der Forschungsdiskussion weithin umstritten: Es fehlt ein Angebot für vermeintliche Fälle nichtpropositionalen Wissens.[52] Wenn Sophie behauptet, dass Spinnen keine Insekten sind, dann lässt sich die Behauptung überprüfen und nachweisen – nicht nur, dass sie wahr ist, sondern auch, dass Sophie ein Wissen hat, insofern sie für ihre Behauptung Gründe angeben kann, zum Beispiel, dass Spinnen sechs und Insekten acht Beine haben. Was insbesondere durch das Wahrheitskriterium geschaffen wird, ist die Qualität der Objektivität respektive Allgemeingültigkeit: Wenn es gute Gründe gibt und die Behauptung, dass Spinnen keine Insekten sind, wahr ist, dann *sind* sie keine Insekten.

Dies gilt so beispielsweise für *know-how* und implizites Wissen nicht. Ob Jan gute Gründe für seine Behauptung findet, dass er ein Fahrrad reparieren könne, sagt noch nichts über seine Fähigkeit, Fahrräder reparieren zu können, aus: denn um Fahrräder erfolgreich reparieren zu können, braucht er keine Gründe, sondern er muss ein Tun beherrschen. Ob er dieses Tun beherrscht, wird durch das Kriterium des Erfolgs bestätigt. *Wissen, wie man Fahrräder* repariert, ist synonym mit *Fahrräder reparieren können*. Jan weiß dann, wie man ein Fahrrad repariert, wenn er es auch erfolgreich tun kann. Wenn er nun erfolgreich Fahrräder repariert hat, kann er dies als Grund für seine Behauptung angeben, dass er Fahrräder reparieren könne, wodurch er ein propositionales Wissen hätte. Sein Fahrräder-Reparierenkönnen wäre hingegen ein nichtpropositionales Wissen in Form von *know-how*. Aber auch hier ließe sich einwenden: Wie will man den Zufall ausschließen? Es besteht die Möglichkeit, dass Jan durch einen glücklichen und geschickten Handgriff das Fahrrad wieder zum Laufen gebracht hat, aber gar nicht sagen kann, was er wie getan hat und warum das Fahrrad nun wieder läuft. Ein weiteres Beispiel: Zwar mag der Erfolg seines Freiwurfs nahelegen, dass Philipp gut Freiwürfe werfen kann, damit ist aber nicht ausgeschlossen, dass er Glück damit hatte, dass der Ball in den Korb gegangen ist. Wenn Philipp nur ein einziger von 100 Freiwürfen glückt, scheint es sinnlos zu sein, davon zu sprechen, dass er Freiwürfe werfen könne beziehungsweise wisse, wie man dies tut. Also kann Erfolg als Kriterium nicht allein hinreichend sein.

Ähnlich verhält es sich mit dem phänomenalen Wissen: Ob mir der Apfel süß schmeckt, entscheidet sich dadurch, ob der Apfel *für mich* süß schmeckt. Es bedarf dabei keiner Übereinstimmung zwischen Aussage und Welt oder einer sozialen Konvention, dass mir der Apfel so und so schmeckt: Das Wahrheitskriterium ist für phänomenales Wissen – gleich welcher Prägung – unsinnig. An dieser Form von Wissen wird besonders deutlich, dass man es mit einem Wissen zu tun hat, das in keiner Weise als objektiv gelten kann, ist dieses Wissen doch weder allgemeingültig noch teilbar: Die phänomenale Qualität – die Süße des Apfels – gilt nur für mich und nur ich kann sie beschreiben. Welches Kriterium soll dann aber dazu führen, dass es berechtigt ist, in diesen Fällen von Wissen zu reden? Das Problem hierbei ist, dass dieser Fall von Wissen auf Erfahrung beruht. Kann es für Erfahrungen Kriterien geben?[53]

Wie zu sehen ist, stößt die Unterscheidung verschiedener Formen von Wissen auf Probleme. Zum einen wird der Begriff sehr weit in seiner Extension: Wenn man beispielsweise auf Seiten des phänomenalen Wissens nahezu alles, was ein Subjekt erfährt, als Wissen ausweisen kann, dann aber auf Seiten des propositionalen Wissens höchst strenge Kriterien angewandt werden, damit etwas als Wissen gelten kann, scheint ein deutliches Missverhältnis zu bestehen, was sich in einer schier endlos ausufernden Extension des Begriffs des Wissens zeigt: dann nämlich erscheint nahezu alles als Wissen, nur eben als spezifische Form. Zum anderen hängt damit eine Unbestimmtheit der Intension zusammen. Für die verschiedenen Arten von Wissen bräuchte man verschiedene Kriterien. Wie die Diskussionen um nicht-propositionales Wissen zeigen, ist dies eine Herausforderung. Es ließe sich hinsichtlich dieses Punktes anführen, dass ungenügende Kriterien genauso auch für das propositionale Wissen gelten, wie im vorigen Abschnitt dargelegt wurde. Dem ließe sich entgegnen, dass es immerhin Kriterien gibt, die breit diskutiert werden, was bei nicht-propositionalem Wissen kaum der Fall ist.

So oder so ist man aber mit dem Umstand konfrontiert, dass man sich, will man einen Erkenntniswert von Ausstellungen behaupten, diesem Grundproblem der Erkenntnistheorie stellen muss. Es lässt sich kaum ein Erkenntniswert verteidigen, ohne zu entscheiden, welcher Art die Erkenntnis ist, wie man zu ihr gelangt und was ihre Kriterien sind. Im folgenden Kapitel sollen prototypische Argumentationen rekonstruiert und diskutiert werden, insbesondere auch vor dem Hintergrund dieser Grundunterscheidungen der Erkenntnistheorie; denn nur wenn diese ernst genommen werden, lässt sich auch ein überzeugender Erkenntnisanspruch formulieren.

b) Welche Erkenntnisse produzieren Ausstellungen? Vier Vorschläge

Vor dem Hintergrund der Debatten in der Erkenntnistheorie sollen im Folgenden vier Vorschläge dazu vorgestellt werden, wie der Erkenntniswert von Ausstellungen bestimmt werden kann. Es handelt sich dabei um Theorien von Alexander Klein, Ludger Schwarte, Dieter Mersch und Daniel Tyradellis. Diese vier bieten sich an, da sie unterschiedliche Spielarten einer ähnlichen These anbieten. Anders gesagt: Wenn sie sich auch in den Details unterscheiden, lässt sich sagen, dass es sich um *die* These handelt, wenn es um den Erkenntniswert von Ausstellungen geht: Ausstellungen haben einen eigenen Erkenntniswert, der sie beispielsweise von Reportagen oder wissenschaftlichen Arbeiten unterscheidet. Er besteht darin, dass Ausstellungen Selbstverständlichkeiten in Frage stellen. Alle vier Varianten decken sich dahingehend, dass Ausstellungen dies durch eine Zusammenstellung der Objekte erreichen, die die Wahrnehmung auf jeweils besondere Weise anspricht. Man hat es mit einer Spielart sinnlicher Erkenntnis zu tun, die durch eine besondere Form des Zeigens, eben des Ausstellens ermöglicht wird. Im Folgenden sollen die vier Varianten dieser Theorie rekonstruiert werden. Es soll dabei herausgestellt werden, dass es sich um spezifische Ansprüche an Ausstellungen handelt, die womöglich eingelöst werden können, aber nicht den grundlegenderen Erkenntniswert von Ausstellungen erfassen. Da nur bedingt eine Anbindung an den erkenntnistheoretischen Diskurs erfolgt, wird auch deutlich, dass manche Fragen und Probleme offenbleiben.

Dies betrifft insbesondere die Frage danach, ob es sich um propositionale oder nicht-propositionale Erkenntnis handelt und warum. Genau genommen ist Mersch der Einzige, der sich hierzu äußert und einen dritten Weg vorschlägt, ihn aber nicht weiter begründet. Klein, Schwarte und Tyradellis schlagen – hier implizit, dort explizit – vor, von einer sinnlichen Erkenntnis zu sprechen. Allerdings wird dieser Ansatz dann wieder mit der Terminologie propositionaler Erkenntnistheorie vermischt, wenn beispielsweise behauptet wird, dass Exponate Aussagen oder Argumente seien, ohne dass weiter geklärt wird, wie sie das sein können. Insofern überzeugen die Vorschläge nicht durchgängig, bieten aber Ansatzpunkte, um von dort aus eine Position über den grundlegenden Erkenntniswert von Ausstellungen zu entwickeln.

Alexander Klein: Ausstellung und Erfahrung

Zur Frage nach dem Erkenntniswert von Ausstellungen hat Alexander Klein schon 2004 ein Buch vorgelegt. Kleins Position lässt sich dergestalt zusammenfassen, dass Ausstellungen ein Erkenntniswert deswegen zukommt, weil sie Wirklichkeit zeigen. Dies tun sie, indem sie Exponate als Zeichen verwenden und ihnen somit Bedeutung verleihen. Eine epistemische Funktion ist für Klein aber nicht per se mit dem Ausstellen verbunden. Mit der Kunst- und Wunderkammer tauchen erstmals epistemische Absichten für das Ausstellen auf: »Die Platzierung des Gesammelten im Raum wurde als Mittel entdeckt, die Bedeutungen der Welt freizulegen und sinnfällig werden zu lassen.«[54] Anders gesagt: »Die Ausstellung wurde zu einem Modell für die Erkennbarkeit der Welt schlechthin.«[55] Dieser Zweck werde in der Gegenwart vermehrt verfolgt, was in dem Typus von Ausstellungen resultiert, den Klein als wissenschaftliche Ausstellung bezeichnet: »Die Art und Weise des wissenschaftlichen Museums, Wirklichkeit durch Präsentation von Exponaten und Einsatz von Medien darzustellen, ist heute richtungsweisend für das Ausstellungswesen insgesamt.«[56] Er bindet dabei die epistemische Funktion des Ausstellens an diesen Typus und macht klar, dass das Kunstmuseum und die Rolle des Exponats sich darin von der wissenschaftlichen Ausstellung genuin unterscheiden.[57]

Klein ist unmissverständlich darin, was für ihn den Akt des Ausstellens ausmacht: »Ausstellen [ist] eine Form der Kommunikation.«[58] Kommuniziert werde in einer Ausstellung mittels Zeigen. Zeigen ist seiner Meinung nach deswegen eine Kommunikationsform, weil es sich um einen Akt handle, der Zeichen verwendet, indem Objekten eine Bedeutung verliehen wird. Mit dem Werkzeug einer Zeichentheorie wird so versucht herauszustellen, was die Funktion des Ausstellens ist. Terminologisch wird Ausstellen auch als museales Zeigen bezeichnet: »Museales Zeigen, das heißt Ausstellen von Gesammeltem.«[59]

Die Eigenart des musealen Zeigens bestehe darin, dass der Zeigeakt auf Wirklichkeit abziele: »Museum ist überall möglich, wo sich Wirklichkeit permanent zeigen lässt.«[60] Wie es der Titel seiner Arbeit schon anzeigt, will Klein aufzeigen, dass Ausstellung und Wirklichkeit in einem besonderen Verhältnis zueinander stehen: »Eine Ausstellung kann Wirklichkeit bezeugen oder ihre Illusion erzeugen.«[61] Damit ist dann auch die epistemologische These mitgegeben: Ausstellungen lassen Wirklichkeit erkennen.[62] Klein argumentiert, dass Ausstellungen ein genuiner Erkenntniswert zukomme; sie seien nicht nur Bebilderungen oder Veranschaulichungen: »Ausstellungen [können] weit mehr leisten als einen Beitrag zur Popularisierung akademischen Wissens.«[63] Dass in Ausstellungen Wirklichkeit erkannt werden kann, sei ein genuiner Charakterzug der Ausstellung und eben dieser zuzuschreiben.

Die Besonderheit der Darstellung von Wirklichkeit in Ausstellungen wird so spezifiziert, dass sie eine »andere Wirklichkeit [ausdrücken], die sie nicht sind«.[64] Ausstellungen zeigten also mögliche Wirklichkeiten; damit machten sie ein besonders Charakteristikum erkenntlich, nämlich dass es keine feststehende Wirklichkeit gebe, sondern diese sich stets ändern könne: »Die Ausstellung ist ein Platz, wo sinnlich erfahrbar wird, dass Gegenstände und Welten, die aus ihnen bestehen, offen für Umwertungen bleiben, das heißt für kommende, heute noch nicht absehbare Bedeutungen. Die Wirklichkeit erweist sich als nicht feststellbar.«[65] Auffällig ist an dieser Stelle neben der Spezifizierung des Erkenntniswerts, dass im Rahmen einer semiotischen Ausstellungstheorie von sinnlicher Erfahrbarkeit gesprochen wird. Dies ist insofern bemerkenswert, als es für sinnliche Erfahrbarkeit ja keine symbolische Vermittlung braucht. Auch am folgenden Zitat wird dies deutlich: »Dabei kann das Medium Ausstellung jeden dazu einladen, über die Bedeutung der Gegenstände mitzuverhandeln – freilich ohne die Illusion zu erwecken, diese Bedeutung ›machen‹ oder ›produzieren‹ zu können. Die Ausstellung eignet sich dafür besser als andere Medien, weil es [sic] die Gegenstände selbst präsentiert und schon dadurch ausdrückt, dass die Bedeutung der Dinge immer an Materialität und Gegenständlichkeit gebunden ist, dass man daher eine Sache selbst in Augenschein nehmen, ihr aufs Maul schauen muss, um sie deuten und bei ihrer Auslegung mitreden zu können. Die Bedeutung der Gegenstände wird dann nicht als etwas Feststehendes, in den Objekten schon vollständig Angelegtes erfahren, sondern als das Resultat eines ständig neu auszuhandelnden Kompromisses zwischen Zeigendem, Betrachter und Gezeigtem.«[66] In Kleins Ausstellungstheorie kommt es zu einer Art Hybrid zwischen Semiotik und Wahrnehmungstheorie des Ausstellens: »Ausstellen ist eine besonders komplexe Variante des permanenten Zeigens, die Wirklichkeit sowohl präsentiert, [sic] als auch repräsentiert und interpretiert. Sie stellt das zu Zeigende in einen allgemein zugänglichen Bedeutungsraum, der sich durch eine bestimmte Thematik, eine bestimmte Lokalität und eine bestimmte Dauer auszeichnet. Das, was ausgestellt werden soll, muss sich auch zeigen können – indem es sich entweder selbst oder mittelbar an etwas anderem zeigt.«[67]

Der Erkenntniswert des Ausstellens liegt für Klein also nun darin, dass der Besucher eine andere Wirklichkeit erfahren kann. Ausstellungen ermöglichen es ihm zufolge, die Alltagswelt des Besuchers auszublenden und ihn eine andere Lebenswelt erfahren zu lassen: »Der spezifische Reiz eines Ausstellungsbesuchs liegt darin, dass der Besucher den Radius seiner Existenz über seine gegenwärtige Lebenswelt hinaus erweitern kann. Das Unverfügbare, dem er sich dabei annähert, bleibt ihm zwar letztlich unzugänglich, wird aber durch seine Repräsentationen versinnlicht, so dass es sich indirekt zeigt.«[68] Exponate werden aufgrund ihrer Zeichenhaftigkeit mit Aussagen gleichgesetzt: »Die Aussagekraft des Exponats ist seine Fähigkeit, über das Unverfügbare zu unterrichten, um dessentwillen es zu einem Teil der Ausstellung gemacht wurde, und es zu belegen. Auf Grund seiner Aussage ermöglicht ein Exponat

Rekonstruktionen des Gewesenen oder Deutungen des gegenwärtig Wirksamen.«[69]

Kleins epistemologischer Ansatz lässt sich so zusammenfassen: Der Erkenntniswert von Ausstellungen besteht darin, dem Besucher andere Lebenswelten oder Wirklichkeiten zu eröffnen, salopp gesagt: seinen Horizont zu erweitern. Möglich werde dies durch wissenschaftliche Ausstellungen. Sie bewerkstelligen Erkenntnisgenerierung durch verschiedene Weisen des Bedeutens und Verweisens: »Der Zustand des permanenten Gezeigtwerdens ist niemals ein Bedeutungsvakuum, und der gezeigte Gegenstand steht niemals für sich allein. Er steht zu anderem Gezeigtem – oder zu nicht Gezeigtem, das ihn umgibt – in Verhältnissen, die ihn selbst bestimmen, auf Bedeutung fußen und Bedeutung neu schaffen. Das, was gezeigt wird, zeigt, das heißt verweist selbst, indem es (be)deutet.«[70] Zeigen und Bedeuten sind bei Klein eng miteinander verwoben: »Zeigen setzt Bedeutung voraus.«[71] Deswegen können Exponate auf vier verschiedene Weisen gezeigt oder genutzt werden: als Äußerung, Meldung, Zeichen und Symbol.[72]

Klein behandelt das Ausstellen wie eine Sprache, weswegen er auch Exponate als Aussagen bezeichnet. In diesem Sinn ist es nachvollziehbar, wenn er behauptet, dass Exponate aussagekräftig seien, da sie in seinem Verständnis eben Aussagen sind. Insofern ließe sich Kleins Ansatz als einer der wenigen einem propositionalen Ansatz zuordnen – mit Einschränkungen, denn wie schon angemerkt wurde, betont Klein auch immer wieder die Notwendigkeit der Erfahrung, womit eben die sinnliche Erfahrung des Objekts gemeint ist. Entscheidend ist letztlich, was Klein mit dem Begriff der Aussage meint. Vor dem Hintergrund der Alltagssprache ist es allerdings fragwürdig, dass ein Gegenstand, zeigend verwendet, eine Aussage sein soll.

Ludger Schwarte: Ausstellung und Evidenz

Ludger Schwarte, dessen Ausstellungstheorie im zweiten Kapitel rekonstruiert wurde, hat eine klare Auffassung zum Erkenntniswerts des Ausstellens: »Meine These ist zunächst, dass das Ausstellen eingebunden ist in ein Urteilsgeschehen. Der Akt des

Ausstellens eröffnet eine kollektive Beurteilung des Exponats, es impliziert sowohl einen ästhetisch-reflexiven wie einen epistemisch-abduktiven (hypothesenbildenden) Urteilsprozess.«[73] Es ist insbesondere der letzte Aspekt, den Schwarte diskutiert, da er seiner Überzeugung nach das wesentliche Moment des Erkenntniswerts der Ausstellung ausmacht. »Ausstellungen jedweder Art haben sich als eine Praxis etabliert, etwas als Faktum im sozialen und kulturellen Raum zur Geltung zu bringen. Mehr noch, sie untermauern quasinormativ die Vorstellung, dass Faktisches gelte.«[74] Auch wenn Schwarte an dieser Stelle noch allgemein von Ausstellungen spricht, wird im weiteren Argumentationsverlauf klar, dass das genannte Merkmal einem bestimmten Typus von Ausstellungen zugesprochen wird. Der Erkenntniswert von Ausstellungen wird nicht für alle Ausstellungen behauptet, sondern für jene, die Schwarte als künstlerische Ausstellungen bezeichnet.[75] Insofern ist die Bestimmung des Erkenntniswerts von Ausstellungen zugleich auch die Spezifizierung dessen, was künstlerische Ausstellungen sind. Kurzgefasst wird diese Ausstellungsform wie folgt definiert: »[D]as Ausstellen versucht etwas, so wie es ist, zur Geltung kommen zu lassen.«[76] Dass so ausgestellt wird, schließt er beispielsweise für Verkaufsausstellungen aus. Dementsprechend sind, wenn vom Erkenntniswert von Ausstellungen die Rede ist, künstlerische Ausstellungen gemeint. Für sie gelte, dass sie »Geltungsgrenzen profanieren, neue Modi der Sichtbarkeit erfinden und damit der Öffentlichkeit im politischen Raum Geltung verschaffen«.[77] Was das heißt und wie es durch Ausstellungen möglich ist, wird im Folgenden rekonstruiert.

Die Art des Erkenntniswerts von Ausstellungen wird von Schwarte derart spezifiziert, dass die Objekte durch Exposition zu sinnlich erfahrbaren Einsichten verhelfen. Er überträgt dabei sein Konzept der »pikturalen Evidenz«[78] auf Ausstellungen, weswegen er von expositorischer Evidenz spricht. Den Erkenntniswert von Bildern begründet er wie folgt: »Bilder stellen etwas in die Welt, das diese intuierbar, anschaulich und damit verständlicher macht. Diese Verifikation wäre damit weniger das Beibringen von Gründen, um etwas für wahr zu halten, als vielmehr die Exposition von etwas als anschauliche Gewissheit, als manifeste Wahrheit, die Transformation von etwas in eine pikturale Evidenz.«[79] Die sinnliche Erfahrung soll also zu Einsichten verhelfen, indem am Bild etwas erkannt wird: »Pikturale Evidenz benennt folglich den Beitrag der Bilder zur Gewinnung einer Einsicht oder einer durch eine belegbare und verallgemeinerbare Sinneserfahrung unterfütterten Überzeugung. Sie bilden einen intersubjektiven Grund zur Bildung und Verteidigung von Auffassungen und Sichtweisen. In Ausstellungen gleich welcher Art von Exponaten geht es deshalb letztlich um pikturale Evidenz.«[80] Bemerkenswert ist dabei, dass Schwarte in Bezug auf Sinneserfahrungen, die gemeinhin als subjektiv oder privat charakterisiert werden, davon spricht, diese seien belegbar und verallgemeinerbar. Aber genau dieses Merkmal wendet er nun in besonderer Weise auf Ausstellungen an, wenn er sagt, dass in Ausstellungen etwas öffentlich sinnlich überprüfbar werde. Die je eigene Wahrnehmung steht damit auf dem Prüfstand: »Bilder unterscheiden sich von anderen visuellen Artefakten und optischen Spuren durch ihr Potenzial der Verifizierung und Bezeugung. In Bildern und an Bildern lässt sich der Zusammenhang einer Situation in Augenschein nehmen. In Bildern wird etwas anschaulich, auf das sich kollektive visuelle Formen der Wahrheitsgewinnung stützen können. Entsprechend rührt pikturale Evidenz weniger aus der Bezugnahme auf ein Vorbild, auch nicht aus den ästhetischen Qualitäten der Abbildung, sondern vor allem aus einer Anschaulichkeit, die nur Bilder (oder bildanalog ausgestellte Objekte) als vielschichtige, gestaltete Dinge eröffnen. Ausstellungen leisten eine Übertragung dieser intersubjektiven Anschaulichkeit und verleihen ihr potenziell die normative Kraft eines visuellen Faktums.«[81] Ausstellungen verhülfen also dazu, das Potenzial der Wahrnehmung als Erkenntnisquelle zu nutzen.

Schwarte macht einen Vorschlag dazu, wie sich der Erkenntniswert von Ausstellungen begrifflich fassen und spezifizieren lassen soll: »Expositorische Evidenz wäre dasjenige, worauf sich die Auffassung stützt, dass Faktisches gilt.«[82] Urteil und Überprüfung sind die Schlagwörter, mit denen er den epistemischen Prozess der Ausstellung zu beschreiben versucht. Ausstellungen dienen seiner Meinung nach der Öffentlichkeit zur Überprüfung der Geltung von Faktischem. Diese Behauptung fußt auf der erkenntnistheoretischen Prämisse, dass Faktisches nicht einfach so gelte, sondern erst durch Übereinkunft der Öffentlichkeit. Hierbei bezieht

Schwarte sich auf den Rechtswissenschaftler Georg Jellinek: »Das Faktische ist nicht durch seine Existenz das Geltende, sondern die Geltung des Faktischen hängt von einer normativen, subjektiven Vorstellung ab.«[83] Dieser Leitgedanke wird von Schwarte auf Ausstellungen übertragen, wenn er sagt, dass dort etwas einer »öffentlichen sinnlichen Überprüfung«[84] und »kollektiven Beurteilung«[85] unterzogen werde. Es geht also darum, ob die Geltung einer Sache öffentlich anerkannt wird: »Sie [die Exponate] sollen aus ihrer Besonderheit eine Evidenz erzeugen.«[86]

Schwarte verteidigt für diesen Kontext mit dem Begriff der expositorischen Evidenz eine Erkenntnistheorie, die sinnliche Erfahrbarkeit als Erkenntnisquelle legitimiert: »Den Klimawandel kann ich offenbar nicht ausstellen. Ausgestellt wird etwas aus der Mesosphäre möglicher Objekte, nämlich sinnlich erfahrbare, die zu ästhetischer Reflexion taugen.«[87] Es geht also nicht bloß darum, sich einen Wand- oder Tafeltext durchzulesen, der von Objekten begleitet und veranschaulicht wird. Die ausgestellte Sache selber wird als Beweis oder Argument verwendet. Exponate in Ausstellungen haben für Schwarte einen eindeutig epistemischen Zweck: »Bei Ausstellungen geht es prinzipiell nie darum, lediglich zu illustrieren und ein Assortiment interessanter Gegenstände zur Bebilderung einer klugen Narration oder einer wissenschaftlichen Theorie einzusetzen. Sondern die Dinge als Anschauungsmaterial, als Hinweise, als Belege, als Fakten vorzuführen, die zur Hypothesenbildung anregen. In der Regel wird also nicht ein beliebiges Exemplar aus einer Klasse ausgestellt. Sondern genau dieses Objekt, mit diesen singulären Eigenschaften, ein Jeweiliges mithin, dem der Akt des Ausstellens die Eigenschaft der Exemplarizität hinzufügt. In der Ausstellung wird ein Jeweiliges, nicht Austauschbares, zu einem Mustergültigen, Exemplarischen, vielleicht zu einem Paradigma. Mir scheint, dass alle Videos und Installationen, alle Vitrinen und Dioramen hier letztlich an etwas partizipieren, was genuin nur Bildern zukommt: nämlich intersubjektive visuelle Überprüfbarkeit.«[88] In Ausstellungen treten die Dinge als besondere in den Vordergrund und werden aus ihren Kontextualisierungen gelöst: »Es ist also nicht falsch, den prinzipiellen Sinn einer Ausstellung darin zu sehen, dass man nicht Irgendetwas, sondern genau Dieses, eine singuläre materielle Konfiguration, mit eigenen

Sinnen erfahren will. Der Wert dieser Konfiguration mag historisch kontingent sein: eine uralte Lanze, ein Hammer, ein Kamm; ökonomisch: ein Schatz von unschätzbarem Wert. Technisch: der Prototyp. Oder ästhetisch: genau dieses Œuvre.«[89] Ausstellungen ermöglichen es nach Schwarte, zu sinnlicher Erkenntnis zu gelangen.

Wie aber soll dies in einer Ausstellung bewerkstelligt werden? Exponate werden als sinnlich erfahrbare Belege, Beweise oder Argumente genutzt: »Sammlungen von Kultgegenständen, wissenschaftlichen Instrumenten, Schmetterlingen oder Geheimdienstakten entfalten je nach Ausstellungskontext andere Evidenzen.«[90] Das Besondere am Ausstellen ist nach Schwarte nun aber nicht, dass etwas kontextualisiert wird, sondern im Gegenteil, dass die Kontextualisierung hinterfragt wird: »Zuweilen unterbrechen sie [die Exponate] sie [die Narration] jedoch auch; die Dinge, die hier zur Geltung kommen, können die intendierten Narrationen jedenfalls potenziell auch falsifizieren. Exponate sind widerständig. Es sind besondere Dinge, die, anders als Zootiere, Wunder und Kuriositäten, keine vorausgesetzte Ordnung affirmieren, sondern aufweisen, inwieweit Ordnungsbildungen und Normierungen von der vorgängigen Sondierung des Wirklichen abhängen.«[91] Ausstellungen, so lässt sich schlussfolgern, dienen dazu Ordnungen und Normen sichtbar und damit reflektierbar werden zu lassen. Dementsprechend sieht Schwarte die Aufgabe des Ausstellens auch darin, anhand von Exponaten Ordnungen in Frage zu stellen: »Etwas ausstellen heißt, etwas aus einer epistemischen, moralischen oder politischen Ordnung und auch aus einem ästhetischen Schema herauszurücken.«[92] Durch das Herausrücken sollen diese Ordnungen erkennbar und – so kann man Schwarte an dieser Stelle verstehen – die Exponate von ihnen befreit werden: »Die Performanz der Präsentation, des Vor-die-Sinne-Stellens eines Realen, wird hier verbunden mit einem Entzug symbolischer Zuordnung.«[93]

Zusammengefasst lässt sich sagen, dass die Besonderheiten von Schwartes Erkenntnistheorie der Ausstellung darin bestehen, dass er die Erkenntnis auf Seiten der Sinneswahrnehmung verortet und dass Erkennen für ihn darin besteht, dass etwas zur Geltung kommt, da Wahrnehmungsweisen in Frage gestellt sind. Ausstellen ist dann jene Tätigkeit, die die ausgestellten Objekte aus ihren alltäglichen Relationen löst, wodurch die Relationen als Relationen sichtbar werden und das Objekt als solches erfahrbar wird.

Dieter Mersch vertritt, so wird sich im Folgenden zeigen, eine Position mit durchaus ähnlichen Implikationen. Interessant dabei ist, dass beide Theoretiker bei konträren Ausgangspunkten beginnen, aber wenn nicht zum gleichen, so doch zu einem verwandten Ergebnis gelangen. Wo Schwarte der Auffassung ist, dass Ausstellen keine Form des Zeigens ist, sondern eine Tätigkeit eigener Art, ist Ausstellen für Mersch eine besondere Form des Zeigens. Trotz dieser unterschiedlichen Ausgangslage bei der Bestimmung dessen, was Ausstellen ist, gleichen sich beide im erkenntnistheoretischen Ergebnis insoweit, dass die Erkenntnis als eine sinnliche Erfahrung widersprüchlicher oder fragwürdiger Wahrnehmungsweisen konzipiert wird.

Dieter Mersch: Ausstellung und Reflexion

Auch wenn Mersch nicht explizit eine Epistemologie des Ausstellens schreibt, so fällt diese für ihn unter eine größer angelegte Epistemologie der Künste. Er formuliert in seinem Buch *Epistemologien des Ästhetischen* die These, dass den Künsten ein genuiner Erkenntniswert zukomme. Ihm zufolge lässt sich dieser nur dann erfassen, wenn man sich den unterschiedlichen Praxen der Künste zuwendet: »Kunst erweist sich so als ein Denken, dem von Anfang an der genuine Zusammenhang von Zeigen und Reflexivität innewohnt.«[94]

Man könnte nun der Meinung sein, dass es sich hier um ein schwieriges Unterfangen handelt, schon alleine aufgrund der Unterschiedlichkeit der verschiedenen Kunstgattungen. Mersch ist allerdings der Auffassung, dass alle Künste auf der Praxis des Zeigens beruhen: »Denn wo allein mit aistheta, d. h. mit Wahrnehmungen oder Dingen und ihren Materialitäten gehandelt wird, wo es auf jede Nuance einer Färbung, auf die Art der Rahmung oder Kombination von Objekten, die Lage eines Details ankommt, wo der Sekundenabstand zweier Töne, ihre mikrotonale Reihung oder ihre arhythmischen Versetzungen, wo die unscheinbarste Regung eines Körpergefühls, dessen jeweilige Lösung und Spannung oder das spezifische Spiel von Licht und Schatten, die Art der Anordnung der Leinwände oder die Dynamik des Sounds im Black Cube der Videoinstallationen bedeutsam wird, wo jede Spur der Bearbeitung eines rohen Steins oder Marmorblocks, seine Größe oder Platzierung im Ausstellungsraum relevant wird, da haben wir es durchweg mit ›Zeigungen‹ zu tun, die im gleichen Maße *etwas preisgeben* [sic] wie sie *sich zeigen* und *im Zeigen zurückhalten*.«[95] Darunter fällt für ihn auch explizit das Ausstellen. Dementsprechend gilt all das, was er über Kunst sagt, auch für Ausstellungen – insofern sie in den künstlerischen Bereich fallen, denn: »Damit es jedoch Kunst gibt, bedarf es noch etwas mehr als der beliebigen ›Zusammen-Stellung‹ von Phänomenen, ihrer Konstellierung im Sinnlichen. Uns interessiert dieses Mehr mit Blick auf die Bedingungen solcher Verbindungen und Trennungen, die nicht nur Gedanken anregen, sondern auf eine besondere Weise ein ›Wissen der Künste‹ austragen.«[96]

Die Frage nach dem Erkenntniswert des Künstlerischen lässt sich nach Mersch nur vom Standpunkt »einer Produktionsästhetik«[97] beantworten. Da die Kunst als eine besondere Praxis des Zeigens ausgewiesen wird, gilt es folglich ihren epistemischen Charakter herauszustellen. Allerdings verhält es sich in Merschs Theorie so, dass die Frage nach dem Erkenntniswert gar nicht von der Frage, was Kunst ist, losgelöst werden kann: Wenn man die eine Frage beantwortet, erhält man auch eine Antwort auf die andere. Mersch würde sagen, dass sich Kunst gar nicht von ihrem Erkenntniswert trennen ließe, ja, dass jeder Kunst ein Erkenntniswert zukommt: Er ist ihr wesentlich.

Kunst ist »Reflexion des Wahrnehmbaren in der Wahrnehmung, von Erfahrungen im Erfahrbaren«[98]. Künstlerische Produktionen sind (Selbst-)Reflexionen mit und durch das jeweilige Material. Es ließe sich sagen – und das legen auch die vielen Beispiele Merschs nahe –, dass ein musikalisches Kunstwerk in der Art und Weise, auf die es mit dem Material, eben beispielsweise den Tönen, umgeht, reflektiert, was Töne und Hören sind: Es geht dabei »um die Reflexion von Musik mit Musik gegen Musik, um das Wissen des Musikalischen aus dem Musikalischen selbst heraus zu entfalten.«[99] Anders gesagt reflektiere Kunst Medialität in den Medien selber: »Darum bezieht sich das von ihm [dem Bild] erzeugte Wissen auf sich selbst, doch so, dass es sich zeigt, ohne durch etwas anderes aussagbar zu sein: Es folgt den Modi künstlerischer Reflexivität.«[100] Künstlerische Akte seien reflexive Akte, weil »die Wahrnehmung auf sich zurück [schlägt], sie [wird] ihrer selbst ansichtig, lässt ihren ›Grund‹, ihre Medialität aufscheinen.«[101]

Die entscheidende Eigenschaft für den epistemischen Wert der Kunst besteht für Mersch nun aber darin, dass die Kunst all dies eben nicht sage, sondern zeige. Kunst ist die Art von Erkenntnis, »die nicht weiß, indem sie spricht, sondern dadurch etwas zu erkennen gibt, dass sie zeigt.«[102] Mit einem Verweis auf Wittgenstein will Mersch den dem Zeigen eigenen Erkenntnischarakter geltend machen: »Sagen und Zeigen [...] bilden unterschiedliche Register des Erscheinenlassens und Zu-Erkennen-Gebens«[103]. Somit soll dann eben auch begründet werden, dass, wenn dem Zeigen ein Erkenntniswert zukommt, dies folglich auch für die Kunst gelten muss, die sich in ihren, wenn auch so unterschiedlichen Praktiken nach Mersch auf den Akt des Zeigens zurückführen lässt.

Unter Verweis auf die erkenntnistheoretische Diskussion über die Möglichkeit nicht-propositionaler Erkenntnis sieht Mersch seinen Ansatz auf der Seite jener, die auch nicht-begriffliche Erkenntnis für möglich halten: »Handelt man also von der Kunst als einem ›anderen Denken‹ oder ›etwas anderem als Denken‹, bekommt man es im Wesentlichen mit solchen Zeigepraktiken und ihren Verwicklungen zu tun. Sie verweigern sich jeder Translation ins Begriffliche oder in die Sprache der Proposition.«[104] Da Mersch eine Produktionsästhetik verfolgt, stellt sich die Frage weniger danach, was Erkenntnis ist, sondern danach, wie Erkenntnis generiert wird. Wenn die Bestimmung dessen, was Kunst ist, daran geknüpft ist, durch welchen Akt sich Kunst auszeichnet, dann wird Erkenntnis auch prozessual gedacht, weil Mersch beides unauflöslich zusammendenkt. Dementsprechend lässt sich sagen, dass Erkenntnis nicht gesagt, sondern vorgeführt wird: »Die ästhetischen epistemai wurzeln in Entwürfen, die ihr Allgemeines dadurch enthüllen, dass sie die Unüberbrückbarkeit zwischen Begriff oder Medium und Sache reflexiv werden lassen. Ihr Wissen ist darin aufgehoben: Unaussprechlich als ein Zeigen«[105].

Spezifisch für Mersch ist allerdings, wie er seinen Ansatz in der Debatte hinsichtlich der Möglichkeit nicht-propositionaler

Erkenntnis selbst verortet. Er ist der Auffassung, dass künstlerische Praktiken sich weder auf Seiten propositionaler noch nichtpropositionaler Erkenntnis verorten lassen: »Viel eher haben wir es mit einem Dritten zu tun, das aus der angezeigten Differenz heraustritt: Weder diskursiv noch nichtdiskursiv, weder propositional noch nichtpropositional oder bestimmend und nichtbestimmend steht die Kunst in keiner Relation zu anderen Diskursformationen, sondern bildet eine Erkenntnispraxis sui generis. Ihre ›Kraft‹ gilt es, entlang der ›Logik/Alogik‹ des Zeigens/Sichzeigens allererst zu entfalten.«[106] Warum es sich um eine dritte Option handeln soll, wird aber aus dem Gesagten nicht klar, weil noch nicht geklärt ist, warum die künstlerische Erkenntnis nicht unter das Nichtpropositionale fallen soll. Mersch betont schließlich, dass es in der künstlerischen Praxis um Erfahrbarkeit und Wahrnehmung gehe und diesem Bereich der Erkenntniswert zukommt. In der erkenntnistheoretischen Debatte würde man, wenn man der Wahrnehmung oder Kunst einen Erkenntniswert zuschreibt, ihn auf Seiten der Nicht-Propositionalität verorten, eben weil es um eine nichtbegriffliche Erkenntnis geht.

Nun ist aber nicht jedes Zeigen ein Erkenntnisakt. Dementsprechend macht Mersch einen Vorschlag dafür, wie die besonderen Arten des Zeigens der verschiedenen Künste auf einen Nenner gebracht werden können – nämlich darauf, dass sie Konstellationen bilden: »In immer wieder neu und anders ansetzenden Variationen lotet daher die künstlerische Arbeit ihr Material aus, indem ihre entscheidende Tätigkeit im ›Con‹ der Konjunktion, ihrer jeweiligen Verknüpfung oder Verdichtung, d.h. in ihrer *Kom*bination oder *Kom*position, ihrer je anderen ›Zusammen-Stellung‹, Ordnung oder Aneinanderreihung aus [sic], um gleichzeitig die fortgesetzte ›Aus-einander-Setzung‹ mit ihren Elementen solange zu erzwingen, bis diese beginnen, ihr ›Geheimnis‹, ihr noch Unbekanntes und Unentdecktes preiszugeben.«[107] Merschs These lässt sich also wie folgt erweitern: Kunst hat einen Erkenntniswert, weil ihr Akt des Zeigens darin besteht, Konstellationen zu bilden, die wiederum reflexiv sind. Aber was heißt es, eine Konstellation zu bilden? »Das ›Con/Com‹ stiftet dabei Verhältnisse, schafft Relationen, mischt und trennt die Substanzen oder fügt die Erscheinungen zu komplexen Gebilden der Anschauung und des Gehörs.«[108]

Konstellationen zeichnen sich nach Mersch dadurch aus, dass Material in unterschiedlichen Weisen zusammengebracht, das heißt in Relation gebracht wird. In dieser Zusammenstellung wird dann der Erkenntniswert gesehen und erwartet, da – insofern es gelingt – die Kunst »durch die Praxis ihrer jeweiligen Konstellationen reflexive Momente freisetzt, die imstande sind, über sie hinausgelangen [sic] und in Gestalt von Störungen und ›Gegen-Wendungen‹ eine vorher nicht zu ermessende Erfahrung von ›Monstrosität‹ zu machen.«[109] Der Erkenntniswert der Kunst, und damit die Reflexivität der Konstellation, bestehe also darin, dass das Material so in Verbindung gebracht wird, dass Wahrnehmungsgewohnheiten gebrochen werden. Etwas wird wahrnehmbar – und das heißt hier eben auch: erkennbar –, was ohne eine Konstellation nicht möglich wäre: »Etwas tritt hervor, ›ent-springt‹ der Art der ›Zusammenfügung‹, der Kombination oder Anordnung der Elemente und ihrer Konstellation.«[110]

Merschs Position lässt sich so zusammenfassen: Der Erkenntniswert der Kunst besteht in ihrer Praxis. Sie lässt sich allgemein als Zeigen beschreiben und spezifisch als Bilden von Konstellationen. Diese Konstellationen haben deswegen einen Erkenntniswert, weil in den erfahrbaren Widersprüchen Medialität reflektiert wird: »Insonderheit aber folgt ›ästhetisches Denken‹ aus der Erstellung solcher Konstellationen, die auf der Bildung von Paradoxa, von Widersprüchen, Instabilitäten oder Kontrasten beruhen, die ihre Auflösung, ihre Entscheidung systematisch verweigern.«[111] Unter der Voraussetzung, dass man es bei Kunst mit sinnlicher Erfahrung zu tun hat, wird Kunst bei Mersch als jene Tätigkeit verstanden, die Material so zusammenstellt, dass sowohl die Mittel der sinnlichen Erfahrung, also die Wahrnehmung, als auch das Erfahrene selbst thematisch werden. Es geht darum, besondere Wahrnehmungserfahrungen zu generieren, die Einsichten in Wahrnehmung und Wahrgenommenes erfahrbar machen.

Mersch wendet das, was üblicherweise »ästhetische Erfahrung« oder auch »ästhetische Wahrnehmung« genannt wird, explizit auf den Bereich der Kunst an. Denn üblicherweise werden unter diese Begriffe Erfahrungen gefasst, die sich nicht exklusiv auf die Erfahrung von Kunst beziehen. Mersch lässt sich aber nun so verstehen, dass die Kunst ästhetische Erfahrungen zum Zweck der Erkenntnis instrumentalisiert. Ästhetische Erfahrungen ermöglichen eine Erkenntnis des Ästhetischen durch das Ästhetische.

Unter der Voraussetzung, dass unter den Begriff der Kunst auch Ausstellungen fallen, lassen sich folgende erkenntnistheoretische Schlussfolgerungen ziehen: Der Erkenntniswert von Ausstellungen liegt in ihrer Praxis, indem sie etwas zeigen. Dieses Zeigen ist dadurch spezifiziert, dass ihm ein Kunstcharakter zukommt, der wiederum darin besteht, sowohl das Material als auch die Bedingungen sinnlicher Erfahrung zu reflektieren. Reflektiert wird es durch Konstellation verschiedener Materialien, die so zusammengestellt sind, dass es zum Bruch mit Wahrnehmungsgewohnheiten kommt.

Daniel Tyradellis: Ausstellung und Denken

Der schon erwähnte Philosoph und Kurator Tyradellis hat mit seinem Buch *Müde Museen* nicht nur eine kritische Diagnose des Ausstellungs- und Museumswesens vorgelegt, sondern auch eine Position dazu, worin der Erkenntniswert von Ausstellungen besteht. Er nutzt ebenfalls den Begriff der Konstellation, um ein bestimmtes Ausstellungsgefüge zu bezeichnen, das aber in seiner Art nicht näher bestimmt wird. Jedoch lässt sich feststellen, dass die Charakteristika, die gegeben werden, dem nahekommen, was auch im hier explizierten Sinn Konstellation genannt wird. Für eine Ausstellungsphilosophie in epistemologischer Hinsicht ist dabei von besonderer Bedeutung, dass nach Tyradellis Ausstellungen als Konstellationen ein Erkenntniswert zukommt. Das epistemische Potenzial von Ausstellungen ist für ihn dabei ganz klar, da er Ausstellungen als »Ort genuiner Wissensproduktion«[112] versteht.

In erster Linie bestimmt Tyradellis, wie schon Klein, Schwarte und Mersch, Ausstellungen als ein Reflexionsmedium: »Vor allem aber sollten sie Orte des Denkens sein; sein Ausdrucksmedium ist die Ausstellung.«[113] Ausstellungen komme zwar auch eine didaktische und pädagogische, aber eben besonders eine epistemische Rolle zu: Ausstellungen sollen dazu verhelfen, »die Dinge sehen zu lernen«[114] oder auch »wahrnehmen zu lernen«[115]. Tyradellis beschreibt jedoch ein Potenzial von Ausstellung und Museum, das er stets noch nicht oder nur teilweise realisiert sieht. In jedem Fall lässt sich sagen, dass er Ausstellungen eine aufklärerische Aufgabe zuspricht: »Das Museum ist nicht bloß eine ›Schule des Sehens‹ anhand hochkarätiger Exponate, die dazu herausfordern. Das Museum ist auch ein offener Ort des Sehen-Lernens von Qualität und des Anders-sehen-Lernens in Hinblick auf die für diesen Ort gängigen Sehgewohnheiten.«[116] Für ihn ist das ideale Museum der Ort, an dem Selbstverständliches nicht mehr selbstverständlich ist.

Damit sich Ausstellungen in dieser Weise realisieren können, gelte es, »aus dem bloßen Ausstellen von Dingen ein Vermitteln von Gedanken und Themen zu machen.«[117] Wie schon Klein, Schwarte und Mersch wehrt sich Tyradellis gegen die Bestimmung und Praxis des Museums als Ort, der Erkenntnisse lediglich mit Objekten ausschmücke.[118] Die Vermittlung in und mit einer Ausstellung würde so völlig missverstanden werden: »In der Regel präsentieren die Museen eher die – meist nicht mehr ganz aktuellen Erkenntnisse der jeweils der musealen Disziplin nahestehenden Wissenschaften und zeigen die Dinge im Original, die in der schriftbasierten Wissenschaft nur be- und umschrieben beziehungsweise neuerdings digital virtualisiert werden können. Genau das wäre dann die Vermittlung: Begriffe mit anschaulichen Inhalten zu verbinden, in der Hoffnung, dass sie dann eher die Menschen erreichen – was immer das heißt. Damit wäre das Museum wiederum nur sekundär: ein Ort der Vermittlung präexistenten Wissens, dessen Primat höchstens darin bestünde, im Besitz des Originals zu sein.«[119] Und weiter: »Deutlich wird, dass es primär um die Vermittlung sanktionierten Wissens geht und die Exponate in der Ausstellung dieses ›illustrieren‹ sollen.«[120] Daran anschließend entwickelt Tyradellis den entscheidenden Gedanken, dass durch Zusammenstellung von Exponaten die spezifische Art der Vermittlung stattfindet: »Das [Ausstellung als Illustrieren] aber verschenkt das Potenzial des Mediums, den genuinen Mehrwert, der durch die Objekte und ihre Konstellation im Raum zu gewinnen ist.«[121]

Tyradellis vertritt die Position, dass Ausstellungen zu einem Erkenntnisgewinn führten, weil sich das Denken durch sie verändere. Er bezeichnet Ausstellungen deswegen auch als ein »Denken mit den Exponaten im Raum«[122]; beziehungsweise: »Ausstellungen sind Denken im Raum.«[123] Was Tyradellis damit meint, ist ähnlich dem, was auch schon Klein behauptet. Wie dieser ist er der Meinung, dass Ausstellungen einen aufklärerischen Auftrag hätten, indem sie vermeintlich Gewisses in Frage stellten: »Das Medium Ausstellung ist – potenziell – ein Denken im Raum, weil es die unterschiedlichen Begriffe und Affekte, Argumente und Bilder nutzen kann, um Neigungen und Gewissheiten aufeinanderprallen zu lassen, die Überzeugungskraft des einen gegen die Irritationen des anderen zu stellen.«[124] Man kann Tyradellis noch radikaler verstehen, wenn es auch wohl zugespitzt gemeint ist, wenn er schreibt, dass das Museum einer der letzten Orte freien Denkens in der Gesellschaft sei: »Es ist ein einzigartiger Ort, an dem Dinge zu erfahren sind wie nirgendwo sonst. Der museale Raum irritiert, weil er zu den wenigen gesellschaftlichen Freiräumen zählt, in denen Fragen und Konstellationen verhandelt werden können, die anderswo keine Beachtung finden.«[125] Dies ist eine starke These, sie zeigt aber zumindest an, dass es Tyradellis mit dem Erkenntniswert von Ausstellungen ernst ist. Er geht gar so weit zu sagen, dass das Museum auch als eine Art Korrektiv gesellschaftlicher Fehlentwicklungen fungieren könne: »Diese – potenzielle – Rolle des Museums ist auch einer gesellschaftlichen Entwicklung geschuldet, die nach und nach alles und jedes einer Normierung, d. h. vor allem Ökonomisierung und Juridisierung des Denkens, Wahrnehmens und Bewertens unterordnet. Das Museum kann ein Ort des Widerstands gegenüber diesen Verarmungen des Denkens und der Phantasie sein, vor allem aber der Reflexion und des Nachdenkens über diesen Prozess.«[126] Das Museum wird also als ein Ort verstanden, der genau genommen drei Erkenntnisziele hat: Erstens soll der Besucher hinsichtlich seiner Fähigkeiten ausgebildet werden, zweitens soll Wissen zu einem Thema durch die Ausstellung produziert werden und drittens soll eine Ausstellung über den gesellschaftlichen Status Aufschluss geben.

Wie sollen und können dann Ausstellungen Gedanken und Themen vermitteln? Auch Tyradellis kann als ein Vertreter jener Position gelten, die Ausstellungen zumindest terminologisch in die Nähe von Wissenschaft bringt, wie im ersten Kapitel rekonstruiert: »Vielmehr sollte der white cube als ein Ort des Umgangs und der Erfahrungen mit Konstellationen von Dingen und Affekten nach dem Vorbild von Laborräumen verstanden werden. Was man in ihnen erleben kann, ähnelt Experimentalanordnungen, für die etwa ›Original‹ und ›Aura‹ Optionen, aber nicht die Ultima Ratio sind. Das liegt nicht zuletzt daran, dass die Museen in ihrer modernen Gestalt auch Labore des Sozialen sind; die Vielfalt der Besucher ist nicht Störfaktor, sondern Teil der Anordnung – jedenfalls sollte es so sein.«[127] Bemerkenswert ist, dass Tyradellis nur in einer Fußnote darauf aufmerksam macht, wie eng verwoben er Ausstellung und Wissenschaft sieht: »Denn wenn im Folgenden vom Forschen die Rede ist, dann geht es mir um eine theoretische wie praktische Auseinandersetzung mit dem Ausstellen als einer eigenen Art des Forschens.«[128] Damit lässt sich festhalten, dass ihm zufolge das, was in einer Ausstellung getan wird, eine Art Experimentieren ist. Ein Experiment scheint es zu sein, weil durch Kombination und Arrangement verschiedener Objekte Erkenntnis zu generieren versucht wird: »Vielmehr hat jedes museale Gefüge, dessen minimaler Umfang, Raum, Exponat, Text und Besucher darstellen, einen genuinen Mehrwert herzustellen, der sich von denjenigen seiner Einzelglieder unterscheidet und insbesondere das betrifft, was Anlass der Präsentation ist: die Vermittlung von Zusammenhängen, innerhalb derer die Information nur ein Teilaspekt ist, dessen Aussagekraft und Reichweite von dem gegebenen Gefüge nicht verlustfrei zu trennen ist.«[129]

Dieses Verständnis drückt sich besonders im Begriff der Konstellation aus. Eine Konstellation lässt sich nach Tyradellis als »Komposition der Dinge im Raum und den [sic] mit ihnen verbundenen Evidenzen«[130] bestimmen. Er ist der Meinung, »dass das bloße Zeigen der Dinge nicht schon eine Ausstellung macht«[131], sondern eben darin besteht, dass und wie die Dinge in ein Verhältnis zueinander gesetzt werden. Es ist zwar »das Wesen des Museums[, …] Dinge zu zeigen«[132], aber dies tut es eben in einem spezifischen Sinn: »Denn eine bloße Ansammlung von Dingen ist das Gegenteil einer Ausstellung in unserem Sinne. Nur wenn sich aus der Kombination der Dinge im Raum ein Mehrwert ergibt, der über die Versammlung der einzelnen Dinge hinausgeht, handelt es sich um eine Ausstellung.«[133] Für Tyradellis wäre das, was im vorliegenden Buch *Kollektion* genannt wird, wahrscheinlich schon keine Ausstellung mehr, zumindest nicht im Extremfall: »Es geht weniger um die Dinge als um die Konstellationen, die sie miteinander eingehen.«[134] Ausstellungen entfalten ihr Potenzial ihm zufolge nämlich nur dort, wo Dinge in epistemischer Absicht arrangiert werden, so dass es Verhältnisse und Zusammenhänge sicht- und erfahrbar macht: »Viele Fragestellungen gewinnen erst dadurch an Kontur, dass man sie strukturell behandelt, man räumliche und zeitliche Zusammenhänge auflöst und so Objektwelten versammelt, die man sonst nie in Nähe zueinander exponiert sähe. Gerade die unerwartete (aber wohlüberlegte) Zusammenschau von Dingen erlaubt schlagartige Einsichten und Assoziationen, die das Denken aus gewohnten Bahnen befreien. Ausstellungen sollten letztlich nicht einzelne Objekte ausstellen, sondern Verhältnisse, Relationen, Spannungsfelder.«[135] Man habe es erst dann mit Ausstellungen zu tun, wenn die Exponate dazu verwendet werden, um mit oder an ihnen etwas zu zeigen: »Erst in dem Versuch, einen Gedanken über die Dinge mit den Dingen in den Raum zu bringen und als solche den Besuchern zu vermitteln, erschließen sich Zusammenhänge, die zuvor durch das Raster der professionellen Aufmerksamkeit fielen und die nicht Teil des eigenen Vorwissens waren.«[136] Sie müssen also einem größeren Ganzen untergeordnet sein: »Vorausgesetzt, dass eine Ausstellung über ein eigenes Thema und damit verbundene Thesen verfügt, geht es immer wieder aufs Neue darum, anhand von Dingen aller Art [...] den Kreuzungs- und Kristallisationspunkt herauszuarbeiten, an dem die damit verbundenen Fragen sichtbar und spürbar werden.«[137] Die Kombination und das Arrangement von Objekten soll dazu führen, dass Zusammenhänge erfahren werden können: »Dieser Zusammenhang und die damit verbundenen wechselseitigen Kommentare der einzelnen Argumente im Raum eröffnen dem Besucher das Bedeutungsnetz, von dem aus er das Ganze sich erschließen und im Detail kritisch betrachten kann.«[138]

Anhand dieser Bestimmung von Form und Funktion der Ausstellung als Konstellation wird der genuine Erkenntniswert des Ausstellens verteidigt und gegen die Ausstellung als Illustration argumentiert: »In keinem Falle kann es das Anliegen sein, bereits vorhandenes Wissen abzubilden. Stets geht es um (Ding-)Konstellationen, die es erlauben, die verschiedensten Artefakte in einen nicht bloß historischen Zusammenhang zu stellen. Es ist dies der genuine Mehrwert des Mediums Ausstellung; ansonsten wäre es –

heute – annähernd überflüssig.«[139] Dies ist entscheidend für die Bestimmung des Erkenntniswerts von Ausstellungen bei Tyradellis: Die Objekte sind nicht bloß Veranschaulichungen und die Texte nicht die eigentlichen Argumente. Eine »Ausstellung [ist] etwas anderes als ein bebildertes Fachbuch, [...] eine Ausstellung [kann] nicht so funktionieren wie ein wissenschaftlicher Aufsatz.«[140] Im Gegenteil entfaltet sich in seiner Arbeit der Gedanke, dass die Objekte selbst und die Art, in der sie in Zusammenhänge gestellt werden, die Argumente sind: »Hierin besteht eine Spezifik des Mediums Ausstellung: Nicht die Sprache, d.h. letztlich die Wörter und Sätze sind der Fluchtpunkt der Argumentation. Vielmehr sind es ebenso Dinge, Perspektiven, Affekte, die zu aktiven Bestandteilen des Denkens werden«[141].

Das Erkenntnisziel nach Tyradellis ist insoweit klar: Ausstellungen ermöglichen es, Relationen und Zusammenhänge zu erkennen. Wie aber wird dies durch Konstellationen möglich? Entscheidend ist hier der Begriff der Evidenz. Wo für Schwarte durch Ausstellungen etwas evident wird, übernehmen sie nach Tyradellis die gegenteilige Aufgabe: Ausstellungen zielen für ihn darauf ab, Evidenzen der Besucher zu erschüttern. Damit meint er, dass das, was den Besuchern als gewiss erscheint, mit Gründen, das heißt hier mit Exponaten, in Zweifel gezogen wird und alternative Perspektiven geboten werden: »Zugleich sollte der Besucher durch den Ausstellungsbesuch eine Distanzierung von den eigenen Evidenzen erfahren, was einen Zuwachs an Wissen wie an Mündigkeit bedeutet.«[142] Tyradellis nutzt den Begriff der Evidenz in besonderer Weise: Im üblichen Gebrauch bezeichnet ›Evidenz‹ dasjenige – oftmals eine Erfahrung –, was einen Wahrheitsanspruch unbezweifelbar legitimiert. Hiervon unterscheidet sich Tyradellis' Evidenzbegriff, der eher etwas wie eine Überzeugung oder Meinung, die nicht hinterfragt wird, zu meinen scheint: »Die Evidenzen der Menschen sind das Gelenk für die Reichweite von Vermittlung als genuiner Form des Kulturschaffens im Medium Ausstellung. Zu jeder Zeit und in jeder Gesellschaft gibt es Dinge und Zusammenhänge, die den Menschen weitgehend unhinterfragt einleuchten. Das Denken und Empfinden ist dann so unmittelbar, dass gar nicht erst der Gedanke aufkommt, die Zusammenhänge könnten auch andere sein. Die Dinge scheinen eindeutig so zu sein, wie sie eben scheinen –

evident […] Evidenz ist auch ein Wort für den Punkt, wo man anfängt aufzuhören zu fragen.«[143]

Die ideale Ausstellung führt Tyradellis zufolge also dazu, dass der Besucher seine Überzeugungen hinterfragt. Damit löst sich dann auch ein, was er damit meint, wenn er davon spricht, dass Ausstellungen Denken veränderten. Genau genommen müsste man sagen, dass es in einer Ausstellung nach Tyradellis überhaupt erst zum Denken komme, denn Denken bestehe »in der Infragestellung und Öffnung allzu gewissen Wissens zugunsten der Momente, Affekte und Fragen, die sich dem widersetzen«.[144] Gibt es auf Seiten des Besuchers die drei genannten Erkenntnisziele, so ist Tyradellis der Überzeugung, dass das Ausstellen auch für denjenigen, der ausstellt, einen Erkenntniswert hat. Es lässt sich – in seiner Terminologie ausgedrückt – sagen, dass sich das Denken sowohl beim Ausstellenden als auch beim Besucher ändert: »Das Wissen, und das heißt: das Anders-Denken, entsteht aus dem Umgang mit den Dingen und mit den Wahrnehmungsweisen der Besucher. Ein solches Tun ist nicht theoretisch simulierbar; es erschöpft sich nicht in der Übersetzung existierenden Wissens, sondern stellt ein Wissen eigener Art dar, das zu Konstellationen im Raum führt, die zum Denken nötigen«[145]. Wie auch Schwarte argumentiert Tyradellis, dass Ausstellungen dazu verhelfen, Normierungen aufzubrechen und etwas zur Geltung kommen zu lassen: »Denken ist nicht Wiederholung eines bereits bekannten Zusammenhangs oder der Nachvollzug von Abstraktionsleistungen und entdeckten Kausalitäten, sondern der Vorgang, der darin besteht, das Ungedachte ins Denken zu ziehen, dasjenige sicht- und spürbar zu machen, was im Prozess der Aneignung aus guten oder schlechten Gründen ignoriert, verdrängt, untergeordnet oder marginalisiert wurde.«[146]

Ausstellungen sollen durch ihre spezifische Art des Zeigens, mithin als Konstellation, dazu führen, dass der Besucher einer Verunsicherung ausgesetzt wird, die ihn dazu nötigt, über das Erfahrene nachdenken zu müssen. Es soll dabei beim vermeintlich Gewussten beim Besucher angesetzt und diese Perspektive relativiert werden: »Denken in dem hier gemeinten Sinne ist deshalb wesentlich ein ›Noch-nicht-Denken‹. Man sieht oder erlebt etwas, das man nicht einordnen kann. Sofort beginnt man, nach einer Erklärung zu suchen. In dieser Bewegung besteht Denken.«[147] Tyradellis betont dabei unermüdlich, dass es darum gehe, dass der Besucher spezifische Erfahrungen mache und nicht lediglich Texte lese.[148]

Alles in allem wird deutlich, dass mit diesem Konzept ein epistemisches Ziel verfolgt wird, das darin besteht, dass der Besucher dogmatische Positionen verlässt. Die eigene Position und Sichtweise – und das ist auch wörtlich zu verstehen – sollen dabei als relativ oder zumindest bezweifelbar erfahren werden. Dies soll die Ausstellung durch ihre besondere Art des Zeigens erreichen, indem Objekte so zueinander in Beziehung gestellt werden, dass die angesprochenen Sichtweisen herausgefordert sind: »Nicht bloß das konkrete Exponat steht dann im Fokus, sondern ebenso die Vermittlung der verschiedenen Sichtweisen auf ein und dasselbe Ding. [...] Es gilt, diese Prozesse im Fluss zu halten und so auch die Fähigkeit zu befördern, Sichtweisen, die nicht den eigenen Kriterien folgen, wahrzunehmen und dadurch ein Verständnis im umfassenderen Sinne zu erzeugen.«[149] Diese Herausforderung steht dann in den Diensten der Vermittlung. Was jeweils konkret vermittelt werden soll, unterscheidet sich, aber was der Vermittlung in allen Fällen eignet, ist, die eigenen Sichtweisen zu hinterfragen und eventuell neue Positionen zu entwickeln: »Darüber hinaus sollte das Ziel einer Ausstellung nicht sein, bloß einen Forschungs- oder Wissensstand abzubilden oder Meisterwerke zu zeigen. Sie sollte viel eher die Mittel dazu bereitstellen, das daran Unerledigte und Vorausgesetzte zu verstehen und auszuhalten. Sie sollte synästhetische Konstellationen präsentieren, die vielleicht quer zu allen musealen Usancen stehen, die aber gerade deshalb in der Lage sind, Laien wie Experten Fragen und Zusammenhänge vor Augen zu führen, und so dabei helfen, Kultur und uns selbst anders zu durchdringen.«[150]

Ausstellungen liegt entweder ein Thema oder eine These zugrunde, das beziehungsweise die durch eine Konstellation gezeigt wird. Der Besucher soll dann das Thema, die Position, die Frage oder die These erfahren: »Eine Ausstellung, die sich nicht eindeutig auf Objektgattungen festlegt, stellt den Besucher vor die Aufgabe, in jedem Fall wieder neu zu entscheiden, wie ein Objekt zu betrachten ist. Streng genommen verändert sich durch diese konzeptionell gesetzte Verunsicherung die gesamte Wahrnehmungssituation. So blickt man dann im Falle von Kunstwerken – und dies ist ein plausibler Einwand gegen ein solches Kuratieren – nicht die Kunst an, sondern eigentlich eine Frage, für die die Kunst eine Verkörperung ist und vielleicht auch eine Antwort. Nur der Geübte ist, vielleicht, in der Lage, diese Frage zu sehen. Es kann jedoch die Kombination und Konfrontation von Exponaten unterschiedlichster Art sein, die es auch den Nichtexperten erlauben, die Frage zu sehen.«[151] Anders gesagt: Die Ausstellung ist »ein Ort der Begegnung verschiedenster Evidenzen und der Entfremdung gegenüber dem eigenen Wissen und den eigenen Sehgewohnheiten.«[152] Tyradellis formuliert hier einen Gedanken, den auch Bazon Brock so unterstützen würde. Brock allerdings würde noch weitergehen und die Erschütterung von Evidenzen dem Zeigen überhaupt zusprechen. Die Pointe seiner Theorie besteht dann aber darin, dass »Evidenzen, die durch Evidenzkritik entstanden sind, als Beweise«[153] akzeptiert werden können. Für Brock lässt sich somit sagen, dass, wenn Zeigen auch Evidenzkritik ist, es letztlich zu Evidenz führt: »Zeigen beruht also auf Evidenz durch Konfrontation mit real Gegebenem«[154].

Fazit

Es wurden vier Positionen nachgezeichnet, die behaupten, dass Ausstellungen einen Erkenntniswert haben. Alle teilen dabei die Ansicht, dass Ausstellungen den Besucher dazu zu veranlassen, Selbstverständliches zu hinterfragen. Sie sind sich darin einig, dass der Erkenntnisgewinn darin bestehe, dass es zu einer Aufklärung kommt. Sie unterscheiden sich darin, worüber und wie aufgeklärt wird – wenn auch Letzteres sich in den Details unterscheidet. Der gemeinsame Nenner bei der Frage, inwiefern die Erkenntnisfunktion mittels Ausstellen erfüllt wird, besteht in der Überzeugung, dass sich dies durch Zeigen einer Zusammenstellung von Objekten vollziehe.

Die hier vorgestellten Ansätze sind allerdings aus verschiedenen Gründen hinsichtlich der Frage, auf welche Weise Ausstellungen einen Erkenntniswert haben, nicht zufriedenstellend. Die Ansätze von Schwarte und Mersch laufen auf eine Engführung mit der Kunst hinaus: Ausstellungen haben immer dann einen Erkenntniswert, wenn sie künstlerisch sind. Künstlerisch sind Ausstellungen dann, wenn sie Alltagsverständnisse unterminieren und das Wahrnehmungsvermögen reflexiv wird. Dagegen spricht aber, dass der Kunstbegriff diese Funktion nicht verständlicher macht, sondern verkompliziert. Was Kunst ist, ist, wie die Breite der Kunstphilosophie zeigt, höchst umstritten, und nur weil etwas Alltagsverständnisse in Frage zieht und Wahrnehmung dabei reflexiv wird, muss es sich deswegen noch nicht um Kunst handeln. Gerade Letzteres soll auch außerkünstlerisch möglich sein, wie die Debatten über ästhetische Erfahrungen zeigen. Ist der Begriff der Kunst oder des Künstlerischen wirklich notwendig, um diesen Erkenntniswert behaupten zu können? Schwarte und Mersch sagen womöglich eher etwas über die Eigenart des Erkenntniswerts des Künstlerischen denn des Ausstellerischen. Zum anderen scheint der Erkenntnisgewinn in diesen Fällen sehr spezifisch und es lässt sich die Frage stellen, ob der Anspruch an den Erkenntniswert von Ausstellungen nicht demütiger gefasst werden kann – ohne aber die anderen Möglichkeiten zu negieren. Ist es nicht vorstellbar, dass Ausstellungen zu Einsichten führen, die das Wissen erweitern, ohne das gesamte Welt- und Selbstverständnis umzuwerfen?

Abgesehen von ihrer Position hinsichtlich dessen, was in einer Ausstellung erkannt wird, bleibt bei beiden zu Teilen aber auch offen, wie Erkenntnis möglich wird. Wie schon erwähnt, behauptet Mersch, dass es sich bei Ausstellungen um einen dritten Typus zwischen propositionalem und nicht-propositionalem Wissen handelt, ohne diesen jedoch näher zu charakterisieren. Es fehlen die Kriterien, um sagen zu können, warum es sich dann bei diesen Fällen um Erkenntnis handelt. Schwarte positioniert seinen Ansatz in dieser epistemologischen Debatte gar nicht, und er ist auch deswegen schwierig einzuordnen, weil er betont, dass es einerseits um sinnliche Erfahrungen gehe, aber andererseits auch um Urteilsakte. Letztere werden nicht näher in ihrer Art bestimmt. Insofern kann nicht geklärt werden, um welche Art von Erkenntnis es sich handelt, und damit zusammenhängend entsprechend auch nicht, welche Kriterien erfüllt werden.

Kleins Ansatz ist in gewissem Sinne unentschieden. Er vermittelt beide Ebenen des semiotischen und des wahrnehmungstheoretischen Ansatzes nicht. Das macht dann ebenfalls eine Entscheidung darüber, welche Kriterien erfüllt sein müssen, damit man sinnvollerweise von Erkenntnis sprechen kann, schwierig. Hier ist ebenso wenig geklärt, mit welcher Art von Erkenntnis man es zu tun hat. Da Klein explizit von sinnlicher Erfahrung spricht, scheint es eindeutig, dass die Erkenntnis im Bereich des Nicht-Propositionalen liegen müsste. Er macht allerdings einen Ansatz stark, der behauptet, dass es sich bei Exponaten um Aussagen handle, weil sie als Zeichen verwendet werden. Kurzum: Das Verhältnis von Wahrnehmung und (Be-)Deutung ist nicht ausreichend geklärt.

Wie auch schon bei den anderen Positionen lässt sich der Ansatz von Tyradellis nicht eindeutig einordnen. Aus seinen Aussagen kann man jedoch schließen, dass er die Erkenntnis durch Ausstellungen im Bereich des Nicht-Propositionalen ansiedelt. Doch auch hier gilt wieder: Klare Kriterien werden nicht genannt. Man kann dies Tyradellis allerdings auch nicht vorwerfen, da es sich in einem strengen Sinn gar nicht um ein akademisches Werk handelt. Da er sich aber auch auf bestimmte Philosophen wie etwa Gilles Deleuze bezieht, wäre es wünschenswert, wenn an einigen Stellen eine systematische Einordnung vorgenommen würde. So vertritt Tyradellis zwar einen starken und zuweilen auch durchaus differenzierten Ansatz. Aber besonders dann, wenn erkenntnistheoretisch relevante Begriffe wie etwa »Evidenz« und »Denken« ins Spiel kommen, fehlt eine Einbettung in den aktuellen Diskussionsstand.

Trotz dieser Einwände, die sich auch vertiefen ließen, soll dasjenige in den Vordergrund gestellt werden, was sich für eine Erkenntnistheorie der Ausstellung als Ausgang eignet. Dies sind insbesondere zwei Punkte in den Theorien Schwartes und Tyradellis. Mit beiden lässt sich einerseits verstehen, welcher Art die Erkenntnis ist, und andererseits, wie die Erkenntnis generiert wird.

Schwarte bietet mit dem Begriff der *expositorischen Evidenz* einen überzeugenden Ansatzpunkt, um die Art der Erkenntnis in einer Ausstellung erfassen zu können. Daher soll im nächsten Kapitel in Anlehnung daran die Möglichkeit und Art *expositorischer Erkenntnis* diskutiert werden. Dabei wird auf die Überzeugung Schwartes zurückgegriffen, dass es sich, wenn Erkenntnis durch Ausstellungen generiert wird, um sinnliche Erkenntnis handelt. Das schon angesprochene Parallelunternehmen zwischen Schwarte und dem hier entwickelten Ansatz wird aber nicht nur terminologisch deutlich. Es wird sich auch zeigen, dass das Konzept *expositorischer Erkenntnis* mit dem der *expositorischen Evi-*

denz kompatibel ist und Schwarte einen besonderen Fall von Erkenntnis durch Ausstellungen vor Augen hat.

Tyradellis – sowie auch Mersch – nutzt den Begriff der *Konstellation,* um nicht nur die Eigenart einer Ausstellung zu beschreiben[155], sondern auch ihr epistemisches Potenzial. Das hier entwickelte Verständnis einer Konstellation als einer besonderen Weise, auf die etwas ausgestellt werden kann, deckt sich – zumindest soweit sich dies sagen lässt – mit dem Verständnis von Tyradellis. Allerdings lassen manche seiner Anmerkungen darauf schließen, dass es für ihn Ausstellungen nur als Konstellationen gibt. Im zweiten Kapitel wurde jedoch begründet dargelegt, dass das Feld möglicher Ausstellungen durchaus weiter ist. Tyradellis engt das Feld ein, weil er der Überzeugung ist, dass Ausstellungen ihren Erkenntniswert nur als Konstellationen erfüllen können, und er die normative Ansicht vertritt, dass Ausstellungen dieses Potenzial auch ausschöpfen sollten. Seine Position soll in das hier vorgeschlagene weite Spektrum von Ausstellungen integriert werden. Dies führt dazu, dass auch Ausstellungen als Kollektionen epistemisch relevant werden, allerdings anders als Konstellationen. Jedenfalls ermöglicht es Tyradellis mit dem Konstellationsbegriff, nicht nur das Expositorische, sondern auch das Epistemische zu erfassen. Anders gesagt: So wie die Überlegungen der Autoren hier den Ausgangspunkt für eine Epistemologie der Ausstellung bilden, soll dann diese Epistemologie die theoretische Grundlage für die Überlegungen der Autoren bilden.

Im nun folgenden, abschließenden Kapitel gilt es also einen eigenen Vorschlag dafür zu begründen, auf welche Weise Ausstellungen einen Erkenntniswert haben. Konstellationen werden dabei als diejenigen Ausstellungen ausgewiesen, denen ein genuiner Erkenntniswert zukommt, weswegen die Rede von einer expositorischen Erkenntnis sinnvoll wird. Dabei gilt es zu klären, welcher Art diese Erkenntnis ist und wie sie generiert wird. In einem ersten Schritt wird es dabei in einem epistemologischen Sinne nochmals um den Begriff der Konstellation gehen. Während dieser bei Tyradellis und Mersch im Zentrum epistemologischer Überlegungen zum Ausstellen steht, zeigt sich, dass er auch in anderen Ausstellungstheorien zumindest implizit eine Rolle spielt. Dies soll dann in einem zweiten Schritt mit einer kurzen historischen Rekonstruktion des epistemischen Gehalts dieses Begriffs aufgezeigt werden, da die Auseinandersetzungen mit dem Konstellationsbegriff stets eine epistemologische Absicht verfolgten und diese Absicht dann in der Ausstellungstheorie fortgeführt wird. In einem letzten Schritt wird dann unter Zuhilfenahme der Theorie nicht-propositionaler Erkenntnis von Gottfried Gabriel eine Begründung des Erkenntniswerts von Ausstellungen geleistet.

c) Die expositorische Erkenntnis

Der Begriff der Konstellation spielt in der Ausstellungstheorie in doppelter Hinsicht eine Rolle: Einerseits soll mit ihm das Charakteristische einer Ausstellung erfasst, andererseits auch die epistemische Funktion bestimmt werden. Ausstellungen sind Konstellationen und als Konstellationen haben sie einen Erkenntniswert, ließe sich formulieren. Der Konstellationsbegriff findet sich in der besprochenen Literatur fallweise mehr oder weniger expliziert, und dies sowohl in der einen als auch in der anderen Ausprägung.[156]

Mersch und Tyradellis entwickeln dabei jeweils einen eigenen Begriff der Konstellation, wobei sich beide durchaus überschneiden. Beide sind der Meinung, dass die Eigenart der Ausstellung darin bestehe, dass Zusammengestelltes gezeigt werde. Sie sind aber auch der Ansicht, dass es dabei jeweils um die Bezüge und Relationen geht, weniger um die Dinge als Einzeldinge. Darin begründet sich dann auch der Erkenntniswert: Ausstellungen lassen Bezüge und Relationen erkennen. Mersch und Tyradellis unterscheiden sich am ehesten darin, worin die Erkenntnis besteht, formal sind sie jedoch ähnlicher Ansicht.

Neben Mersch und Tyradellis macht sich auch Beatrice von Bismarck den Begriff der Konstellation zu eigen. Bei ihr sind es allerdings nicht nur die ausgestellten Dinge, die eine Konstellation bilden, sondern eine Konstellation ist in ihrem Sinne umfassender, da sie den Begriff für die Erklärung dessen nutzt, was das Kuratorische ausmacht. Auch bei Bismarck kann man von einem Parallelunternehmen sprechen, wie auch schon bei Schwarte. Sie möchte dasselbe mit dem Konstellationsbegriff erreichen wie er, bloß jedoch für das Kuratorische.[157] Insofern zeigt sich, dass der Konstellationsbegriff durchaus das Potenzial eines Grundbegriffs hat. Die Konstellation im Bereich des Kuratorischen bei Bismarck zeichnet sich dadurch aus, dass nicht nur die Dinge in eine Konstellation treten, sondern auch alle Beteiligten.[158] Auch sie ist der Überzeugung, dass Ausstellungen Zusammenhänge erkennen lassen, aber spezifischer noch ist sie der Meinung, dass ihnen »ein Handlungspotenzial [innewohnt], mit dem sie auch an der Gestaltung der Relationen mitwirkt, welche sie ihrerseits konstituiert haben«.[159] Der Konstellationsbegriff wird allerdings eher selbstverständlich und assoziativ verwendet. Nichtsdestoweniger ist es auffällig, dass der Konstellationsbegriff in den umrissenen Kontexten häufig vorkommt. Es gibt also zumindest ein implizites Verständnis dafür, dass Ausstellungen als Konstellationen begriffen werden können.

Bemerkenswerterweise ist der Konstellationsbegriff allerdings nicht nur in der Ausstellungstheorie relevant, sondern auch in anderen wissenschaftlichen Disziplinen. Der Begriff hat einige Übertragungen durchlaufen und wird, sofern er systematisch verwendet wird, als eine Art methodischer Begriff genutzt. Dies ist der entscheidende Punkt: Es gibt die Überzeugung, dass durch den Einsatz von Konstellationen etwas erkannt werden kann. Der Erkenntniswert von Konstellationen ist, hier allerdings noch nicht methodisch, ursprünglich schon in der Astronomie und Astrologie angelegt. Noch deutlich expliziter wird der epistemische Anspruch in der Übertragung in Soziologie und Philosophie. Dieses Verständnis transponiert sich dann letztlich auch auf Ausstellungen.

Die in der Ausstellungstheorie vorhandenen Implikationen hinsichtlich des Konstellationsbegriffs sollen im Folgenden durch einen historischen Rekurs auf seine disziplinären Übertragungen expliziert werden. Es wird sich zeigen, dass dem Begriff der Konstellation immer eine epistemische Ebene eigen ist. Man muss sogar sagen, dass diese Ebene genuin dem Konstellationsbegriff zugehört. Was den Ausstellungstheorien, die jenen Begriff systematisch nutzen, epistemologisch implizit und explizit ist, soll durch eine kurze historische Rekonstruktion erhellt werden. Darüber hinaus geht es allgemein darum, das epistemologische Potenzial dieses Begriffs aufzuzeigen und für den Ausstellungskontext nutzbar zu machen.

Im Folgenden sollen zwei Punkte durch eine Rekonstruktion des Begriffs der Konstellation in verschiedenen Bereichen herausgestellt werden: Welches sind die Merkmale, die zu einer Konstellation gehören? Welche Bedingungen müssen erfüllt sein, damit etwas als Konstellation gelten kann? Welche Funktion nimmt die Konstellation im jeweiligen Feld ein? Wie erfüllt die Konstellation diese Funktion? Auf der einen Seite gilt es die Frage zu klären: *Was ist eine Konstellation?* Auf der anderen Seite soll geklärt werden: *Was ist die epistemische Funktion der Konstellation und wie wird sie erfüllt?*

Der alltägliche Konstellationsbegriff

Informiert man sich über die philosophische Tragweite des Begriffs, stellt sich erst einmal Ernüchterung ein. Ein Blick in philosophische Nachschlagewerke erbringt die Erkenntnis, dass der Konstellationsbegriff keine besondere Rolle in der Philosophie gespielt hat. Rudolf Eislers *Wörterbuch der Philosophischen Begriffe* von 1910 greift den Begriff auf, jedoch beziehen sich die Verweise auf Psychologen. Die Konstellation meint hier den »Zusammenhang als Dispositionsstelle«[160]. Das *Historische Wörterbuch der Philosophie* kennt als Bedeutung ebenfalls die astronomische, daneben auch eine psychologische. Sie meint »das organische Zueinander bewußter und unbewußter psychischer Inhalte«.[161] Eine eigene philosophische Bedeutung wird nicht aufgeführt. Wie wird der Begriff aber nun im Alltag verwendet?

Es ist eine geläufige Sprechweise, dass es sich bei einer spezifischen Situation um eine (un-)günstige Konstellation handle. In der Alltagssprache bedient man sich also eines Ausdrucks, der besagen soll, dass das Zusammentreffen verschiedener Bedingungen, Umstände, Ereignisse zu positiven oder negativen Folgen führen kann. Man drückt mit ihm eine Kausalitätsbeziehung aus: Nur unter diesen oder jenen Umständen konnte dieses oder jenes Ereignis eintreten. Die Redewendung legt nahe, dass man, sobald man von den Umständen und Bedingungen, unter denen Handlungen sich vollziehen, weiß, auch über ihren Ausgang weiß. Wenn drei punktgleiche Fußballmannschaften gegen Ende der Saison darauf hoffen, sich für die europäischen Wettbewerbe qualifizieren zu können, dann ist es für Werder Bremen eine günstige Konstellation, wenn der Verein im nächsten Spiel gegen den Abstiegskandidaten HSV spielen muss und die punktgleichen Teams Hoffenheim und Wolfsburg gegen deutlich bessere Gegner antreten müssen: denn es ist wahrscheinlich, dass Bremen gewinnen wird und sich somit punktemäßig in der Tabelle absetzen kann. Es geht in diesem Verständnis des Begriffs der Konstellation also darum, dass spezifische Faktoren einen Verlauf beeinflussen. Nimmt man ein Parlament an, dessen Zusammensetzung durch mehrheitlich liberale Positionen bestimmt ist, die sich gegen Protektionismus aussprechen, dann wird ein Gesetzesvorschlag, der für eben diesen eintritt, zum Scheitern verurteilt sein.

Nun kann man fragen, ob in diesem Alltagsverständnis nicht alles eine Konstellation ist. Hierauf lässt sich antworten, dass es nur dann Sinn ergibt, von Konstellationen zu sprechen, wenn man es dem Wortsinn nach wirklich mit relevanten Faktoren zu tun hat: Dass ich für das Spiel Werder Bremen – HSV kein Zuschauerticket bekommen habe, wird wahrscheinlich nicht die Niederlage Bremens bedingt haben. Dass die Reinigungskräfte am Vortag vergessen haben, die Mülleimer im Parlament zu leeren, wird wahrscheinlich nicht zum Erfolg eines protektionistischen Gesetzesvorschlags geführt haben. Darüber, was genau zu einer Konstellation gehören soll, kann das Alltagsverständnis nicht aufklären. Es muss sich lediglich um Faktoren handeln, die in einer kausalen Beziehung zur Handlung stehen. Im Alltagsverständnis übernimmt der Konstellationsbegriff eine handlungsanleitende oder auch -abweisende Funktion: Wenn ich um die für mein Handeln relevanten Umstände, Faktoren und Bedingungen weiß, dann kann ich in gewissem Rahmen mit Erfolg oder Misserfolg meiner Handlung rechnen. Der alltägliche Konstellationsbegriff wird dabei in sowohl diagnostischer als auch prognostischer Absicht verwendet; ein Beispiel: Erst später wurde Stefan klar, dass er unter dieser Schiedsrichterkonstellation in Foulschwierigkeiten kommen würde, da er nicht darauf vorbereitet war, dass sein unfairer Spielstil geahndet würde. Ein anderes Beispiel: Für Pascal war klar, dass, wenn er seine Karriere in Gang bringen wollte, nun der richtige Zeitpunkt sei, einen Artikel über Sportphilosophie zu veröffentlichen; denn momentan gibt es eine gesellschaftliche Debatte darüber, ob E-Sports Sport sind, und dies wird sogar im Koalitionsvertrag der

Bundesregierung thematisiert. Entsprechend könnte man vermuten, dass diese Umstände höchstwahrscheinlich zu mehr Aufmerksamkeit führen.

Ob nun diagnostisch oder prognostisch: Das Erkennen von zusammenhängenden Faktoren, also Konstellationen, hat einen pragmatischen Erkenntniszweck, nämlich Handlungserfolg. Der alltägliche Konstellationsbegriff dient der Erkenntnis von Kausalitätsbeziehungen. Das Erkennen von Konstellationen lässt den Grad der Wahrscheinlichkeit eines bestimmten Handlungsausgangs erkennen.

Astronomie und Astrologie: der Stand der Sterne

Damit wäre eine der beiden Bedeutungen erklärt, die der *Duden* für den Begriff der Konstellation kennt. Die andere hängt mit ihr eng zusammen. Sie ist diejenige, auf die unser Alltagsverständnis zurückgeht, und markiert die ursprüngliche Herkunft des Begriffs: die astrologisch-astronomische Bedeutung.[162] Nicht umsonst spricht man auch davon, dass die Sterne gut stünden, was eben ein anderer Ausdruck dafür ist, dass eine günstige Konstellation vorliegt. Ist es heute üblich und sinnvoll, Astrologie und Astronomie zu unterscheiden, war dies bis ca. ins 16. Jahrhundert nicht der Fall: Es wurde nicht zwischen Sterndeutung und Sternkunde getrennt. Damit sind auch schon die zwei Weisen genannt, auf die Konstellationen für beide Bereiche epistemisch relevant werden: In der Astrologie soll mithilfe der Sternformationen etwas gedeutet, also Gegenwart und Zukunft prognostiziert werden. In der Astronomie hingegen soll die Konstellation Aufschluss über die Sterne selber geben. Die Astrologie untersucht beispielsweise, ob ein bestimmter Stand der Sterne ein politisches Ereignis bedingt, oder aber das Schicksal eines Neugeborenen bestimmt. Der Astrologie kommt damit eine deutende Funktion zu: »Astrologie ist, in allgemeinster Form ausgedrückt, die Deutung räumlicher Verhältnisse und zeitlicher Abläufe in unserem Sonnensystem. Sie basiert auf der Grundannahme, daß die sich aus solchen Verhältnissen ergebenden Rhythmen in Zusammenhang stehen mit physikalischen, biologischen und psychischen Abläufen in Organismen auf der Erde.«[163] Als Astronomie bezeichnet man hingegen die Wissenschaft, die darum bemüht ist, das Weltall und die Himmelskörper in ihren Gesetzen sowie ihrer physikalischen Wirkung auf die Erde zu erforschen. Die Astronomie versucht zu erklären und zu beschreiben.[164] In der Antike waren die Funktionen des Beobachtens und Messens noch mit jener der Deutung vereint und wurden von ihr letztlich erst im 16. Jahrhundert getrennt.[165]

Was hat es nun mit dem Begriff der Konstellation in diesen Bereichen auf sich? Der Ausdruck ›Konstellation‹ kommt vom lateinischen *constellatio* (von *stella*, Stern) und entsteht vermutlich im 16. Jahrhundert. Während im Deutschen der Begriff des Sternbilds ein Synonym ist, kennt man im Englischen und in den romanischen Sprachen nur die entsprechenden Formen von *constellatio*. Der Begriff des Sternbilds ist allerdings irreführend, da es sich nicht um Bilder handelt.[166] Aber auch wenn man den Begriff des Bildes über Ähnlichkeit definierte, würde dies über einen grundlegenden Sachverhalt hinsichtlich des Sternbildes hinwegtäuschen: In den wenigsten Fällen bezeichnet der Name eines Sternbildes das, was man sieht. Damit unterscheiden sich Konstellationen grundlegend vom dem, was man beispielsweise mit Wolken tut, wenn man sie als Auto, Hase oder anderes identifiziert. Dies ist nur bei den wenigsten Konstellationen möglich: Wer noch nie die Konstellation *Großer Bär* am Himmel gesehen hat, der wird es schwer haben, einen großen Bären am Himmel zu finden. Es ist also festzuhalten, dass Konstellationen in der Regel keine visuelle Ähnlichkeit mit den ihnen gegebenen Bezeichnungen haben. Die Namen haben eher symbolische Bedeutung und sind allegorisch zu lesen.[167] Es handelt sich in der Astrologie um symbolisierte Götter, Tiere und Geschichten.

Problematisch wird es allerdings, wenn man versucht, diesen Begriff inhaltlich zu bestimmen, da er unterschiedlich gebraucht wird, das heißt verschiedene Bedeutungen hat. Zorica Prnjat und Milutin Tadić haben in ihrem Aufsatz »Asterism and Constellation: Terminological Dilemmas«[168] versucht, diese Schwierigkeiten aufzuzeigen: Am Begriffspaar von Asterismus und Konstellation lässt sich die Vieldeutigkeit dessen, was man mit ›Sternbild‹ meint, zeigen. Man kann grundlegend zwei Bedeutungen unterscheiden: eine kartographische und eine visuelle. Dies hängt eng mit der

Entwicklung und Institutionalisierung der Astronomie zusammen. Im Jahr 1928 gab die *Internationale Astronomische Union* Eugene Delporte die Aufgabe, den Himmel zu kartographieren. Delporte teilte dabei den Himmel in 88 Konstellationen ein. Von den Sternbildern kann also gesagt werden, dass es sich bei ihnen um abgegrenzte Himmelsregionen handelt. Damit unterscheidet sich diese Bedeutung von der visuellen. Die visuelle Bedeutung des Begriffs Konstellation meint Figuren oder Gestalten[169], bei denen verschiedene Himmelsobjekte mit imaginären Linien verbunden werden. Diese Figuren sind willkürlich, je nach Kultur und Zeit haben sie sich verändert. Übernommen wurde ein großer Teil der antiken griechischen Sternbilder. So kann mit *Orion* die *IAU*-Konstellation gemeint sein, aber auch die schon seit der Antike bekannte visuelle Figur. Es gibt *Orion* mithin als Gebiet und als Figur. Dabei umfasst *Orion* als Gebiet der *IAU*-Konstellation mehr Himmelskörper als die Figur *Orion*, befindet sich aber an derselben Stelle.

Asterismen sind visuell besonders auffällige Teile von Sternbildern, für die es nochmals eine Binnenunterteilung gibt: in kompatible, inkompatible und autonome Asterismen. So ist zum Beispiel der *Große Wagen* ein Asterismus der Konstellation *Großer Bär*. Im Sternbild *Orion* stellt der *Gürtel des Orion* einen kompatiblen Asterismus dar, da er Teil der Konstellation ist. Um einen inkompatiblen Asterismus handelt es sich, wenn Himmelskörper zusammengeordnet werden, die nicht oder nur teilweise zur visuellen Konstellation gehören. Die Plejaden sind beispielsweise ein autonomer Asterismus: eine auffällige Ansammlung von Himmelskörpern, die nicht Teil einer visuellen Konstellation ist. Damit ergibt sich eine begriffliche Teil-Ganzes-Relation: Innerhalb der regional organisierten *IAU*-Konstellationen befinden sich die visuellen oder figürlichen Konstellationen. Asterismen sind in den Konstellationen komplett oder teilweise enthaltene Sternbilder oder aber stehen in keiner Beziehung zu beiden Konstellationsformen. In allen Fällen handelt es sich um Sternbilder, wobei die visuellen Konstellationen und Asterismen keiner wissenschaftlichen Klassifizierung unterliegen, aber die Namen und Einteilungen der *IAU*-Konstellationen etliche schon in der Antike bekannte visuelle Konstellationen aufgreifen: So findet man die visuelle Konstellation *Großer Bär* in der kartographischen *IAU*-Konstellation *Großer Bär*. Man hat also nicht freiheraus neue Konstellationen gebildet, sondern sich an der Gewohnheit beziehungsweise Geschichte orientiert.

Es lässt sich also festhalten, dass man es bei einer *IAU*-Konstellation, trotz Tradition, mit einer willkürlich festgelegten Ordnung zu tun hat, während eine visuelle Konstellation oder ein Asterismus hingegen – wenngleich ebenfalls willkürlich – aufgrund einer besonderen Auffälligkeit gebildet wird. Für alle Fälle gilt, dass Konstellationen – und Asterismen – die scheinbare Stellung der Himmelskörper beschreiben. Allerdings wird der Ausdruck in Astrologie und Astronomie in jeweils unterschiedlicher Hinsicht verwendet. In der Astrologie ist eine Konstellation eine Stellung der Planeten zueinander. In der Astronomie hingegen bezeichnet ›Konstellation‹ zwar auch die Stellung der Himmelskörper zueinander, allerdings in Bezug zum Beobachter.

Je nach astrologischer oder astronomischer Tätigkeit übernehmen Konstellationen unterschiedliche epistemische Funktionen. Im Großen und Ganzen wird der Unterschied schon in den Bezeichnungen ›Sternendeutung‹ und ›Sternenkunde‹ deutlich. Er lässt sich auf den Gegensatz von Interpretation und Kenntnis bringen. Der Konstellation kommt in der Astrologie die Rolle zu, anhand der Sternenstellung – entweder zu einem besonderen Ereignis wie Geburt oder Thronbesteigung oder zum gegenwärtigen Zeitpunkt – Aussagen über Gegenwart und Zukunft zu treffen. Die spezifische Stellung von Sternen wird als ein Zeichen behandelt, das man lesen, verstehen und interpretieren kann. Der Sternenkunde hingegen geht es um Kenntnis der Sterne und ihrer Gesetzmäßigkeiten selber, die sich aus Beobachtung speist. Darüber hinaus dient die Astronomie auch der Orientierung und Navigation: Durch die Kenntnis der Sternorte und der Einteilung des Himmels wurde beispielsweise die Navigation auf dem offenen Meer erleichtert. Zudem werden astronomische Positionsangaben dazu genutzt, um wandernde Himmelskörper wie Kometen oder Meteorströme identifizieren zu können. Im Folgenden wird aufgezeigt, wie das Konzept der Konstellation eine Übertragung in geistes- und sozialwissenschaftliche Bereiche erfährt und welche epistemische Funktion es jeweils übernimmt.

Karl Mannheim und die Soziologie: die Bedingungen der Gesellschaft

Will man wissen, was Gesellschaft ist, geht damit auch die Frage danach einher, wie man diese untersuchen kann. Der Soziologie steht hierbei inzwischen ein breites Spektrum an Methoden zur Verfügung, das insbesondere auch durch den Austausch mit der Philosophie geprägt ist. Dies war anfangs nicht der Fall und bis heute ist die Soziologie von der Diskussion geprägt, ob sie sich als empirische oder theoretische Wissenschaft versteht.

Vor diesem historischen Hintergrund der Entstehung der Soziologie spielt zuweilen auch die Astronomie eine nicht zu unterschätzende Rolle: Andrea Albrecht zeichnet in einem Aufsatz nach, wie die astronomische Wissenschaft zum Vorbild für Wissenschaft überhaupt ausgerufen wurde. Sie macht deutlich, wie es dabei zu einem Transfer des Konstellationsbegriffs in die Geistes- und Sozialwissenschaften kam.[170] Dies lässt sich besonders gut am Werk von Karl Mannheim aufzeigen. Als Vorläufer lassen sich allerdings schon Heinrich Rickert, Max und Alfred Weber verstehen.[171] Bei Mannheim jedoch erhält die Konstellation einen nicht zu unterschätzenden methodischen Stellenwert, sie ist bei ihm von systematischer Bedeutung. Es handelt sich dabei jedoch nicht nur um einen methodischen Begriff, sondern um einen explizit epistemischen: Es lassen sich nur dann wissenschaftliche Aussagen über Gesellschaft treffen, wenn man sie anhand von Konstellationen analysiert. Im Folgenden soll dieses Konzept rekonstruiert und die epistemische Bedeutung des Konstellationsbegriffs herausgestellt werden.

Karl Mannheim gilt als Begründer der sogenannten Wissenssoziologie. Damit ist zweierlei gemeint: Zum einen soll Wissen Thema der Soziologie in dem Sinne sein, dass analysiert wird, welche die gesellschaftlichen Bedingungen dafür sind, dass Wissen produziert beziehungsweise reproduziert werden kann und inwieweit die Geltung dieses Wissens gesellschaftlich bedingt ist. Zum anderen können gesellschaftliche Phänomene und Gesellschaft für Mannheim nur verstanden werden, wenn sie vor diesem Hintergrund analysiert werden. Anders gesagt: Gesellschaft ist das Ergebnis ihrer Wissensproduktion. Mannheim denkt ähnlich wie

Marx, indem er Bewusstsein als Ergebnis sozialen Seins bestimmt; allerdings mit dem Unterschied, dass es Mannheim nicht um die ökonomischen Bedingungen gesellschaftlichen Seins, sondern um die *ideologischen* geht. Allerdings handelt es sich bei ihm – und das muss mit aller Deutlichkeit betont werden – um einen grundlegend anderen Ideologiebegriff als in der marxistischen Tradition. Man verstünde Mannheims gesamtes Anliegen falsch, unterstellte man ihm einen klassisch marxistischen Ideologiebegriff. Wenn bei Marx und seinen Nachfolgern – insbesondere bei Georg Lukács – von Ideologie die Rede ist, ist damit immer eine negative Bestimmung gemeint, eben ein ›falsches Bewusstsein‹, zum Beispiel, dass der Arbeiter seine Unterdrückung – weil sie verschleiert wird – als Freiheit empfindet. Während man im Marxismus zu Mannheims Zeit also – zumindest terminologisch – zwischen Ideologie und Nicht-Ideologie unterscheiden kann, ist dies bei Mannheim nicht mehr der Fall. Bei ihm ist alles Ideologie; jedes gesellschaftliche Individuum hat Anteil an – oder stärker formuliert: unterwirft sich – einer Ideologie. Man hat es also bei Mannheim mit einem »totalen Ideologiebegriff«[172] zutun: Es gibt kein Entkommen vor der Ideologie.[173]

Insbesondere, um sich von marxistischen Ideologiebegriffen abzusetzen, führt Mannheim den Begriff des Denkstils ein.[174] Individuen handeln und denken ihm zufolge immer innerhalb einer spezifischen Menge von Normen und Wertvorstellungen. Diese Menge nennt er Ideologie. Die Präferenz und Annahme einer Ideologie ergeben sich für Mannheim stets aus dem gesellschaftlichen Standort des Individuums. Denken überhaupt ist für ihn radikal durch die gesellschaftliche Position bedingt. Damit vertritt er einen Relativismus, der in der Forschung auch als epistemischer Relationalismus bezeichnet wird. Nach Mannheim lässt sich kein Denken vorstellen, das nicht durch das soziale Sein des Denkenden geprägt ist. Der Denkstil prägt die Perspektive des Individuums und Ideologie meint dann nichts anderes als die Verabsolutierung dieser Perspektive.

Mannheim ist unter anderem dafür berühmt geworden, dass er die Denkstile des Konservatismus, Liberalismus und Sozialismus mit seinen wissenssoziologischen Mitteln erforscht hat.[175] Er ging dabei der Frage nach, welche Bedingungen zu diesen – in seinen

Worten – Ideologien führen. Hierbei kommt der Begriff der Konstellation ins Spiel: Um Ideologien verstehen und analysieren zu können, ist es nach Mannheim erforderlich, ihre soziogenetischen Bedingungen aufzudecken. Das Zusammenspiel dieser Bedingungen wird Konstellation genannt. Wenn auch der Begriff der Konstellation immer wieder im Werk Mannheims auftaucht, so geht er in »Das Problem einer Soziologie des Wissens« von 1925 wohl am ausführlichsten auf ihn und seine Bedeutung für die Wissenssoziologie ein.[176]

Mannheim bezieht sich explizit auf die Astrologie, jedoch mit dem Hinweis darauf, dass der Inhalt und die Weltanschauung hinter diesem Begriff abgestreift worden seien und sie nunmehr eine der »wichtigsten Kategorien«[177] für die Wissenschaft sei. In der Astrologie entscheiden der Stand und das Verhältnis der Sterne zueinander zur Zeit der Geburt über das Schicksal des Neugeborenen. Mannheim greift diese Vorstellung nun so auf, dass es überhaupt Faktoren außerhalb des Subjekts gäbe, die über es bestimmen. Konstellation definiert Mannheim als »das eigentümliche Zusammensein von Faktoren [zu] einem gegebenen Zeitpunkt [... I]hre Beobachtung kann wichtig werden, wenn man glaubt, dass das gleichzeitige Beisammensein verschiedener Faktoren die Ausgestaltung des besonderen uns interessierenden Faktors mitbestimmt.«[178] Es geht also darum, Kausalitätsverhältnisse zu bestimmen. Darin liegt für Mannheim der epistemische Wert von Konstellationen: Die Konstellationsanalyse lässt die »geistigen Untergründe«[179] erkennen und stellt sie in Bezug zum Denkstil. Wenn, wie weiter oben schon beschrieben, jedes Denken relativ zur sozialen Lage ist, ist es folgerichtig, will man dieses Denken erklären, die Faktoren zu analysieren, die zu diesem Denken führen. Eine Konstellationsanalyse besteht für Mannheim im Folgenden: »Relativieren des Denkens auf das Sein hin, [...] die Verarbeitung des sozialen Seins als Bezugsebene für die Relativierung, [...] die historische Totalitätsschau«[180]. Damit sind die drei notwendigen Schritte für eine Konstellationsanalyse benannt: Das Denken wird durch ihm äußerliche Bedingungen bestimmt. Diese äußeren Bedingungen wiederum sind soziale: Das heißt, dass das Denken von so etwas wie Klasse, Milieu oder Schicht abhängt. In einem letzten Schritt wird diese Relativierung dann historisiert, also in ihren zeitlichen Kontext gestellt. Somit ist klar, warum Mannheim die Konstellationsanalyse als »Totalitätsrekonstruktion«[181] bezeichnen kann. Konstellationen sind alles umfassende Zusammenhänge: Sie geben nach Mannheim überhaupt erst vor, *was wie* gedacht werden kann. Damit wird Folgendes deutlich: Mannheims Wissensbegriff hat nicht zum Ziel, die Geltung von vermeintlichem Wissen zu verifizieren oder falsifizieren. Mithilfe der Konstellationsanalyse sollen vielmehr die Bedingungen untersucht werden, unter denen eine Gesellschaft Wissen produziert, spezifische Denkstile hervorbringt und sie bevorzugt. Wissenssoziologie meint also nichts anderes als die Untersuchung der gesellschaftlichen Genese dessen, was *als* Wissen und Denken bezeichnet wird. Es geht ihm dabei nicht um eine psychologische Erklärung des Denkens, sondern um eine soziohistorische. Die Kategorie der Konstellation ermöglicht es nach Mannheim, ideologische Unterschiede von und in Gesellschaften relativ zu sehen. Sie erlaubt es, verschiedene soziohistorische Bedingungen sowie Denken als gesellschaftlich bedingtes zu untersuchen.[182] Eine Konstellation ist ein Zusammenhang von Faktoren, der eine spezifische Wirkung verursacht. Wer Konstellationen ausmachen kann, erkennt die genetischen Bedingungen des *status quo*.

Darüber hinaus wird ein weiterer Punkt deutlich. Karl Mannheim hat ein Programm verfolgt, wie es Dieter Henrich später ganz ähnlich für die Philosophie verfolgt hat: Mannheim war der Auffassung, dass die Konstellationsanalyse besonders in der »Geschichte des Geistes«[183] erfolgsversprechend sei. Insbesondere, wenn er die Konstellation als die »Zusammenschau der zu einem Zeitpunkt gegebenen theoretischen Probleme und Problematik des Lebens«[184] bestimmt, wird die Nähe zu Henrich deutlich, wie im nächsten Abschnitt unter anderem gezeigt werden soll.

Dieter Henrich und die Philosophiegeschichte: die Geschichte der Idee

Henrich ist überzeugt, dass die Ideen und das Denken der Vertreter des Deutschen Idealismus nicht allein durch Werkinterpretation zu verstehen sind, sondern es einer Analyse des historischen Kontexts bedürfe, also des Hintergrunds, vor dem die

Werke entstanden sind: »Dem [der Werkinterpretation] voraus muß bereits das Kraftfeld der Motive, das für dies Werk von Bedeutung war, übersichtlich geworden sein.«[185] Dies wird von ihm als »Konstellationsforschung«[186] bezeichnet: Erst durch die Analyse sämtlicher Quellen, von Manuskripten, Briefen, Tagebüchern, Vorlesungsnotizen und Fragmenten sowie aber auch der Rekonstruktion der Gesprächssituation der Beteiligten ließen sich das Anliegen und die Gedanken des Deutschen Idealismus verstehen.[187] Denn, so Henrich: »Die Konzeptionen der klassischen deutschen Philosophie sind somit Leistungen von Zeitgenossen.«[188] Hierbei macht er zwei ineinander verwobene Konstellationen aus: einerseits die werkimmanenten System- und Begriffsbildungen und andererseits die Konstellation von Gesprächen.

Henrich spitzt seine These bis hin zu der Behauptung zu, dass die Werkgeschichte erst vor dem Hintergrund einer Konstellationsgeschichte klar werde.[189] Es bedürfe also einer historisch-hermeneutischen Arbeit, um das Werk und Nachwirken der Autoren verstehen zu können. Die Notwendigkeit dieses Verfahrens bestehe darin, »daß Erschließungsleistungen des Denkens nicht schlechthin von denen ausgehen, die sie erbracht haben«.[190] Dies bedeutet, dass die Genese des Denkens wie auch der Gedanke nur einsichtig wird, wenn die Verwobenheit der beiden Konstellationstypen offengelegt wird. Dementsprechend läuft die Argumentation Henrichs darauf hinaus, dass der Konstellationsforscher den untersuchten Autor besser verstehe als dieser sich selber – aufgrund der »Unübersichtlichkeit jener für Zeitgenossen im Grunde unbeherrschbaren Konstellation«.[191] Es ließe sich also folgern, dass für Henrich weniger die Frage danach im Raum steht, was jemand denkt, sondern danach, warum jemand das denkt, was er denkt: »Und daß überhaupt eine Konstellationsforschung zustande gekommen ist, wird sich jederzeit daran erweisen, daß sie es vermag, die Leistungen der bedeutenden Denker in ein neues Licht zu stellen, und zwar dadurch, daß sie deutlich macht, wie sich diese Leistungen aus dem Bezugssystem der Konstellationen heraus, der sie angehören, ausbilden und abheben.«[192] Was jemand denkt, ist also nur dann verständlich, wenn die Genese des Gedankens klar ist.

Henrichs These läuft darauf hinaus, dass der Deutsche Idealismus nur verstanden werden kann, wenn der beschriebene Zusammenhang einsichtig gemacht wurde. Es soll an dieser Stelle keine Diskussion zur Stichhaltigkeit dieses Verfahrens stattfinden, sondern lediglich verständlich werden, was Henrich unter Konstellation versteht. Eine Konstellation ist in diesem Verständnis immer dann gegeben, wenn verschiedene Faktoren einen Wirkungszusammenhang bilden. In Henrichs konkretem Fall bedeutet dies, dass Personen Schriften verfasst und Gespräche zum Deutschen Idealismus geführt haben. Die Pointe an der Konstellationsforschung ist nun aber nicht diese triviale Feststellung, sondern dass der Sinn des Deutschen Idealismus erst durch die Analyse des Zusammenwirkens dieser Faktoren – eben der Konstellation – verständlich wird. Das heißt: Was Deutscher Idealismus ist, kann erst durch den Zusammenhang dieser Faktoren erkannt werden. Wer also Hegels *Phänomenologie des Geistes* kennt, hat eine Idee vom Deutschen Idealismus, weiß aber nicht, was charakteristisch für ihn ist – ebenso, wie jemand, der ein Gemälde von Monet gesehen hat, ein impressionistisches Werk kennt, aber wahrscheinlich nicht sehen kann, was das Charakteristische am Impressionismus ist.

Das Ziel dieser Forschung ist es, Konstellationen ausfindig zu machen, um zu einer historisch-hermeneutischen Erkenntnis zu kommen. Ideen und Gedanken entstehen durch das Zusammenwirken verschiedener Faktoren. Diese sind nur verstehbar, wenn der Wirkungszusammenhang, in dem sie stehen, klar ist, sie eben nicht isoliert betrachtet und interpretiert werden, da sie nicht voneinander unabhängig seien. Allerdings ist die henrichsche Konstellationsanalyse nicht die einzige bekannte Verwendungsweise des Konstellationsbegriffs in der Philosophie. In einem Sammelband zur *Konstellationsforschung* wird auch darauf aufmerksam gemacht, dass der Begriff der Konstellation bei zwei weiteren Philosophen von entscheidender – aber anderer – Bedeutung ist: Walter Benjamin und Theodor W. Adorno.[193]

Der Konstellationsbegriff bei Mannheim und Henrich dient dazu, Entstehungsbedingungen auszumachen. Wer Konstellationen nachzeichnen kann, weiß, wie etwas entstanden ist. Konstellationen bilden in diesen Ansätzen Wirkzusammenhänge. Benjamin und Adorno haben einen davon zu unterscheidenden Konstellationsbegriff. Grob gesagt lässt sich unter Konstellation bei ihnen eher so etwas wie eine theoretische Methode oder auch eine bestimmte Praxis des Schreibens verstehen. Dieses Verständnis ist eng an das Sprach- und Begriffsverständnis der beiden Philosophen gebunden. Sie sind der Überzeugung, dass philosophische Erkenntnis nicht dadurch erreicht wird, dass die Begriffe in ein hierarchisches Verhältnis geordnet, sondern dadurch, dass sie arrangiert werden. Das meint, dass das Intendierte durch In-Bezug-Setzen erkennbar wird. Wenn man beispielsweise philosophisch wissen will, was Kunst ist, dann sucht man sich nicht einen Oberbegriff und definiert anschließend die spezifische Differenz. Was Kunst ist, wird stattdessen nur dadurch ersichtlich, dass das, was die Kunst betrifft, in Relation gestellt wird.

Dieser Abschnitt hat also mehrere Funktionen: Er soll dazu dienen, einen Begriff der Konstellation in der Philosophie zu gewinnen, dessen erkenntnistheoretische Auslegung sich von der Henrichs unterscheidet, und zwar in dem Sinne, dass Konstellation ein Begriffsverhältnis meint und keine historische Situation. Der Begriff selbst hat nun eine epistemologische Funktion und keine deskriptiv-historische. Konstellation bezeichnet nicht mehr spezifische historische Ausschnitte, sondern die Art und Weise der philosophischen Erkenntnisgewinnung. Darüber hinaus dient die Rekonstruktion des benjaminschen Ansatzes auch der Rekonstruktion des adornoschen: Erst durch ihn können einige von Adornos methodischen Überlegungen verständlich gemacht werden.

Es ist durchaus reduktionistisch, Benjamin und Adorno in einen Topf zu werfen, auch wenn ihr enger Kontakt und Austausch, gerade über die philosophische Methode, dies auf den ersten Blick legitimiert. Reduktionistisch ist dies, weil sich beide in relevanten Details unterscheiden. Dies zeigt sich beispielhaft an den Stellen in ihrem Briefwechsel, wo es um Benjamins Passagen-Werk geht.[194] Die Exegese des Werks von Benjamin und Adorno soll hier jedoch nicht beschäftigen, sondern es sollen die grundlegenden epistemischen Implikationen herausgestellt werden. Dazu gehört auch die Anmerkung, dass der Konstellationsbegriff bei Adorno systematisch wichtiger ist als bei Benjamin, da Letzterer andere Termini, wie den der Montage, bevorzugt. Das Entscheidende ist jedoch, dass beide erkenntnistheoretisch ein durchaus sehr ähnliches Konzept verfolgen. Dies zeigt sich insbesondere daran, dass Adorno keinen Hehl daraus macht, dass Benjamin ihn in dieser Hinsicht geprägt hat. Insbesondere in den frühen Schriften bezieht sich Adorno – implizit[195] – auf Benjamins Trauerspielbuch. Zu Beginn seiner Dozententätigkeit gab er Seminare zu genau dieser Schrift an der Universität in Frankfurt a. M.[196] Auch als er die Herausgabe der Schriften Benjamins übernahm, ist seine Interpretation von dessen Werk insbesondere durch das Trauerspielbuch geprägt.[197] Dies führte im Nachgang dazu, dass Adorno vorgeworfen wurde, über den Status der Marxismus-Rezeption in den Arbeiten Benjamins hinwegzutäuschen, da er ihr nur einen geringen Stellenwert zusprach.[198] Insbesondere, was die erkenntnistheoretische Ausrichtung der Passagenarbeit angeht, war Adorno stark involviert: Er begleitete per Briefwechsel das Fortschreiten dieses Projektes, kommentierte und kritisierte Benjamins Entwürfe. So zeigt sich, dass auch die Rezeption durch Adorno es erforderlich macht, das erkenntnistheoretische Anliegen Benjamins zu rekonstruieren.

Die These Benjamins – und dann auch die Adornos – läuft darauf hinaus, dass philosophische Erkenntnis nicht etwa deduktiv oder induktiv erlangt wird, sondern – so ließe sich sagen – konstellativ. Das meint, dass die Begriffe dergestalt in ein Verhältnis zueinander gesetzt werden, dass das Gemeinte gezeigt und nicht gesagt wird. Der Erkenntniswert liegt nicht in der Begriffshierarchie, sondern in der Erfahrung. Das ist so pauschal formuliert schwer nachzuvollziehen, ist aber verständlicher, wenn man sich vor Augen hält, dass man es bei einem Großteil von Benjamins Schriften mit materialreichen Analysen zu tun hat, wovon das Passagen-Werk Zeugnis gibt, wenn es beispielsweise um Staub, Stahl, Glas, den Flaneur, Beleuchtungsarten und Spiegel geht. Durch die

Anordnung von Begriffen und Themen, so Benjamins These, soll eine Erkenntnis evoziert werden.

Will man sich mit Benjamins methodischen Überlegungen dazu auseinandersetzen, wie Philosophie zu Erkenntnissen kommen kann, dann lassen sich nur wenige dezidiert erkenntnistheoretische Schriften finden. Maßgeblich für Benjamins erkenntnistheoretische Überlegungen ist die *Erkenntniskritische Vorrede* in *Ursprung des deutschen Trauerspiels*.[199] Neben dem Trauerspielbuch sind es noch die Schriften zu Sprache, Mimesis und Erfahrung sowie die erkenntnistheoretischen Überlegungen zum Passagen-Werk und die Auseinandersetzungen mit der marxistischen Erkenntnistheorie in seiner Geschichtsphilosophie. In der Benjamin-Forschung ist man sich einig, dass sich seine Erkenntnistheorie als der Versuch einer Mischung aus Theologie, Mystik, Poesie, Philosophie und Marxismus verstehen lässt. In diesem Sinn ist Benjamin auch kein klassischer Erkenntnistheoretiker, sondern seine Erkenntnistheorie ist Propädeutik für seine materialistischen Analysen.

Benjamin wollte sich ursprünglich mit dem Trauerspielbuch habilitieren. Jedoch stellte ihm das Komitee in Aussicht, dass er damit die Habilitation nicht erlangen könne, weswegen er seine Kandidatur ebenso wie das Buch zurückziehen solle, um die Schmach, zurückgewiesen zu werden, zu vermeiden.[200] Diesem Rat folgte er schließlich. Entgegen der Einschätzung des Komitees lässt sich gemäß der Benjamin-Forschung diese Schrift in zweierlei Hinsicht nicht überschätzen: zum einen hinsichtlich ihres spezifischen Themas, der Funktion der Allegorie; und zum anderen hinsichtlich ihres epistemologischen Stellenwerts im Œuvre Benjamins. Dies wurde sowohl von Benjamin selbst als auch durch die Benjamin-Forschung nochmals hervorgehoben.[201]

Benjamins Überlegungen im Trauerspielbuch beginnen mit einer Reflexion über das Verhältnis von Form und Inhalt einer philosophischen Abhandlung. Er ist dabei der Auffassung, dass die Form durch den Inhalt bedingt wird. Benjamin steht mit dieser Ansicht ganz und gar nicht allein in der Philosophiegeschichte.[202] Philosophie müsse sich um ihre Form Gedanken machen, da sie nicht »vermittelnde Anleitung zum Erkennen, sondern […] Darstellung der Wahrheit«[203] sei. Das heißt nichts anderes, als dass das, was gesagt werden soll, sich auch in der Form bemerkbar machen muss. Anders formuliert: Eine Erkenntnis hat man nur, wenn die Darstellung wahr ist, und das erfordert eine entsprechende Form.[204] Benjamin möchte den Ansatz stark machen, dass Philosophie nicht lediglich im Zusammentragen von Einzelerkenntnissen besteht, sondern dass die Wahrheit durch die Darstellung – und das meint das erwähnte Zitat – gezeigt wird. Der Text stellt formal das dar, was erkannt werden soll.[205] Dies überträgt sich dann auch auf das eigentliche Thema des Trauerspielbuchs: Die Form der Abhandlung ist die Darstellung des barocken Trauerspiels.[206] Erst mit der Darstellung kommt es überhaupt zu einer Erkenntnis.

Benjamin ist der Überzeugung, dass Philosophie die Darstellung von Ideen ist, in seinem Fall der Idee des barocken Trauerspiels. Um dies einlösen zu können, bedarf die Philosophie aber Begriffen, mit denen sie den Phänomenen begegnet, die sie aber nicht vollends einholen können. Dementsprechend geht es Benjamin nach eigener Aussage auch um eine »Rettung der Phänomene vermittels der Ideen«[207]; und daher setzt er der Begriffsarbeit das Ziel, das Besondere der Phänomene herauszuarbeiten. Wenn nun diese Besonderheiten der Phänomene zusammengetragen würden, komme es zur Darstellung der Idee. Wie der Benjamin-Forscher Sven Kramer zeigt, argumentiert Benjamin nicht in einem klassischen Sinn, sondern benennt Besonderheiten oder Extreme des Trauerspiels, eben insbesondere den Begriff der Allegorie.[208]

Diese Methodik wird von Benjamin als Konfiguration bezeichnet: »Denn nicht an sich selbst, sondern einzig und allein in einer Zuordnung dinglicher Elemente im Begriff stellen die Ideen sich dar. Und zwar tun sie es als deren Konfiguration. Der Stab von Begriffen, welcher dem Darstellen einer Idee dient, vergegenwärtigt sie als Konfiguration von jenen. Denn in Ideen sind die Phänomene nicht einverleibt. Sie sind in ihnen nicht enthalten. Vielmehr sind die Ideen deren objektive virtuelle Anordnung.«[209] Benjamin ist also der Auffassung, dass in der begrifflichen Anordnung oder dem Arrangement der besonderen Aspekte des barocken Trauerspiels das, was das Trauerspiel ausmacht, zur Geltung kommt, ohne dass dies gesagt würde – weil es begrifflich nicht erfasst werden kann: »Während die Phänomene durch ihr Dasein, ihre Gemeinsamkeit, ihre Differenzen Umfang und Inhalt der sie umfassenden Begriffe bestimmen, ist zu den Ideen insofern ihr Verhältnis das umgekehrte, als die Idee als objektive Interpretation der Phänomene – vielmehr ihrer Elemente – erst deren Zusammengehörigkeit zueinander bestimmt.«[210]

Die Methodik der Konfiguration untersteht dem Prinzip der Konstellation. Man muss die Begriffe konfigurieren, weil die Idee eine Konstellation von Begriffen ist. Benjamin greift hierfür explizit auf den astrologisch-astronomischen Konstellationsbegriff zurück: »Die Ideen verhalten sich zu den Dingen wie die Sternbilder zu den Sternen […] Die Ideen sind ewige Konstellationen und indem die Elemente als Punkte in derartigen Konstellationen erfaßt werden, sind die Phänomene aufgeteilt und gerettet zugleich.«[211] Wie ein Sternbild durch die Verbindung einzelner, heller Punkte sichtbar wird, indem es eine Figur bildet, so soll die Idee sichtbar werden, wenn ihre besonderen oder extremen Aspekte – um im Rahmen astrologisch-astronomischer Terminologie zu bleiben – arrangiert werden. Wer zum Allgemeinen einer Sache durchdringen will, der muss, so Benjamins Auffassung, konfigurieren: »Das Allgemeine als ein Durchschnittliches darlegen zu wollen, ist verkehrt. Das Allgemeine ist Idee.«[212] Es geht immer wieder um Formen der Anordnung, wie auch das folgende Zitat zeigt: »Die Ideen bleiben dunkel, wo die Phänomene sich zu ihnen nicht bekennen und um sie scharen […] Die Einsammlung der Phänomene ist die Sache der Begriffe und die Zerteilung, die sich kraft des unterscheidenden Verstandes in ihnen vollzieht, ist um so bedeutungsvoller, als in einem und demselben Vollzuge sie ein Doppeltes vollendet: die Rettung der Phänomene und die Darstellung der Ideen.«[213]

Philosophische Methodik besteht für Benjamin in besonderem Maße darin, eine angemessene Darstellung zu finden. Das zeigt sich dann auch in seinem eigenen Werk in besonderem Maße: Benjamin ist dafür bekannt, unterschiedlichste Textgattungen bedient zu haben, aber dann auch innerhalb dieser Gattungen jeweils spezifisch verfahren zu sein. Das Prinzip der literarischen Montage ist für ihn maßgeblich, was, wie die erkenntniskritische Vorrede zeigt, nicht verwunderlich ist. Für seine erkenntnistheoretisch-methodische Überzeugung findet er in der Montage die entsprechende literarische Technik.[214] Ernst Bloch beschreibt Benjamins Vorgehen folgendermaßen: »Ein Zusammenbringen, aber ein reales Zusammenbringen von oberflächlich ganz Entferntem […]

Ich meine, was in der Nähe war, wurde getrennt, was in äußerster Ferne voneinander abgehalten war, im üblichen Erlebnisraum, das rückte, durch diese Montage, plötzlich ganz nahe zusammen.«[215] Die einzelnen Teile der Montage haben nur Sinn in ihrem Bezug zu den anderen Teilen und das meint letztlich: zum Ganzen. Die Montage zeichnet sich weitgehend dadurch aus, dass sie »die Elemente des Wirklichen im Sinne einer Versuchsanordnung«[216] behandelt. Diese Formulierung ist in zweierlei Hinsicht bedeutsam: Einerseits wird Adorno diesen Gedanken, dass der philosophische Text eine Versuchsanordnung sei, übernehmen; andererseits gibt er Aufschluss über Benjamins Methode. Diese Idee wird besonders im Passagen-Werk, wenn es auch unvollendet geblieben ist, deutlich: Benjamin möchte durch das Arrangement von Zitaten, Versatzstücken und Fragmenten die Entstehung der Moderne erfassen. Wie die Moderne aufkam, was ihre Entstehungsbedingungen sind und was sie ausmacht, wird nicht auf den Begriff gebracht, sondern die sie konstituierenden Aspekte werden versammelt und zusammengebracht. Dadurch soll das 19. Jahrhundert erkennbar werden: »Methode dieser Arbeit: literarische Montage. Ich habe nichts zu sagen. Nur zu zeigen. Ich werde nichts Wertvolles entwenden und mir keine geistvollen Formulierungen aneignen. Aber die Lumpen, der Abfall: die will ich nicht inventarisieren, sondern sie auf die einzig mögliche Weise zu ihrem Rechte kommen lassen: sie verwenden.«[217]

Fred Rush interpretiert diesen Ansatz als »unmittelbare Erfahrung des Allgemeinen *in den* Einzelheiten und nicht die Zusammenfassung von Einzelheiten unter allgemeine Begriffe«.[218] Denn Benjamin ist der Überzeugung, dass durch literarische Montage eine Erfahrung möglich wird. Es geht ihm nicht darum, dass durch einen Text eine Sache auf den Begriff gebracht wird, sondern darum, dass der Text etwas aufzeigt, was der Leser erfährt.[219] Was es aber heißt, dass eine Erfahrung gemacht wird, wird nicht deutlich. Bemerkenswert ist allerdings, dass Benjamin versucht, den propositionalen Charakter der Sprache durch einen deiktischen zu ersetzen: Mit Sprache soll etwas nicht ausgesagt, sondern gezeigt werden.

Benjamins Prinzip der Konstellation lässt sich, wenn darunter auch die Konfiguration und Montage begriffen wird, formal auf

Ausstellungen übertragen, von denen hier vorgeschlagen wurde, sie als Konstellationen zu bezeichnen. Was Benjamin für den philosophischen Text vorschwebt, ist das, was in Ausstellungen als Konstellationen vollzogen wird. Anders gesagt: Ob Benjamins Vorhaben der Philosophie angemessen ist, ist fraglich, nichtsdestoweniger ist das, was er von der Philosophie behauptet, treffend dafür, was weiter oben Ausstellung als Konstellation genannt wurde. Bevor aber diese Übertragung vollzogen wird, soll der Ansatz noch um jenen Adornos ergänzt werden.

Zum philosophischen Ansatz Adornos wurde im zweiten Kapitel schon einiges gesagt, daher soll er hier auf den Begriff der Konstellation und seine epistemischen Implikationen zugespitzt werden. Die entscheidenden Weichenstellungen für Adornos philosophischen Anspruch finden sich – wie angesprochen – schon in seiner Antrittsvorlesung von 1931. Nicht nur, dass sich hier inhaltlich und terminologisch die Nähe zu Benjamin belegen lässt, sondern es sind auch die Grundsätze seiner Philosophie versammelt. Besonders gilt dies für das Spätwerk, namentlich die *Negative Dialektik* und die *Ästhetische Theorie*. Hier wird der Gedanke ausformuliert, dass Philosophieren als Bilden von Konstellationen zu verstehen ist: »Bei der Handhabung des Begriffsmaterials durch Philosophie rede ich nicht ohne Absicht von Gruppierung und Versuchsanordnung, von Konstellation und Konstruktion.«[220] Aber warum nicht ohne Absicht? Wie schon im besagten Kapitel dargelegt, ist Adorno der Auffassung, dass philosophische Erkenntnis nicht dadurch zu fassen ist, dass Begriffe durch Bestimmung von Oberbegriff und spezifischer Differenz in ein hierarchisches Verhältnis gebracht werden. Vielmehr bedürfe es einer Methode, die der Sache in ihrer Besonderheit gerecht würde. Diese Aufgabe soll nun Philosophie als Konstellation übernehmen.

Adorno ist der Ansicht, dass das Erkenntnisziel der Philosophie das Begriffslose sei: »Philosophie hat, nach dem geschichtlichen Stande, ihr wahres Interesse dort, wo Hegel, einig mit der Tradition, sein Desinteressement bekundete: beim Begriffslosen, Einzelnen und Besonderen«[221]. Da Wissenschaften Methoden oder Herangehensweisen brauchen, um Erkenntnisse zu erzielen, besteht die Frage, welche Methode der Philosophie eignet, um ihr Ziel zu erreichen. Adorno ist dabei der Auffassung, dass Philosophieren vornehmlich in Deutung besteht: »Daß Philosophie stets und stets und mit dem Anspruch auf Wahrheit deutend verfahren muß, ohne jemals einen gewissen Schlüssel der Deutung zu besitzen; daß ihr nicht mehr gegeben sind als flüchtige, verschwindende Hinweise in den Rätselfiguren des Seienden und ihren wunderlichen Verschlingungen.«[222] Die Deutung wird in Stellung gegen wohl nahezu sämtliche bisherige philosophische Methoden gebracht, zumindest legen dies die Ausführungen in der Antrittsvorlesung sowie in der *Negativen Dialektik* nahe. Dieser Anspruch wird dadurch begründet, dass die bisherigen philosophischen Methoden einem von zwei möglichen Irrtümern verfielen: Sie seien entweder der Meinung, dass sie der Sache unmittelbar gewahr werden könnten, oder aber, dass sie die Sache dadurch erfassten, dass sie sie in eine begriffliche Hierarchie einordnen. Ersterer Herangehensweise wirft er vor, nicht zu erkennen, dass Unmittelbarkeit selbst vermittelt sei, letzterer wiederum, durch Vermittlung zu einer »Verarmung der Erfahrung«[223] beizutragen. So ließe sich sagen, dass die Methode der Deutung dazwischen fällt, sie soll vermitteln: »[D]aß der Begriff den Begriff, das Zurüstende und Abschneidende übersteigen und dadurch ans Begriffslose heranreichen könne, ist der Philosophie unabdingbar und damit etwas von der Naivetät, an der sie krankt.«[224] Adorno ist also der Überzeugung, dass das eine nur durch das andere zu haben ist und nicht nur das eine oder das andere: »Philosophische Reflexion versichert sich des Nichtbegrifflichen im Begriff.«[225]

Demgegenüber steht dann die berechtigte Frage, was denn Deutung ist oder wie sie verfährt. Hier schließt Adorno ebenfalls an Benjamin an, da er die Überzeugung teilt, dass die Deutung sich formal vollziehe, dass »der Philosophie ihre Darstellung nicht gleichgültig und äußerlich ist, sondern ihrer Idee immanent. Ihr integrales Ausdrucksmoment, unbegrifflich-mimetisch, wird nur durch Darstellung – die Sprache – objektiviert.«[226] Anders gesagt: Es gehe in der Philosophie nicht lediglich darum, die Sache auf den Begriff zu bringen – weil das nach Adorno eben nicht funktioniere –, sondern die Sache werde nur dadurch erreicht, dass Sprache als Ausdrucksmittel verwendet werde, das heißt: die Begriffe als Material. Es geht darum, der Sache mithilfe der Ordnung von Begriffen eine Form zu geben: »Denken wird erst als Ausgedrücktes, durch sprachliche Darstellung, bündig; das lax Gesagte ist schlecht gedacht. Durch Ausdruck wird Stringenz dem Ausgedrückten abgezwungen.«[227] Dies erklärt die von Adorno behauptete Strukturaffinität zwischen Kunst und Philosophie und wird von ihm auch in Texten entsprechend konstatiert, wenn er von einer »Affinität der Philosophie zur Kunst«[228] spricht. Wie die verschiedenen Künste mit ihrem Material umgehen, um es in eine Form zu bringen, eben etwas darzustellen, so ließe sich diese Vorgehensweise mit jener der Philosophie vergleichen. Bei Adorno kommt es somit zu einer Engführung von Ästhetik und Erkenntnistheorie: »Es ergibt sich damit die konstitutive Bedeutung der ästhetischen Kritik für die Erkenntnis [...] Es läßt sich die wachsende Bedeutung philosophischer Sprachkritik formulieren als beginnende Konvergenz von Kunst und Erkenntnis.«[229] Philosophie verwirkliche sich nur da, wo sie diesen Darstellungsaspekt realisiere. Sie könne ihr Ziel – das Nichtbegriffliche – nur erreichen, indem mithilfe von Begriffen das Nichtbegriffliche dargestellt werde. Damit erhält die Form, eben die Art, wie philosophiert wird, eine außerordentliche Stellung bei Adorno, vermittelt durch Benjamin.

Worin aber besteht diese besondere Formgebung? Ihr Ziel jedenfalls wird von Adorno so ausgegeben, »daß in schlagender Evidenz die Wirklichkeit zusammenschießt«.[230] Er ist somit der Ansicht, dass durch eine besondere Form der Darstellung, also des sprachlichen Ausdrucks, eine Erfahrung erzeugt wird, die zum einen geistiger Natur ist und zum anderen überzeugend. Das meint der Term ›geistige‹ oder auch ›philosophische Erfahrung‹ bei Adorno: »Philosophische Erfahrung hat dies Allgemeine nicht, unmittelbar, als Erscheinung, sondern so abstrakt, wie es objektiv ist. Sie ist zum Ausgang vom Besonderen verhalten, ohne zu vergessen, was sie nicht hat, aber weiß.«[231]

Im Zentrum steht also das Verhältnis von Besonderem und Allgemeinem. Adorno nimmt dabei eine eigenwillige Position ein, da er weder die Position vertreten will, dass Philosophie vom Allgemeinen zum Besonderen, noch jene, dass sie vom Besonderen zum Allgemeinen gehe; »daß nicht von den Begriffen im Stufengang zum allgemeineren Oberbegriff fortgeschritten wird«[232], aber eben auch nicht das Besondere vom Oberbegriff aus erfasst werde: »Sondern sie [die Begriffe treten] in Konstellationen. Diese belichtet das

Spezifische des Gegenstandes, das dem klassifikatorischen Verfahren gleichgültig ist oder zur Last. Modell dafür ist das Verhalten der Sprache. Sie bietet kein bloßes Zeichensystem für Erkenntnisfunktionen. Wo sie wesentlich als Sprache auftritt, Darstellung wird, definiert sie nicht ihre Begriffe. Ihre Objektivität verschafft sie ihnen durch das Verhältnis, in das sie die Begriffe, zentriert um eine Sache, setzt. Damit dient sie der Intention des Begriffs, das Gemeinte ganz auszudrücken. Konstellationen allein repräsentieren, von außen, was der Begriff im Inneren weggeschnitten hat, das Mehr, das er sein will so sehr, wie er es nicht kann. Indem die Begriffe um die zu erkennende Sache sich versammeln, bestimmen sie potentiell deren Inneres, erreichen denkend, was Denken notwendig aus sich ausmerzte.«[233] Die besondere Formgebung besteht also darin, dass die Anordnung der Begriffe – sprich die Darstellung –, das Nichtbegriffliche ausdrückt. Weil das sogenannte Mehr des Begriffs durch den Begriff nicht eingefangen werden kann, müssen Begriffe angeordnet werden, um das Nichtbegriffliche erfassen zu können. Diese Anordnungsstrategie soll dann zur Einsicht oder, wie Adorno sagt, zu Evidenz führen: »Konfigurationen und Begründungszusammenhänge [sollen der Wahrheit] zur Evidenz helfen oder sie ihrer Mängel überführen. Elitärer Hochmut stünde der philosophischen Erfahrung am letzten an.«[234] Die Konstellation stellt Begriffe in Relation, um so den Zusammenhang – oder, in Adornos Terminologie: das Nichtbegriffliche – erfassen zu können.

Adorno vergleicht denjenigen, der philosophiert, mit demjenigen, der versucht, ein Rätsel zu lösen: »Und wie Rätsellösungen sich bilden, indem die singulären und versprengten Elemente der Frage so lange in verschiedene Anordnungen gebracht werden, bis sie zur Figur zusammenschießen, aus der die Lösung hervorspringt, während die Frage verschwindet –, so hat die Philosophie ihre Elemente, die sie von den Wissenschaften empfängt, so lange in wechselnde Konstellationen, oder, um es mit einem minder astrologischen und wissenschaftlich aktuelleren Ausdruck zu sagen: in wechselnde Versuchsanordnungen zu bringen, bis sie zur Figur geraten, die als Antwort lesbar wird, während zugleich die Frage verschwindet.«[235] Philosophie wird bei Adorno ästhetisch in dem Sinn, dass ihr eine Darstellungsfunktion zukommt, die darin besteht, das Material, sprich die Begriffe, so zu arrangieren, dass sich das Begriffslose ausdrückt. Adorno ist sich schon in der Antrittsvorlesung entgegenkommender Kritik bewusst und erklärt auf die antizipierte Kritik, er »bringe die Philosophie um jeden konstanten Maßstab, verflüchtige sie in ein ästhetisches Bilderspiel und verwandle die prima philosophia in philosophischen Essayismus. Ich kann mich diesen Einwänden gegenüber wiederum nur so verhalten, daß ich das meiste, was sie inhaltlich besagen, anerkenne, aber als philosophisch legitim vertrete.«[236]

Was Adorno mit all diesen Ausführungen meint, lässt sich wiederum an seinen Ausarbeitungen zum Konstellationsbegriff gut zeigen. Das heißt: Wie er sich vorstellt, dass philosophiert werden muss, führt er an der Ausarbeitung dieses Verständnisses selber vor. Er umkreist, was er meint, wie zu philosophieren sei, indem er es im Verbund verschiedener Begriffe und Metaphern auszudrücken versucht. Er spricht von der Methode als Konstellation, Versuchsanordnung, Rätsel und auch vom Modell: »Die Forderung nach Verbindlichkeit ohne System ist die nach Denkmodellen […] Das Modell trifft das Spezifische und mehr als das Spezifische, ohne es in seinen allgemeineren Oberbegriff zu verflüchtigen. Philosophisch denken ist soviel wie in Modellen denken; negative Dialektik ein Ensemble von Modellanalysen.«[237] Anders gesagt: Die Darstellung wird dargestellt.[238] Adorno versucht mithilfe einer Konstellation zu zeigen, was Philosophie ist. In der Darstellung soll sich das realisieren, was er versucht auszudrücken: »Als Konstellation umkreist der theoretische Gedanke den Begriff, den er öffnen möchte, hoffend, daß er aufspringe etwa wie die Schlösser wohlverwahrter Kassenschränke: nicht nur durch einen Einzelschlüssel oder eine Einzelnummer sondern eine Nummernkombination.«[239] Philosophie kreist nach Adorno um die Frage nach dem Verhältnis von Darstellung und Dargestelltem. Rolf Tiedemann zitiert in seinem Nachwort zur *Ästhetischen Theorie* aus Adornos Briefwechsel zu diesem Werk: »Interessant ist, daß sich mir bei der Arbeit aus dem *Inhalt* der Gedanken gewisse Konsequenzen für die Form aufdrängen, die ich längst erwartete, aber die mich nun doch überraschen. Es handelt sich ganz einfach darum, daß aus meinem Theorem, daß es philosophisch nichts ›Erstes‹ gibt, nun auch folgt, daß man nicht einen argumentativen Zusammenhang in der üblichen Stufenfolge aufbauen kann, sondern daß man das Ganze aus einer Reihe von Teilkomplexen montieren muß, die gleichsam gleichgewichtig sind und konzentrisch angeordnet, auf gleicher Stufe; deren Konstellation, nicht die Folge, muß die Idee ergeben.«[240]

Adorno beschäftigt die Frage, wie die Philosophie, die auf Begriffe angewiesen ist, etwas mithilfe der Begriffe evident werden lassen kann, ohne dass dieses Etwas auf Begriffliches reduziert wird. Die Lösung für dieses Problem sieht er darin, dass dieses Etwas durch das Arrangement von Begriffen, eine Konstellation, ausgedrückt wird. Wie eingangs schon erwähnt, ist die Philosophiegeschichte voller Beispiele, die zeigen, dass Philosophie auch stets ein Formbewusstsein hatte. Dies wird bei Adorno in der Hinsicht nochmals radikalisiert, dass aufgrund inhaltlicher Einwände gegenüber dem Begriff die Form Bedingung und Garant philosophischer Erkenntnis wird. Dies ist eine durchaus diskutable Position. Für eine Ausstellungsphilosophie ist es aber nicht wichtig, ob Adorno das richtige Philosophieverständnis hat, sondern dass sich mithilfe von Adornos Philosophieverständnis der Erkenntniswert von Ausstellungen fassen lässt.

Konstellation als epistemologischer Ausstellungsbegriff

Im zweiten Kapitel wurde dargelegt, dass sich Ausstellungen daran unterscheiden lassen, wie sie etwas ausstellen. Differenziert wurde dabei zwischen Kollektionen und Konstellationen. Diese Unterscheidung lässt sich dadurch begründen, dass das Zusammengestellte auf unterschiedliche Weise gezeigt werden kann. Im Modus der Kollektion sind die Dinge zwar versammelt, werden aber um ihrer selbst willen gezeigt. In der Konstellation hingegen geht es um das Zeigen von Relationen. Es werden Exponate gezeigt, um etwas an oder mit ihnen zu zeigen. Die Exponate werden in Beziehungen gestellt, die sehen lassen sollen. Diese Differenzierung ist allerdings graduell: Ausstellungen können einmal mehr Kollektion oder ein andermal mehr Konstellation sein. Diese Differenzierung verhilft dazu, die Möglichkeiten dazu, wie ausgestellt werden kann, abzustecken.

In der Rekonstruktion verschiedener Konstellationsbegriffe zeigt sich, dass Adorno einen Konstellationsbegriff vertritt, der sich strukturell mit dem hier dargelegten überschneidet. Beide haben aber bislang eine unterschiedliche Funktion: Der Ausstellungsbegriff der Konstellation zielte darauf ab, einen bestimmten Typ Ausstellung zu bestimmen, anders gesagt: eine bestimmte Art, wie ausgestellt werden kann. Es ging um eine Form der Praxis des Ausstellens. Adorno hingegen vertritt die Ansicht, dass Philosophie nur als Konstellation erfolgversprechend ist; dabei meint ›erfolgversprechend‹, dass sie ihr Ziel, Nichtbegriffliches begrifflich zu fassen, erreicht. Adorno ist der Überzeugung, dass die Aufgabe der Philosophie nur so bewältigt werden könne. Dennoch werden in beiden Fällen spezifische Praxen beschrieben, die einander formal ähnlich sind.

Verständlicherweise unterscheiden sie sich aber inhaltlich: Die Konstellation ist nicht gleich die Realisierung der adornitischen Philosophie im Gewand einer Ausstellung. Dies wäre ein überzogener Vergleich, der sich schon aus zwei basalen Gründen nicht halten ließe: Einerseits sind die Exponate keine Begriffe und andererseits vollzieht sich die Praxis des Ausstellens im Zeigen und nicht im Sagen. Sicherlich hat Adornos Philosophie eine gewisse Affinität dazu, diese Grenze zu verwischen. Nichtsdestoweniger vollzieht sich die Philosophie als Konstellation bei ihm immer noch im Medium der Sprache. Ebenso würde sich Adorno vermutlich dagegen wehren, dass die Methode der Konstellation Intendiertes sehen lasse, da er der Auffassung war, dass die »intentionslose Wirklichkeit«[241] durch sie deutbar wird. Diese – und sicherlich weitere der Theorie Adornos immanente – Gründe lassen es nicht zu, dass der Ausstellungsbegriff der Konstellation mit dem des Philosophiebegriffs Adornos gleichgesetzt werden kann.

Jedoch ähneln sich die Prinzipien in der Praxis. Es geht bei ihnen um das Zusammenfügen von Einzelnem. Dieses Zusammenfügen besteht darin, dass Zusammenhänge, Verbindungen und Relationen zwischen Einzelnem hergestellt werden. Es geht jeweils nicht um das Einzelne, sondern um die Relation zwischen Einzelnem. In der Anordnung oder Konfiguration von Elementen werden diese in Bezug zueinander gesetzt. Diese Bezüglichkeit selbst ist das Ziel der Ausstellung und der Philosophie als Konstellation.[242]

Der Konstellationsbegriff Adornos ist nun aber nicht dafür notwendig, zu verstehen oder zu erfassen, was die Praxis des Ausstellens im Sinne einer Konstellation ist. Es zeigen sich lediglich Strukturaffinitäten zwischen seinem Verständnis von Philosophie und einer bestimmten Weise auszustellen. Was aber mit Adorno möglich wird, ist, den Erkenntniswert dieser Ausstellungen zu spezifizieren. Anders gesagt: Unter Zuhilfenahme von Adornos Konstellationsbegriff wird als Konstellation nicht mehr nur die Art bezeichnet, auf die etwas ausgestellt wird, sondern auch erfasst, worin der Erkenntniswert von Ausstellungen besteht. Damit spezifiziert sich der Begriff der Ausstellung als Konstellation zu einem epistemologischen Begriff. Mit ›Konstellation‹ ist nicht nur benannt, wie etwas ausgestellt wird, sondern auch, wie Erkenntnis generiert wird.

Adorno ist der Auffassung, dass, indem etwas in eine Konstellation gebracht wird, diese Konstellation etwas evident werden lässt. Dies ist so auch in den epistemologischen Vorschlägen von Schwarte und Tyradellis ähnlich angelegt, wobei Schwarte aber vermutlich eher die Einzelobjekte als Ausgestelltes im Blick hat, diese aber zu Evidenzen führen, Tyradellis zwar Ausgestelltes als Zusammengestelltes fasst, aber im Gegensatz zu Schwarte der Meinung ist, dass Evidenzen gerade fragwürdig werden würden. Insofern ließe sich behaupten, dass das, was bei Schwarte und Tyradellis zum Ausstellen gesagt ist, in Adornos Philosophieverständnis vermittelt wird: Durch das In-Relation-Setzen von Einzelnem kann etwas evident werden. Dieser Vorschlag soll für Ausstellungen als Konstellationen übernommen werden.

Die These ist, dass Ausstellungen als Konstellationen deswegen Erkenntnis generieren können, weil sie durch Zusammenstellung Relationen evident werden lassen können. Ausstellungen sagen nicht das Intendierte, sondern sie versuchen es zu zeigen, und dies durch In-Beziehung-Setzen von Exponaten. Sie beweisen nicht etwas dadurch, dass Aussagen gemacht und aufeinander bezogen werden, sprich argumentiert wird. Konstellationen versuchen das Intendierte sehen zu lassen. Man kann den Titel einer Ausstellung oder auch die Beschreibung als die ausformulierte These nehmen. Aber das, was die Ausstellung zu etwas Besonderem macht und sie daher von einer wissenschaftlichen Arbeit, einer Reportage, einer

Dokumentation unterscheidet, ist, dass sie versucht, etwas zu zeigen, und das heißt nichts anderes, als es evident werden zu lassen.

Um das Beispiel einer Impressionismus-Ausstellung aufzugreifen: Dass ein Merkmal der impressionistischen Malerei die Exemplifikation von Sehweisen ist, lässt sich sagen; es lässt sich auch argumentativ begründen. Aber wozu bedarf es dann einer Ausstellung – man könnte ja auch ein Buch lesen? Die Exemplifikations-These ist aber nur überzeugend, wenn es evident ist, dass impressionistische Malerei als Exemplifikation von Sehweisen erfahren wird. Dies leistet die Ausstellung. Sie kann durch Zusammenstellung und In-Beziehung-Setzen von Einzelnem zeigen, was Impressionismus ausmacht – oder ihn auch nicht ausmacht. Ausstellungen können alles, was der Wahrnehmung in der einen oder anderen Weise zugänglich ist, evident werden lassen. Sie haben somit einen genuin eigenen Erkenntniswert gegenüber beispielsweise einer wissenschaftlichen Argumentation.

Ob sich der Erkenntniswert von Ausstellungen verwirklicht, hängt realiter auch vom Thema oder der These ab. So ist es einem mathematischen Problem sicherlich angemessener, eine Gleichung zu lösen, als eine Ausstellung zu machen. Ausstellungen – so könnte man mit Adorno sagen – sind eine Versuchsanordnung, mit deren Hilfe man versucht, eine Überzeugung durch Evidenz zu begründen. Das funktioniert verständlicherweise nicht mit jedem Thema oder jeder These. Insofern ist es ratsam, dass diejenigen, die mit ihren Ausstellungen einen Erkenntnisanspruch erheben, sich überlegen, ob eine Ausstellung das geeignete Mittel ist.

Es geht aber hier nicht darum, einen Katalog an möglichen Themen für Ausstellungen aufzustellen, sondern zu begründen, wie Ausstellungen einen Erkenntniswert haben, wenn sie ihn haben. Der genuine Erkenntniswert von Ausstellungen als Konstellationen zeichnet sich dadurch aus, dass sie etwas für die Wahrnehmung evident werden lassen, indem etwas in Relation gesetzt und diese Relation hierdurch gezeigt wird.

Ferner kündigt sich schon an, dass unser Erkenntnisanspruch hier genügsamer oder demütiger sein muss als dort, wo argumentiert wird, dass Ausstellungen mit Wissenschaft vergleichbar, wenn nicht sogar gleichzusetzen seien. Wenn die Erkenntnisfunktion von Ausstellungen als Konstellationen nämlich darin besteht, etwas evident werden zu lassen, dann heißt das auch, dass sie etwas *für jemanden* evident werden lassen. Man kann dem Erkenntniswert von Ausstellungen nicht einfach und schon gar nicht unproblematisch einen Erkenntnisbegriff überstülpen, der auf Wahrheit und Objektivität bezogen ist.[243] Bisher wurde versucht stark zu machen, dass Ausstellungen einen Erkenntniswert haben. Im abschließenden Teil soll allerdings der Erkenntnisbegriff noch näher bestimmt werden. Es wird die These vertreten, dass Ausstellungen einen eigenen Erkenntniswert haben, dieser aber anders geartet ist als eben jener von Wissenschaften. Deswegen wird dagegen argumentiert, Ausstellungen in die Nähe von Wissenschaft zu rücken. Das haben sie auch nicht nötig, wie nun mit Gottfried Gabriels erkenntnistheoretischem Komplementarismus begründet werden soll.

Gottfried Gabriel: der Erkenntniswert des Zeigens

Gabriel vertritt innerhalb der Erkenntnistheorie eine Position, die dezidiert nicht-propositionale Erkenntnisformen geltend machen will. Seine Position soll hier aber nicht lediglich als Hin- und Aufweis dafür angeführt werden, dass es Argumente für nicht-propositionale Erkenntnis gibt. Mit Gabriel lässt sich auch der spezifische Erkenntniswert von Ausstellungen verstehen, da seine Theorie das begriffliche Werkzeug zur Verfügung stellt, mit dem dieser erfasst werden kann. Ebenso wie Gabriel den Erkenntniswert der Literatur im Bezirk der nicht-propositionalen Erkenntnisformen verortet, lässt sich dies auch mit Ausstellungen tun. Wie im vorliegenden Buch eine Skala angeboten wird, mit der Ausstellungsphänomene verortet werden können, bietet Gabriel eine Skala für die Erkenntnis an. Mit seiner Theorie der nicht-propositionalen Erkenntnis soll zum Schluss geklärt werden, wie Ausstellungen als Konstellationen einen Erkenntniswert haben.

Gabriel ist damit bekannt geworden, dass er den Versuch unternimmt, »Möglichkeiten und Weisen nicht-wissenschaftlicher Erkenntnis und Weltauffassung«[244] zu begründen. Innerhalb der Erkenntnistheorie bezeichnet er seine Position als »komplementären Pluralismus«[245] der Erkenntnisformen. Damit sind zwei wichtige

Punkte gesagt: Zum einen gibt es verschiedene Formen von Erkenntnis und zum anderen ergänzen sie einander. Als Veranschaulichung für dieses Konzept wählt Gabriel denn auch die Komplementarität von Farben: »Komplementärfarben sind hier solche, die sich im Farbkreis gegenüberliegen [...], aber durch Zwischenstufen allmählich in einander überführbar sind.«[246] Er möchte deutlich machen, dass es ihm nicht darum geht, eine Erkenntnisform gegen die andere auszuspielen, sondern im Gegenteil darum, dass man mehr gewinnt, wenn man die Gleichberechtigung verschiedener Formen annimmt. Sie sollen also nicht in Konkurrenz zueinander stehen, sondern sich ergänzen: »Die Idee eines komplementären Pluralismus von Wissenschaft, Philosophie, Kunst und Dichtung besagt, daß das Verhältnis einer prinzipiellen Gegensätzlichkeit überwunden wird zugunsten eines Verhältnisses gegenseitiger Ergänzung.«[247] Durch den Vergleich mit dem Farbkreis wird noch ein weiterer Punkt impliziert, den Gabriel aber auch explizit anspricht; es gibt nämlich seinem Dafürhalten nach auch Übergänge zwischen den verschiedenen Erkenntnisformen. Die Formen liegen einander gegenüber, vermischen sich aber auch in Graden. So kann Philosophie etwa einmal eher dichterisch, ein andermal eher logisch sein.[248]

Als grundsätzliches Problem bei der Frage danach, was Erkenntnis ist, sieht Gabriel an, dass Erkenntnis mit Wahrheit gleichgesetzt, oder besser gesagt: dass Erkenntnis an das Wahrheitskriterium gebunden werde. Damit etwas als Erkenntnis gelten kann, muss es also – in noch näher zu bestimmende Weise – wahr sein. Diesen Ansatz sieht Gabriel als unnötige Engführung. Die Forderung ist zwar bei der Form wissenschaftlicher Erkenntnis gerechtfertigt, aber – und so eben die These – wissenschaftliche Erkenntnis ist nicht die einzige Form, zu einer bestimmten Auffassung über sich selbst und die Welt zu kommen. Gabriels Vorschlag besteht nun nicht darin, das Wahrheitskriterium fallen zu lassen. Im Gegenteil votiert er dafür, dieses Kriterium für die Form der wissenschaftlichen Erkenntnis aufrechtzuerhalten. Was Wahrheit meint, spezifiziert er mit dem Begriff *Aussagenwahrheit:* In der Wissenschaft geht es um wahre Aussagen. Wissenschaft macht Aussagen, die wahr sein müssen. Gabriel möchte nun Erkenntnisformen ins Spiel bringen, die eben nicht aussageartig, also nicht-propositional sind und die deswegen auch das Wahrheitskriterium nicht erfüllen müssen. Anders gesagt müssen nur Aussagen das Wahrheitskriterium erfüllen, um als Erkenntnis gelten zu können: »Wahrheit mag dabei auf *Aussagenwahrheit* beschränkt bleiben, wenn es daneben zur Anerkennung anderer Erkenntnisformen kommt.«[249] Paradigmatisches Beispiel ist für Gabriel die fiktionale Literatur: »denn auch ohne daß ein Werk wahre Aussagen darstellt, kann es sehr wohl Erkenntnis vermitteln«[250]. Er bemängelt also die »Gleichsetzung von Erkenntnis und propositionaler Erkenntnis, d.h. Aussagenwahrheit.«[251]

Sein Vorschlag läuft nun darauf hinaus, den Erkenntnisbegriff weiter zu fassen: Er fordert, »den propositionalen Wahrheitsbegriff als einzigen Wahrheitsbegriff anzuerkennen, aber den Erkenntnisbegriff über den Wahrheitsbegriff hinaus zu erweitern.«[252] Es sollen, mit anderen Worten, andere Formen von Erkenntnis anerkannt werden: »Vielmehr haben beide [propositionale und nicht-propositionale Erkenntnis] ihr Recht – an der ihnen gemäßen Stelle. Dementsprechend sollte die Opposition in eine Koalition unter Aufteilung der Kompetenzen verwandelt werden. Der erste Schritt zur Koalitionsbildung besteht in dem Zugeständnis, dass Erkenntnisleistungen nicht auf die Wissenschaft beschränkt sind [...] Literatur und Kunst sind für eine Orientierung in dieser unserer Welt ein ebenso wichtiges Medium und ergänzen einander im Sinne des [...] angesprochenen Komplementarismus.«[253] Damit ist der schon angesprochene Bereich eröffnet, dem sich Gabriel dann in seinen Analysen widmet. Ebenso ist aber auch gesagt, was der Inhalt von Erkenntnis überhaupt, egal welcher Art, ist: Orientierung in der Welt. An einer anderen Stelle formuliert Gabriel, dass es ihm darum gehe, »Formen kognitiver Welterschließung«[254] zu erfassen, also Weisen, zu einer »neuen Einstellung«[255] zu gelangen. Der Begriff der Kognition bildet bei Gabriel einen Oberbegriff zur Erkenntnis, da er, an Russell anschließend, Kenntnis ebenfalls zu einer Form kognitiver Welterschließung zählt.[256] In diesem Sinn sind dann Erkenntnis und Kenntnis zwei übergeordnete Formen der kognitiven Welterschließung, die sich feiner einteilen lassen.

Gabriel möchte insbesondere am Beispiel der Literatur zeigen, dass es sich um Erkenntnisformen handelt, die nicht einfach durch eine propositionale Erkenntnis eingeholt werden können: Es geht ihm darum, »daß Literatur Erkenntnis vermitteln kann, und zwar in einer eigentümlichen, durch Wissenschaft nicht ersetzbaren Weise«[257]. Worin aber besteht der Erkenntniswert der Literatur? »Die Erkenntnisleistung [besteht] doch weniger in der *Auf*stellung abstrakter, allgemeiner Propositionen oder Thesen als vielmehr in der konkretisierenden *Dar*stellung, nämlich in der adäquaten narrativen Vergegenwärtigung von deren Inhalten im Besonderen.«[258] Entscheidend sind die Begriffe der Darstellung und der Vergegenwärtigung, mit welchen die Erkenntnisleistung identifiziert wird. Literatur sage nicht aus, dass etwas so und so ist, sondern sie zeige, wie etwas ist. Für Gabriel besteht der Erkenntniswert der Literatur in der Vermittlung von Erkenntnis: »Dabei muß dem Mißverständnis entgegengewirkt werden, literarische Erkenntnis sei eine in literarischen Texten *enthaltene* Erkenntnis; denn wäre sie es, so würden abermals zustimmungsfähige Inhalte und damit wahre Aussagen erwartet. Literarische Erkenntnis jedoch wird *vermittelt*, d. h., sie ist kein fertiges Gebilde, das es aufzusuchen gilt, sondern sie entfaltet sich im Verstehensvorgang und sie kann so weit gefaßt werden, daß jede Veränderung der Sicht der Dinge einbezogen bleibt.«[259] Es geht also nicht darum, dass ein fiktionaler Text eine Aussage macht: »Eine Aussage wie ›Der Text vergegenwärtigt die Hilflosigkeit eines Menschen in der-und-der Situation‹ ist keine Aussage des Textes selbst, sondern liefert einen Hinweis zu dessen Verständnis.«[260] Weiter: »Der Umstand, dass der Interpret Aussagen trifft, in denen er propositional zu sagen versucht, was das Werk vergegenwärtigend zeigt, darf nicht so verstanden werden, als sei diese propositionale Erkenntnisleistung dem Werk selbst zuzuschlagen. Vielmehr haben wir es mit textexternen propositionalen Behauptungen über textinterne nicht-propositionale Erkenntnisleistungen zu tun.«[261]

Diese »Erkenntnisleistung der narrativen Vergegenwärtigung ist propositional nicht einholbar.«[262] Was der Text darstellt, kann auch ausgesagt werden, aber die Darstellung selber, das, was Gabriel die Erfahrung der Darstellung nennt, lässt sich nicht auf Propositionen reduzieren. Gabriel ist der Meinung, dass es in der Darstellung ein Mehr gibt, dass seine Fülle notwendigerweise verliert, wenn es auf Propositionen gebracht wird. Dieser Punkt wird am Beispiel des Erkenntniswerts womöglich deutlicher: »In Begriffen zu sagen, was

Bilder anschaulich zeigen, heißt von unzähligen Details abzusehen. Mit einer begrifflichen Aussage ist daher notwendigerweise ein Verlust an Anschauung verbunden. Die anschauliche Informationsfülle, die spezifische Prägnanz der Bilder ist durch abstrakte Begriffe nicht ausschöpfbar.«[263] Entscheidend ist nun für Gabriel, dass diese Fülle durch Zeigen dem anderen erfahrbar gemacht werden kann: »Was Dichtung wesentlich meint, wird nicht in ihr gesagt oder als in ihr enthalten mitgeteilt, sondern gezeigt, und zwar in der Weise, daß ein fiktional berichtetes Geschehen aufgrund seiner Fiktionalität den Charakter des Historisch-Einzelnen verliert und so zu einem Besonderen geworden ein Allgemeines als neuen Sinn aufweist.«[264] Für die Literatur macht er geltend, dass »literarische Erkenntnis im Sprachmodus des Zeigens allererst möglich [wird].«[265] Anders gesagt: Der Literatur kommt nicht ein Erkenntniswert zu, weil sie etwas aussagt, sondern weil sie etwas im Medium der Sprache zeigt, darstellt oder auch veranschaulicht, was wiederum in seiner Fülle oder Erfahrbarkeit nicht propositional gefasst werden kann.

Wie spezifiziert Gabriel diese sprachliche Form des Zeigens gegenüber dem Aussagen? Er unterscheidet drei Möglichkeiten dafür, wie sprachliche Zeichen bedeuten können: »das *Verweisen* (Bezugnehmen, Hinweisen) auf Gegenstände; das *Mitteilen* (Sagen) von Inhalten, insbesondere das Aussagen; das *Aufweisen* (Darstellen, Zeigen) von Allgemeinem und Sinn. Ein wesentlicher Teil literarischer Texte, verstanden als komplexe Zeichen, ist dadurch gekennzeichnet, daß die Verweisungsfunktion fehlt, dafür aber zur Mitteilungsfunktion die Aufweisungsfunktion hinzukommt [...] Während nun in wissenschaftlichen Texten und auch in alltäglichen Gesprächen die Erkenntnis über das Mitteilen in Verbindung mit dem Verweisen übermittelt wird, wird sie in dichterischen Texten über das Mitteilen in Verbindung mit dem Aufweisen vermittelt«.[266] Da literarische Texte nicht direkt auf die Wirklichkeit verweisen können, müssen sie im Modus des Mitteilens das Allgemeine oder den Sinn zeigen.

Gabriel ist offen dafür, dass der Erkenntnisinhalt weitläufig sein kann: »Und selbst wenn der Sinn bloß der wäre, die Frage nach dem Sinn zu unterlaufen, so wäre *dies* eben der Sinn. Und sofern hier eine neue Sicht der Dinge ermöglicht wird, würde ich sogar am

Erkenntniswert solcher Literatur und Kunst festhalten.«[267] Er hält allerdings auch fest, dass nicht-propositionale Erkenntnisformen der Sache nicht immer angemessen oder für sie notwendig sind: »Allerdings haben wir hier einen Erkenntniswert, der sich, wie gesagt, bald verbraucht; noch mehr: Ein beschreibender Bericht kann häufig die Lektüre des Textes, den Besuch der Aufführung und den Gang durch die Ausstellung ersetzen.«[268]

Damit ist ein entscheidender Punkt angesprochen. Ebenso, wie von der propositionalen Erkenntnis Kriterien gefordert werden, die erfüllt werden müssen, damit man sinnvollerweise von Erkenntnis sprechen kann, muss dies auch für die nicht-propositionale Erkenntnis gelten. Gabriel unterbreitet dabei den Vorschlag, ein ästhetisches Kriterium heranzuziehen, was insofern kohärent ist, da seine Beispiele für nicht-propositionale Erkenntnisformen ästhetische Beispiele sind: »Das Kriterium solcher nicht-propositionaler Erkenntnis ist dann nicht die Wahrheit einer Aussage, sondern die Adäquatheit (Angemessenheit) einer Darstellung oder Vergegenwärtigung – ungeachtet der Tatsache, dass diese Adäquatheit propositional thematisiert zu werden pflegt.«[269] Kurzum: Wenn die Darstellung der Sache angemessen ist, dann handelt es sich um nicht-propositionale Erkenntnis.

Es geht, das sei noch einmal betont, nicht darum, was oder dass die Literatur etwas über die Welt aussagt, sondern darum, wie sie dies zeigt. Ihre ›Aussage‹ liegt in der Darstellung, die sich erfahren lässt: »Dichtung bezieht sich nicht direkt-referentiell auf Welt, indem sie *über* diese etwas *aussagt*, sondern indirekt-exemplarisch, indem sie Welt *vorführt*.«[270] Gabriels Begriff des Zeigens bezieht sich, wie dargelegt wurde, darauf, dass Sprache in einer bestimmten Weise verwendet wird. Er nutzt jedoch auch die Implikationen eines wahrnehmungsbezogenen Zeigebegriffs, wie er im zweiten Kapitel des vorliegenden Buches erläutert wurde. Man muss sagen: Die entscheidende Implikation für den Erkenntniswert der Literatur – und damit übergeordnet für den Kern nicht-propositionaler Erkenntnis – entnimmt Gabriel dem Zeigen als Praxis, jemanden etwas sehen zu lassen: »Dabei kommt es entscheidend darauf an, demjenigen, den man überzeugen will, Aspekte und Zusammenhänge am (im) ästhetischen Gegenstand sichtbar zu machen, die er bisher nicht bemerkt hat […] Die ästhetische Argumentation arbeitet weniger mit Beweisgründen als vielmehr mit Hinweisen. Ihre entscheidende Grundlage ist, daß der andere das sieht, was ich ihm zu zeigen versuche. Und etwas zu sehen, ist, wie wir ja selbst in ganz alltäglichen Wahrnehmungssituationen erfahren können, eben nicht erzwingbar; es ist aber durch Übung in gewissen Grenzen erlernbar.«[271] Gabriel setzt an dieser Stelle das Lesen von Literatur damit gleich, etwas von jemandem gezeigt zu bekommen. Dies ist nicht unproblematisch, da Lesen und Wahrnehmen zwei unterschiedliche Modi sind. Gabriel ist sich aber auch darüber im Klaren: »Ästhetische Vergegenwärtigungen durch sprachliche Verdichtungen, wie in der Literatur, oder durch anschauliche Präsentation, wie in der Kunst, erfolgen im Modus des zeigenden, nicht-propositionalen ›so ist es‹. (Die Rede von einem sprachlichen Zeigen, [sic] ist letztlich eine Übertragung aus dem Bereich der Anschauung in denjenigen der Sprache.) Dieses ›so‹ lässt sich, wie wir bereits gesehen haben, in seinem Sosein propositional nicht erschöpfend bestimmen.«[272] Genau dieses Argument ist entscheidend für den Erkenntniswert von Ausstellungen mittels Zeigen. Hierfür sollen aber noch weitere Präzisierungen, die Gabriel für das Zeigen im Kontext nicht-propositionaler Erkenntnis gibt, rekonstruiert werden.

Um die Art und Weise, auf die durch Zeigen nicht-propositionale Erkenntnis möglich wird, differenzierter zu bestimmen, macht Gabriel sich das Begriffspaar Präzision – Prägnanz zunutze: »Die Bandbreite [von Erkenntnisweisen] reicht von präziser logischer Argumentation bis zu prägnanter ästhetischer Vergegenwärtigung«[273]. Präzision und Prägnanz werden – unter Zuhilfenahme von Kants Bestimmung der subsumierenden und der reflektierenden Urteilskraft – als logischer Scharfsinn und analogischer Witz bestimmt.[274] Sie sollen zwei Erkenntnisvermögen beschreiben: »Die philosophische Tradition der Aufklärung hat den Unterschied zwischen Scharfsinn und Witz ganz allgemein so bestimmt, dass der Scharfsinn Verschiedenheiten im Ähnlichen und der Witz Ähnlichkeiten im Verschiedenen ausfindig macht. Wir haben es danach mit gegensinnig verfahrenden Erkenntnisvermögen zu tun. Der Scharfsinn ist auf Trennungen, der Witz auf Zusammenhänge aus.«[275] Insofern könnte man klassischerweise den Scharfsinn der Logik zuordnen, die darauf aus ist, durch Unterscheidungen Definitionen zu bilden, und den Witz, der versucht, durch Analogien Zusammenhänge darzustellen, den Künsten: »Der Witz ist ganz allgemein das analogische Erkenntnisvermögen; denn das Erkennen von Zusammenhängen erfolgt durch die Bildung von Analogien [...] Im Unterschied zum analogischen Witz verlangt der logische Scharfsinn, die Konnotationen zu beschränken und in *präzisen* Definitionen ein- beziehungsweise auszugrenzen«.[276]

Worauf aber zielen Präzision und Prägnanz ab? Was soll mit ihnen erreicht werden? »Prägnanz ist wie Präzision eine Form der Genauigkeit.«[277] Präzision und Prägnanz sind also zwei Arten, wie etwas genau erfasst werden kann – entweder, indem es von anderem unterschieden oder aber indem es mit ihm verglichen wird: »Danach [nach Baumgartens Begründung der Ästhetik] haben beide Erkenntnisweisen ihre je eigene Vollkommenheit. Die erste, die logische Vollkommenheit, bemisst sich nach dem Grad begrifflicher Deutlichkeit oder logischer Präzision. Die zweite, die ästhetische Vollkommenheit, bemisst sich nach dem Grad anschaulicher Dichte oder ästhetischer Prägnanz.«[278] Gabriel führt das erkenntnistheoretische Begriffspaar der Klarheit und der Deutlichkeit in Bezug zu Präzision und Prägnanz ein. In einer Erkenntnistheorie, die offen für ästhetische oder nicht-propositionale Erkenntnis ist, zielen ihm zufolge Künste auf Klarheit, die Logik jedoch zusätzlich auf Deutlichkeit ab – zusätzlich darum, weil Deutlichkeit die Steigerung einer klaren Erkenntnis ist. Eine klare Erkenntnis hat man beispielsweise dann, wenn man Gegenstände wiedererkennen kann, eine deutliche, wenn man die Kriterien dafür angeben kann, wodurch sie sich von anderen Gegenständen unterscheiden. Dieser idealtypische Gegensatz beläuft sich auf Folgendes: »Das Ziel wissenschaftlicher Explikationen ist es, verworrene in deutliche Begriffe zu überführen, also zu *präzisieren*. Komplementär dazu hat aber für den ästhetischen Bereich die positive Deutung der Verworrenheit Bestand, die in der prägnanten Verworrenheit einen gebündelten konnotativen Bedeutungsüberschuss am Werk sieht.«[279]

Allerdings ist diese Gegenüberstellung Gabriels mit ihrem Verweis auf die Philosophiegeschichte idealtypisch. Man hat es hier mit einer Unterscheidung zu tun, die das Feld möglicher Erkenntnisweisen abzustecken versucht. Gabriel macht aber, ganz im Sinne seines komplementären Pluralismus, darauf aufmerksam, dass es

Mischformen gibt beziehungsweise sich hinsichtlich Präzision und Prägnanz Binnenunterscheidungen treffen lassen: So unterscheidet er beispielhaft den wissenschaftlichen und ästhetischen Witz, was bedeutet, dass die Prägnanz nicht einfach dem ästhetischen, sprich künstlerischen Bereich zugeordnet werden kann, sondern es eben auch eine wissenschaftliche Prägnanz gibt.[280] Auf der anderen Seite macht er auch bei der Präzision eine Unterscheidung: Ebenso, wie es eine wissenschaftliche Präzision gibt, gibt es gleichermaßen eine ästhetische, die Gabriel mit dem Gegensatzpaar von Scharf- und Feinsinn bezeichnet.[281] Nichtsdestoweniger lässt sich mit Gabriel aber auch sagen, dass Literatur in der Regel etwas im Modus der Prägnanz erkennen lässt. So lässt sich sagen, dass die Unterscheidung zwischen Präzision und Prägnanz an der Gegenüberstellung von Logik und Literatur besonders präzise wird.

Gabriel bezieht sich hinsichtlich der Unterscheidung in Präzision und Prägnanz auf Kant, mit dem er versucht, das, worauf beide Erkenntnisvermögen jeweils abzielen, genauer zu bestimmen. Die Präzision entspricht dem Erkenntnisvermögen der subsumierenden oder bestimmenden, die Prägnanz jenem der reflektierenden Urteilskraft. In der einen Weise wird vom Allgemeinen zum Besonderen gegangen, in der anderem vom Besonderen zum Allgemeinen. Hervorgehoben wird die Prägnanz, weil diese nun einmal typisch für den ästhetischen Bereich sei, dahingehend, »dass das Besondere das bedeutsame Einzelne ist, das über sich hinaus auf Allgemeines verweist«.[282]

Jedoch kann diese idealtypische Unterscheidung schnell dazu führen, das Spektrum von Erkenntnisleistungen zu einseitig zu denken: hier die Unterscheidungen, dort die Zusammenhänge. Deswegen muss ein Punkt hervorgehoben werden, der bei Gabriel zwar angelegt ist, aber nicht deutlich genug gemacht wird: »Der Umgang mit Begriffen betrifft unser Unterscheidungswissen. Dieses läuft […] nicht unbedingt auf Definitionen hinaus […] Die Wissenschaften und die Künste haben es beide mit Differenzierung zu tun. Ohne die Ausbildung von Differenzen gibt es kein Erkennen.«[283] Das heißt also, dass sich Präzision und Prägnanz eben nicht einfach einem der beiden Bereiche zuordnen lässt: Es kann eine präzise Kunst geben, wie es auch eine prägnante Wissenschaft geben kann. Es lässt sich also folgern, dass Erkenntnis, ganz gleich in welcher Form, darauf abzielt, zu unterscheiden und zu vergleichen. Anders gesagt: Es geht eben darum, Verschiedenes in Ähnlichem und Ähnliches in Verschiedenem zu finden. Und das meint bei Gabriel: entweder begrifflich oder zeigend.

Ausstellen ist das Zeigen von Sinn

Gabriel entwickelt einen Begriff des Zeigens, dem ein Erkenntniswert zugesprochen werden kann. In spezifischer Hinsicht können Zeigeakte Erkenntnisleistungen erbringen. Er arbeitet dies im Besonderen für die Literatur aus, aber, wie die Rekonstruktion gezeigt hat, lässt sich dies als ein besonderer Fall epistemischen Zeigens verstehen. Ein anderer Fall ist das Ausstellen.

Gabriel unterscheidet drei Weisen, auf die sprachliche Zeichen bedeutsam werden können. Er unterscheidet dabei den Erkenntnisprozess in der Wissenschaft als Kombination von Verweisen und Mitteilen vom Erkenntnisprozess in der Literatur als Kombination von Mitteilen und Aufweisen. Ausstellungen lassen zwar keine sprachlichen Zeichen bedeutsam werden, aber mit Gabriel ließe sich sagen, dass Ausstellungen in dieser Differenzierung einem dritten, nicht angesprochenen Typus entsprechen: Ausstellungen zeichnen sich durch Verweisen und Aufweisen aus. Die Rede vom Verweisen meint, dass sprachliche Zeichen auf Wirklichkeit hinweisen. In diesem Sinne ist es hier angemessen, vom Zeigen zu sprechen. Ausstellungen zeigen Wirklichkeit.[284] Ihren Erkenntniswert erhalten sie dadurch, dass sie durch das Zeigen von Wirklichkeit Sinn aufweisen. In der hier vorgeschlagenen Terminologie lässt sich spezifizieren, dass, durch Platzierung aufgewiesen, eben Allgemeines, Sinn oder Zusammenhang gezeigt wird. Diese These soll im Gespräch mit Gabriel weiter expliziert werden.

Der Gedanke des Übergangs zwischen den Erkenntnisvermögen im ästhetischen Bereich soll stärker gemacht werden, als er bei Gabriel angelegt ist. Es muss sogar gesagt werden, dass Ausstellungen *das* Beispiel für diesen Übergang sind. An Ausstellungen als Konstellationen wird ersichtlich, dass sich ein strikter Gegensatz zwischen der Präzision der Logik und der Prägnanz der Kunst nicht aufrechterhalten lässt. Ausstellungen als Konstellationen kommt ein Erkenntniswert zu, da innerhalb des Rahmens der Präzision und Prägnanz etwas gezeigt wird. Die Relationen werden gezeigt, indem Unterschiedliches und Ähnliches als Unterschiedliches und Ähnliches gezeigt werden. Ausstellungen können je nach Thema oder These eher präzise oder prägnant sein oder gar auch nur eins von beidem. Will eine Ausstellung Unterschiede oder Ähnlichkeiten zeigen? Divergenzen oder Zusammenhänge? Der Gedanke Gabriels, der hier verteidigt werden soll, ist, dass nicht nur begrifflich, sondern auch zeigend unterschieden und verglichen werden kann. Dies ist in einer Ausstellung der typische Fall, wenn beispielsweise Kunstwerke oder Artefakte gegenüber- oder nebeneinandergestellt werden. Zeigend sollen Gemeinsamkeiten und Unterschiede herausgestellt werden. Ausstellungen sprechen demnach unterschiedliche Erkenntnisvermögen an und können sich beide zunutze machen. Die Unterschiede und Gemeinsamkeiten werden wahrnehmbar gemacht.

Damit die Unterscheidung zwischen Präzision und Prägnanz zu keiner Unterscheidung zwischen Logik und Ästhetik wird, wird der Vorschlag gemacht, Grade der Präzision und Grade der Prägnanz zu unterscheiden. Dann ließe sich sagen, dass im Bereich der Ästhetik eher das Erkenntnisvermögen der Prägnanz angesprochen wird, in der Logik eher jenes der Präzision; jedoch ohne dass das jeweils andere ausgeschlossen werden müsste. Warum sollte eine Anschauung auch nur prägnant sein können? Warum sollte die Anschauung nur Verbindendes, Zusammenhängendes erkennen lassen können? Unsere alltägliche Wahrnehmung ist in dem Sinne schon präzise, dass wir Dinge wahrnehmend voneinander unterscheiden. Dass sich nur Zusammenhängendes zeigen lässt, ist aus zweierlei Gründen nicht überzeugend. Zum einen sehe ich bei der Gegenüberstellung beispielsweise zweier Kunstwerke nicht nur ihr Verbindendes, sondern eben auch ihr Unterscheidendes. Hieran wird auch die Gradualität deutlich: Unterschiedliches oder Gemeinsames kann nur oberflächlich oder aber auch detailliert wahrgenommen werden. Zum anderen kann ich das eine nicht ohne das andere haben. Wenn ich ein Bewusstsein davon habe, was verbindet, muss ich notwendigerweise ein Bewusstsein davon haben, was trennt. Dies wird in Gabriels Formulierung des Erkennens von Verschiedenem im Ähnlichem und von Ähnlichem im

Verschiedenen deutlich. Ich kann das eine nur aufgrund – und das lässt sich für die Wahrnehmung sogar wortwörtlich sagen – des anderen erkennen. Wenn ich Verschiedenes erkenne, dann muss ich schon das Ähnliche erkannt haben, so wie ich, wenn ich das Ähnliche erkenne, auch schon das Verschiedene erkannt haben muss. Zusammenhang und Unterschied sind Korrelate. Begrifflich lässt sich dies differenzieren, aber realiter besteht der Akt des Erkennens aus Prägnanz und Präzision, weil *ähnlich* und *verschieden* zwei Seiten einer Medaille sind. Man kann jedoch unterscheiden, *wie* prägnant und *wie* präzise etwas ist. Es gibt Grade der Prägnanz und Präzision. Was variabel ist, sind diese jeweiligen Grade. Ein Beispiel: Denkt man Präzision und Prägnanz in Graden, dann ermöglicht dies eine Perspektive auf das Werk Adornos, in der er eben nicht darum bemüht ist, präzise Begriffe zu begründen, sondern prägnante. So kann Adornos Werk problemlos als ein Werk verstanden werden, dass zwar begrifflich arbeitet, aber im Sinne von Verdichtungen und Assoziationen und weniger in Unterscheidungen und Divergenzen. Sowohl Logik als auch Ästhetik sind darum bemüht, Verschiedenes in Ähnlichem und Ähnliches in Verschiedenem zu finden.

Wenn das Ziel der Logik, deren Mittel der Begriff ist, aber die Definition ist, was kann dann das Ziel der Ästhetik oder, besser gesagt, der Ausstellung sein? Ausstellungen geben keine Definitionen. Ausstellungen, so lässt sich wieder an Schwarte anschließen, zielen auf Evidenz ab. Sinn und Zweck einer Ausstellung – mit Erkenntnisanspruch – ist es, das Intendierte evident werden zu lassen. Mit Brock gesprochen heißt das: »Weltvertrauen durch eigenen Augenschein nennen wir Evidenzerfahrung […] Evidenzerleben bestätigt unser Urteil nach eigenem Augenschein«[285]. Ausstellungen vollziehen das, was Brock auch »ostentatives Bezeugen«[286] nennt. In Gabriels Worten heißt das, dass mithilfe von Ausstellungen eine »propositional unbegründbare Gewissheit«[287] erbracht werden soll. In diesem Sinn lässt sich auch hier anschließend folgern: »Somit können sie [in diesem Fall nun die Ausstellungen] zwar nicht wahrheitsfähig sein, stattdessen aber sehr wohl richtig oder aufschlußreich und insofern immerhin zustimmungsfähig. Auch wenn die ästhetische Erkenntnis, die sie ermöglichen, nicht erzwingbar ist, kann dies kein Grund sein, nicht von Erkenntnis zu sprechen.«[288] Ausstellungen als Konstellationen zielen auf Evidenz, das heißt hier: auf unbezweifelbare Wahrnehmungserfahrungen, ab. Mit Gabriel lässt sich dann darüber hinaus sagen, dass dieser Akt eben auch scheitern kann. Jemand muss nicht von dem überzeugt sein, was er sieht; das heißt im Sinne des Zeigens, dass er das nicht sieht, was gezeigt werden soll. Der Akt des Zeigens ist gescheitert. Durch eine Ausstellung eine Überzeugung zu erlangen heißt, das Intendierte zu sehen. Der Akt des Zeigens, das meint des Ausstellens, gelingt, wenn der Besucher das Intendierte sieht. Dabei kann es sich beispielsweise darum handeln, dass die Exemplifikation von Schweisen ein Merkmal des Impressionismus ist. Wer dies nicht sieht, gelangt auch nicht zu dieser Überzeugung. Ausstellungen versuchen, mit dem Zeigen von Unterschieden und Gemeinsamkeiten Sinn erfahrbar zu machen. Der Erkenntniswert von Ausstellungen verwirklicht sich, wo Sinn durch Unterscheidung und Vergleich erfahrbar wird. Um noch einmal auf Gabriels Zeigebegriff zu kommen: »Dabei kommt es entscheidend darauf an, demjenigen, den man überzeugen will, Aspekte und Zusammenhänge am (im) ästhetischen Gegenstand sichtbar zu machen, die er bisher nicht bemerkt hat […] Ihre entscheidende Grundlage ist, daß der andere das sieht, was ich ihm zu zeigen versuche.«[289] Für die Ausstellung als Konstellation gilt nun, dass sie dies nicht anhand eines Gegenstandes vollbringt, sondern durch In-Bezug-Setzen mehrerer Gegenstände.

In Anschluss an Gabriel lässt sich weiterhin sagen, dass auch Ausstellungen als Kollektionen ein epistemischer Wert zukommt, wenn man im Sinne der kognitiven Welterschließung zwischen Erkenntnis und Kenntnis unterscheidet. Ausstellungen als Kollektionen sind die Versammlung von Einzeldingen. Kollektionen, so lässt sich sagen, machen jemanden mit Dingen bekannt: »Wir können (B. Russells Unterscheidung von ›knowledge by acquaintance‹ und ›knowledge by description‹ folgend) mit ihnen [Gegebenheitsweisen] bekannt sein, ohne sie sprachlich zu beschreiben.«[290] Ihr epistemischer Wert liegt darin, Kenntnis von einer Sache zu erhalten, Einsicht in ihre Bedeutung, in ihren Gegenstandsumfang. Wer eine Impressionismus-Ausstellung besucht, die als Kollektion gilt, also impressionistische Werke als impressionistische Werke ausstellt, der erlangt Bekanntschaft, und das meint Kenntnis mit diesen Dingen. Gabriels Rede von Bildern lässt sich in dieser Hinsicht treffend auf Ausstellungen übertragen: »Bilder machen uns mit Sachen und Sachverhalten *anschaulich* bekannt, ohne diese *begrifflich* zu beschreiben.«[291]

Der Begriff des Kenners oder der Kennerschaft im Alltäglichen ist deswegen irreführend, weil ein Kenner eben nicht nur weiß, was wozu gehört – beispielsweise, dass *Le Déjeuner sur l'herbe* ein impressionistisches Gemälde ist –, sondern auch darum weiß, warum es dazu gehört – weil es eine subjektive Wahrnehmung exemplifiziert. In genau der letztgenannten Weise fungieren Ausstellungen als Konstellationen. Ausstellungen können zeigen, was wozu gehört, und Ausstellungen können zeigen, was warum oder warum nicht zu etwas gehört. Was in einer Ausstellung gezeigt wird, lässt sich jedoch womöglich auch propositional bestimmen.[292] So sind entsprechend oft die Titel einer Ausstellung Thesen: Die Ausstellung soll dann diese These begründen. Das macht sie aber eben nicht-propositional: »Die Angemessenheit der Einstellung zum Objekt ist also abhängig vom Ort und von der Intention der Aufstellung, die in allen Fällen eine *Aus*stellung im Sinne einer Zur-Schau-Stellung ist.«[293] Weder sind die Exponate Aussagen noch sind es die Zeigeakte. Dementsprechend reden viele Ausstellungstheoretiker behelfsmäßig von Aussagen, davon, dass also Exponate Aussagen seien oder mit Exponaten Aussagen getroffen würden. Erkenntnistheoretisch verwischt diese Redeweise jedoch wichtige begriffliche Unterscheidungen. Man könnte noch formulieren: Ausstellungen zeigen Exponate, als ob sie Aussagen wären – aber das macht sie noch nicht zu Aussagen. Wer in eine Ausstellung geht und erwartet, dass Aussagen getroffen werden, wäre besser damit beraten, ein Buch zu lesen. Ausstellungen zeigen etwas, es soll etwas evident werden.

Ausstellungen sind keine Wissenschaft, und es ist irreführend so zu reden, als wären sie Forschungen oder Experimente. Diese Redeweise ist metaphorisch und als solche sollte sie in diesem Diskurs auch deutlich gemacht werden. Man kann Siegfried Mattl nur zustimmen: »Ausstellungen (wie Museen) leiden heute darunter, daß sie ›wissenschaftlichen Status‹ zugesprochen erhalten haben«.[294] Dem epistemischen Potenzial von Ausstellungen wird man nur gerecht, wenn nicht nur Vergleiche, sondern auch Unterschiede gemacht werden. Doch dass sie nicht in den Bereich der Wissenschaft fallen, heißt noch nicht, dass sie epistemisch bedeutungslos wären. Ausstellungen können etwas erkennen lassen (sie können natürlich auch scheitern, so wie wissenschaftliche Argumentationen auch), aber eben im Wege einer anderen Art von Erkenntnis. Man tut gut daran, den Erkenntnischarakter von Ausstellungen anzuerkennen, aber sie nicht als wissenschaftlich auszuweisen – es bedarf eines demütigeren Erkenntnisbegriffs. Eine Ausstellung kann eine Argumentation oder ein Experiment nicht ersetzen, aber sie kann es begleiten. Und ›begleiten‹ meint hier nicht ›illustrieren‹, sondern die Erkenntnisvermögen auf eine andere, eben nicht-begriffliche Weise ansprechen.

Wenn auch Titel oder Ausschreibungstexte propositional sind: Das Gesagte hat in Ausstellungen sein Korrelat in der Wahrnehmung. Es ist nur dann gerechtfertigt, wenn es auch gesehen wird. Man kommt zu Überzeugungen, aber nicht aufgrund wahrer Aussagen. Und das ist die Aufgabe der Ausstellung: etwas evident zu machen. In Ausstellungen als Konstellationen wird Einzelnes zu etwas Besonderem, das auf Allgemeines geht, dadurch, dass Einzelnes in Bezug gestellt wird. Ausstellungen zielen darauf, Sinn zu zeigen. Anders gesagt: Sinn wird sinnlich gezeigt.

ANMERKUNGEN

1. Ausstellung und Erkenntnis: ein selbstverständlicher Anspruch?

1 Joachim Baur, »Ausstellen. Trends und Tendenzen im kulturhistorischen Feld«, in: Bernhard Graf und Volker Rodekamp (Hg.), *Museen zwischen Qualität und Relevanz. Denkschrift zur Lage der Museen*, Berlin 2012, S. 131–144, hier S. 131.

2 Wolfgang Ullrich, »Das Museum im Zeitalter des Ausstellens«, S. 10f. https://ideenfreiheit.files.wordpress.com/2015/05/kunstraum-mc3bcnchen.pdf, zuletzt abgerufen: 1.4.2023.

3 Ebd.

4 Vgl. ebd., S. 11.

5 Baur, »Ausstellen. Trends und Tendenzen im kulturhistorischen Feld«, S. 138.

6 Siehe http://www.museumstechnik.de/wp-content/uploads/2014/09/Projektdaten_mittendrin_1998.pdf, zuletzt abgerufen: 1.4.2023.

7 Wolfgang Ullrich, »Stoppt die Banalisierung«, in: *Die Zeit*, Nr. 13/2015, https://www.zeit.de/2015/13/kunst-vermittlung-museum, zuletzt abgerufen: 27.9.2023.

8 Baur, »Ausstellen. Trends und Tendenzen im kulturhistorischen Feld«, S. 131.

9 Ullrich, »Das Museum im Zeitalter des Ausstellens«, S. 16.

10 http://www.alexandranocke.de/site/downloads/Flyer_DIG.pdf, zuletzt abgerufen: 1.4.2023.

11 https://www.dhm.de/ueber-uns/gruendung-geschichte.html, zuletzt abgerufen: 1.4.2023.

12 Martin Warnke, »Show-Stücke im Büro«, http://www.zeit.de/2010/09/Macht-zeigen/komplettansicht, zuletzt abgerufen: 1.4.2023.

13 http://www.stern.de/politik/deutschland/wiedereroeffnung-neue-ausstellung-mit-alter-these-3376576.html, zuletzt abgerufen: 1.4.2023.

14 https://www.ddr-museum.de/de/sammlung/ausstellung, zuletzt abgerufen: 1.4.2023.

15 https://www.staedelmuseum.de/de/vangogh, zuletzt abgerufen: 1.4.2023.

16 Ebd.

17 Klaus Neumann, »Die ›saubere‹ Wehrmacht. Gesellschaftsgeschichte einer Legende«, in: *Mittelweg 36* 7/4, 1998, S. 8–18.

18 Beispielhaft für die Kritik steht hier Bogdan Musial, »Bilder einer Ausstellung. Kritische Anmerkungen zur Wanderausstellung ›Vernichtungskrieg. Verbrechen der Wehrmacht 1941 bis 1944‹«, in: *Vierteljahreshefte für Zeitgeschichte* 47 (Oktober 1999), S. 563–591.

19 Vgl. Gerd Krumeich, »Ein einzigartiges Werk. Einführung zur Neuausgabe von ›Krieg dem Kriege‹«, in: Ernst Friedrich, *Krieg dem Kriege*, Berlin 2015, S. VII–XXXVII, hier S. XXVI.

20 Vgl. Bodo-Michael Baumunk und Klaus Vogel, »Die neue Dauerausstellung des Deutschen Hygiene-Museums (2004/05). Ein Gespräch zwischen Bodo-Michael Baumunk und Klaus Vogel«, in: Gisela Staupe und Klaus Vogel (Hg.), *Themen zeigen im Raum. Ausstellungen des Deutschen Hygiene-Museums*, Berlin 2018, S. 150–153, hier S. 153.

21 https://www.hgb-leipzig.de/lehre/kulturendeskuratorischen, zuletzt abgerufen: 1.4.2023.

22 Klaus Vogel, »Das Deutsche Hygiene-Museum. Ein Diskursort für alle«, in: *Themen zeigen im Raum*, S. 12–17, hier S. 14f

23 Ebd. Dem schließt sich auch Michael Baxandall an: Der Museumsbesucher »expects things to look at and he expects a large part of his activity in the exhibition to consist of looking. If this were not so he would have stayed at home and read a book«. Michael Baxandall, »Exhibiting Intention: Some Preconditions of the Visual Display of Culturally Purposeful Objects«, in: Ivan Karp und Steven D. Lavine (Hg.), *Exhibiting Cultures. The Poetics and Politics of Museum Display*, Smithsonian Institution 1991, S. 33–41, hier S. 33.

24 Bodo-Michael Baumunk, »Begegnungen der unheimlichen Art«, in: *Themen zeigen im Raum*, S. 68–73, hier S. 73.

25 Annette Lepenies, »Die Expertise der Besucher*innen«, in: *Themen zeigen im Raum*, S. 88–93, hier S. 91.

26 Ebd., S. 92.

27 Ebd., S. 93.

28 Nicola Lepp, »Von der Logik der Themen zur Logik der Anordnung«, in: *Themen zeigen im Raum*, S. 104–109, hier S. 98.

29 Ebd.

30 Ebd., S. 107.

31 Beide Zitate: Via Lewandowsky, »Die Kunst als Bergführer«, in: *Themen zeigen im Raum*, S. 124–125, hier S. 118.

32 Petra Lutz, »Kraftwerk Religion. Über Gott und die Menschen«, in: *Themen zeigen im Raum*, S. 206–209, hier S. 206.

33 Detlef Weitz, »Eine unsichtbare Kunst oder Wege der künstlerischen Szenografie«, in: *Themen zeigen im Raum*, S. 218–223, S. 219.

34 Ebd., S. 223.

35 Colleen M. Schmitz, »tanz! Wie wir uns in der Welt bewegen«, in: *Themen zeigen im Raum*, S. 248–253, hier S. 249.

36 Daniel Tyradellis, »Das Museum, das Schiff, die Ausstellung und ihre Liebhaber«, in: *Themen zeigen im Raum*, S. 242–247, hier S. 243.

37 Ders., *Müde Museen. Oder: Wie Ausstellungen unser Denken verändern können*, Hamburg 2014, S. 76.

38 Ebd., S. 134.

39 Ebd., S. 23.

40 Gisela Staupe, »Ausstellungen immer wieder neu denken. Strategien eines Museums«, in: *Themen zeigen im Raum*, S. 18–23, hier S. 20.

41 Zu einer ähnlichen Einschätzung kommt auch Bernadette Collenberg-Plotnikov, »Das Museum als Provokation der Philosophie. Zur Einführung«, in: dies. (Hg.), *Das Museum als Provokation der Philosophie. Beiträge zu einer aktuellen Debatte*, Bielefeld 2018, S. 9–33, hier S. 9.

42 Vgl. Walter Hochreiter, *Vom Musentempel zum Lernort. Zur Sozialgeschichte deutscher Museen 1800–1914*, Darmstadt 1994; Uwe M. Schneede (Hg.), *Museum 2000 – Erlebnispark oder Bildungsstätte?* Köln 2000.

43 Vgl. *Museumskunde* 84/2019.

44 Uwe Christian Dech, *Sehenlernen im Museum. Ein Konzept zur Wahrnehmung und Präsentation von Exponaten*, Bielefeld 2003; Stapferhaus Lenzburg, Sibylle Lichtensteiger, Aline Minder und Detlef Vögeli (Hg.), *Dramaturgie in der Ausstellung. Begriffe und Konzepte für die Praxis*, Bielefeld 2014; Tobias G. Natter, Michael Fehr und Bettina Habsburg-Lothringen (Hg.), *Die Praxis der Ausstellung. Über museale Konzepte auf Zeit und Dauer*, Bielefeld 2012; Evelyn Dawid und Robert Schlesinger (Hg.), *Texte in Museen und Ausstellungen. Ein Praxisleitfaden*, Bielefeld 2015, und Philipp Aumann und Frank Duerr, *Ausstellungen machen*, Paderborn 2013.

45 Vgl. Heike Gfrereis, Thomas Thiemeyer und Bernhard Tschofen (Hg.), *Museen verstehen. Begriffe der Theorie und Praxis*, Göttingen 2015; Anke te Heesen, *Theorien des Museums zur Einführung*, Hamburg 2013.

46 Vgl. Angela Jannelli, *Wilde Museen. Zur Museologie des Amateurmuseums*, Bielefeld 2012; Walter Grasskamp, *Das Kunstmuseum. Eine erfolgreiche Fehlkonstruktion*, München 2016; Andrea Brait und Anja Früh (Hg.), *Museen als Orte geschichtspolitischer Verhandlungen. Ethnografische und historische Museen im Wandel*, Muttenz/Basel 2017 und Charlotte Klonk, *Spaces of Experience. Art Gallery Interiors from 1800 to 2000*, New Haven, Conn., und London 2009.

47 Lisa Spanka, *Vergegenwärtigungen von Geschlecht und Nation im Museum. Das Deutsche Historische Museum und das Dänische Nationalmuseum im Vergleich*, Bielefeld 2019, und Stefan Laube, *Das Lutherhaus Wittenberg. Eine Museumsgeschichte*, Leipzig 2003.

48 Jana Scholze, *Medium Ausstellung. Lektüren musealer Gestaltung in Oxford, Leipzig, Amsterdam und Berlin*, Bielefeld 2004.

49 Vgl. Hilde Hein, *Naturwissenschaft, Kunst und Wahrnehmung. Der neue Museumstyp aus San Francisco*, Stuttgart 1993; Horst Bredekamp, *Anti-*

kensehnsucht und Maschinenglauben. Die Geschichte der Kunstkammer und die Zukunft der Kunstgeschichte, Berlin 1993, und Tobias G. Natter, *Das Schaudepot. Zwischen offenem Magazin und Inszenierung*, Bielefeld 2014.

50 Volker Kirchberg, *Gesellschaftliche Funktionen von Museen: Makro-, meso- und mikrosoziologische Perspektiven*, Wiesbaden 2005; Tony Bennett, *The Birth of the Museum: History, Theory, Politics*, London 1995; Sharon Macdonald (Hg.), *The Politics of Display. Museums, Science, Culture*, London und New York 1998; und Natalie Bayer, Belinda Kazeem-Kamiński und Nora Sternfeld (Hg.), *Kuratieren als antirassistische Praxis*, Berlin und Boston, Mass., 2017.

51 Vgl. Robert Gander, Andreas Rudigier und Bruno Winkler (Hg.), *Museum und Gegenwart. Verhandlungsorte und Aktionsfelder für soziale Verantwortung und gesellschaftlichen Wandel*, Bielefeld 2015.

52 Vgl. Anna Greve, *Koloniales Erbe in Museen. Kritische Weißseinsforschung in der praktischen Museumsarbeit*, Bielefeld 2019.

53 Vgl. Heidemarie Uhl und Ljiljana Radonic (Hg.), *Das umkämpfte Museum. Zeitgeschichte ausstellen zwischen Dekonstruktion und Sinnstiftung*, Bielefeld 2020; Tim Wolfgarten, *Zur Repräsentation des Anderen. Eine Untersuchung von Bildern in Themenausstellungen zu Migration seit 1974*, Bielefeld 2019.

54 Sabine Coelsch-Foisner und Douglas Brown (Hg.), *The Museal Turn*, Heidelberg 2012.

55 Denn dies meint ja die Rede von einem *turn*, dass grundlegende Fragen unter dem entsprechenden Paradigma einer Neubewertung bedürften.

56 Hildegard Vieregg, *Museumswissenschaften*, Paderborn 2006, S. 13ff

57 Klappentext: Heike Kirchhoff und Martin Schmidt (Hg.): *Das magische Dreieck. Die Museumsausstellung als Zusammenspiel von Kuratoren, Museumspädagogen und Gestaltern*, Bielefeld 2007.

58 Collenberg-Plotnikov, »Das Museum als Provokation der Philosophie. Zur Einführung«, S. 18.

59 Ellen Spickernagel und Brigitte Walbe (Hg.), *Das Museum. Lernort contra Musentempel*, Gießen 1976.

60 Vgl. exemplarisch Gisela Staupe (Hg.), *Das Museum als Lern- und Erfahrungsraum. Grundlagen und Praxisbeispiele*, Köln und Weimar 2012.

61 Siegfried Giedion, »Lebendiges Museum«, in: *Der Cicerone* 21 (1929), S. 103–106.

62 Vgl. hierzu auch Anke te Heesen und Margarete Vöhringer, *Wissenschaft im Museum. Ausstellung im Labor*, Berlin 2014.

63 Vgl. Uwe M. Schneede, »Einführung«, in: ders., *Museum 2000 – Erlebnispark oder Bildungsstätte*, Köln 2000, S. 7–17, hier S. 10.

64 Anke te Heesen und Petra Lutz (Hg.), *Dingwelten. Das Museum als Erkenntnisort*, Köln 2005.

65 Im Übrigen auch eine Position, die Tyradellis zumindest terminologisch

vertritt. Vgl. beispielsweise Tyradellis, *Müde Museen*, S. 135. Ebenso vertritt Elke Bippus für die künstlerische Forschung diesen Ansatz: »Modellierungen ästhetischer Wissensproduktion in Laboratorien der Kunst«, in: Martin Tröndle und Julia Warmers (Hg.), *Kunstforschung als ästhetische Wissenschaft*, Bielefeld 2012, S. 107–126.

66 Anke te Heesen und Margarete Vöhringer, »›Wissenschaft im Museum – Ausstellung im Labor‹«, in: *Wissenschaft im Museum – Ausstellung im Labor*, hrsg. von Anke te Heesen und Margarete Vöhringer, S. 7–17, S. 10f.

67 Ebd., S. 11.

68 Vgl. Karin Knorr-Cetina, *Wissenskulturen. Ein Vergleich naturwissenschaftlicher Wissensformen*, Frankfurt a. M. 2002; Hans-Jörg Rheinberger, *Experimentalsysteme und epistemische Dinge. Eine Geschichte der Proteinsynthese im Reagenzglas*, Göttingen 2002 und ders., *Historische Epistemologie zur Einführung*, Hamburg 2007.

69 Vgl. Stefanie Kohl, *Wissenschaftsmuseen. Das Berliner Medizinhistorische Museum der Charité und die Londoner Wellcome Collection als Orte des Wissens*, Bielefeld 2020; Dagmar Steffen, »Die Ausstellung als Plattform für Experimente? Betrachtungen zur (Un-)Sichtbarkeit und Präsentation von wissenschaftlichen und künstlerischen Experimenten«, in: Kathrin Busch, Burkhard Meltzer und Tido von Oppeln (Hg.), *Ausstellen. Zur Kritik der Wirksamkeit in den Künsten*, Zürich 2016, S. 267–290.

70 Peter Noever (Hg.), *Das diskursive Museum*, Ostfildern-Ruit 2001.

71 Klaus Vogel, »Das Deutsche Hygiene-Museum. Ein Diskursort für alle«, in: *Themen zeigen im Raum*, S. 14.

72 Antonia Wunderlich, *Der Philosoph im Museum. Die Ausstellung ›Les Immatérieux‹ von Jean-François Lyotard*, Bielefeld 2008.

73 Bernadette Collenberg-Plotnikov (Hg.), *Das Museum als Provokation der Philosophie. Beiträge zu einer aktuellen Debatte*, Bielefeld 2018.

74 Klaus Krüger, Elke Anna Werner und Andreas Schalhorn (Hg.), *Evidenzen des Expositorischen. Wie in Ausstellungen Wissen, Erkenntnis und ästhetische Bedeutung erzeugt wird*, Bielefeld 2019.

75 Catherine Nichols, »Das Drama der Leidenschaften. Eine ›Ausstellung als …‹«, in: *Themen zeigen im Raum*, S. 230–235, hier S. 231. Diese Position teilt auch Anke Haarmann hinsichtlich der Rolle des Ausstellens für die künstlerische Forschung, vgl. Anke Haarmann, *Artistic Research. Eine epistemologische Ästhetik*, Bielefeld 2019, S. 69.

76 Ekkehard Mai, *Expositionen. Geschichte und Kritik des Ausstellungswesens*, München 1986.

77 Margarete Erber-Groiß, Severin Heinisch, Hubert Christian Ehalt und Helmut Konrad (Hg.), *Kult und Kultur des Ausstellens. Beiträge zur Praxis, Theorie und Didaktik des Museums*, Wien 1992.

78 Vgl. zur Soziogenese der Ausstellungen: Werner Hanak-Lettner, *Die Ausstellung als Drama. Wie das Museum aus dem Theater entstand*, Biele-

feld 2010, und *Ausstellungen. Vom Display zur Animation*, Texte zur Kunst 11 (März 2001).

79 Gottfried Korff, *Museumsdinge. Deponieren – Exponieren*, hrsg. von Martina Eberspächer, Gudrun Marlene König und Bernhard Tschofen, Köln, Weimar und Wien 2002; Heinrich T. Gürtler, Gottfried Korff, Ulrich Borsdorf, *Das Zeigen der Dinge. Wahrnehmung und Erkenntnis im Museum*, Köln 2014.

80 Alexander Klein, *Expositum. Zum Verhältnis von Ausstellung und Wirklichkeit*, Bielefeld 2004.

81 Tyradellis stellt hier gewissermaßen eine Ausnahme dar, der Ausstellungen als einen »dritten Ort« gegenüber Museen sieht. Siehe Tyradellis, *Müde Museen*, S. 22.

82 Anke te Heesen, *Theorien des Museums zur Einführung*, Hamburg 2015.

83 Colleen M. Schmitz, »Krieg und Medizin«, in: *Themen zeigen im Raum*, S. 194–199, hier S. 194.

84 Ullrich, »Das Museum im Zeitalter des Ausstellens«, S. 16.

2. Der Begriff des Ausstellens

1 Vgl. Gottfried Gabriel, *Erkenntnis*, Berlin und Boston, Mass., 2015, S. 125.

2 Das zeigt sich schon auf der Ebene der Überschriften. Eine Auswahl: Werner Hanak-Lettner, *Die Ausstellung als Drama. Wie das Museum aus dem Theater entstand*, Bielefeld 2010; Luise Reitstätter, *Die Ausstellung verhandeln. Von Interaktionen im musealen Raum*, Bielefeld 2015; und Jana Scholze, *Medium Ausstellung. Lektüren musealer Gestaltung in Oxford, Leipzig, Amsterdam und Berlin*, Bielefeld 2004.

3 Vgl. Klaus Krüger, Elke A. Werner und Andreas Schalhorn (Hg.), *Evidenzen des Expositorischen. Wie in Ausstellungen Wissen, Erkenntnis und ästhetische Bedeutung erzeugt wird*, Bielefeld 2019.

4 Dorothea von Hantelmann und Carolin Meister, »Einleitung«, in: dies. (Hg.), *Die Ausstellung. Politik eines Rituals*, Zürich und Berlin 2010, S. 8.

5 Das lässt sich auch so über den Großteil der englischsprachigen Diskussion konstatieren. Es geht eher um das Museum als solches oder aber Mittel und Möglichkeiten, um effektiv auszustellen. Bestimmungen dessen, was die Tätigkeit des Ausstellens ausmacht, sind kaum anzutreffen. Vgl. exemplarisch: Hugh H. Genoways (Hg.), *Museum Philosophy for the Twenty-first Century*, Lanham, Md., 2006; Philipp Hughes, *Exhibition Design. An Introduction*, London [2]2015; Marry A. Staniszewski, *The Power of Display. A History of Exhibition Installations at the Museum of Modern Art*, Cambridge 2001; Victoria S. Harrison, Anna Bergqvist und Gary Kemp (Hg.), *Philosophy and Museums. Essays on the Philosophy of Museums*, Cambridge 2016; Beth Lord (Hg.), *Philosophy and the Museum*, in: *International Journal of Museum Management*

and Curatorship 21/2 (2006); Andrea Witcomb und Kylie Message (Hg.), *Museum Theory*, The International Handbook of Museum Studies, Bd. 1, Hoboken, N. J., 2020; David Dean, *Museum Exhibition. Theory and Practice*, London und New York 1994.

6 Bernadette Collenberg-Plotnikov, »Das Museum als Provokation der Philosophie. Zur Einführung«, in: dies. (Hg.), *Das Museum als Provokation der Philosophie. Beiträge zu einer aktuellen Debatte*, Bielefeld 2018, S. 10.

7 Ludger Schwarte, *Pikturale Evidenz. Zur Wahrheitsfähigkeit der Bilder*, Paderborn 2015; ders., »Zur Geltung bringen. Über expositorische Evidenz und die Normativität des Faktischen«, in: Klaus Krüger, Elke A. Werner und Andreas Schalhorn (Hg.), *Evidenzen des Expositorischen. Wie in Ausstellungen Wissen, Erkenntnis und ästhetische Bedeutung erzeugt wird*, Bielefeld 2019, S. 81–98; ders. (Hg.), »Ausstellungswert und Musealisierung«, in: *Paragrana. Internationale Zeitschrift für Historische Anthropologie* 26/1 (2017), und ders., »Politik des Ausstellens«, in: Karen van den Berg und Hans Ulrich Gumbrecht (Hg.), *Politik des Zeigens*, München 2010, S. 129–142.

8 Vgl. Lambert Wiesing, *Sehen lassen. Die Praxis des Zeigens*, Berlin 2013, S. 9.

9 Anke te Heesen, *Theorien des Museums zur Einführung*, Hamburg 2012, S. 19.

10 Für den englischsprachigen Raum lässt sich zudem feststellen, dass hier besonders die Rolle einer spezifischen Sehweise des Museumsbesuchers thematisiert wird. Es geht also nicht so sehr um eine Praxis des Ausstellens, als eher darum, wie Ausstellungen Sehgewohnheiten beeinflussen oder brechen. Vor allem geht es darum, wie dieser Blick durch Kuratoren und Aussteller präformiert werde und sich in dieser Sehweise dann kulturelle Bedingungen ausdrücken. Anders gesagt: Es handelt sich um eine gesellschaftstheoretisch-informierte Ausstellungspsychologie. Vgl. Ivan Karp und Steven D. Lavine, *Exhibiting Cultures. The Poetics and Politics of Museum Display*, Smithsonian Institution 1991; Reesa Greenberg; Bruce W. Ferguson und Sandy Nairne, *Thinking about Exhibitions*, London und New York 1996.

11 ARGE schnittpunkt (Hg.), *Handbuch Ausstellungstheorie und -praxis*, Wien, Köln und Weimar 2013.

12 Uwe Christian Dech, *Sehenlernen im Museum. Ein Konzept zur Wahrnehmung und Präsentation von Exponaten*, Bielefeld 2003.

13 Stapferhaus Lenzburg, Sibylle Lichtensteiger, Aline Minder und Detlef Vögeli (Hg.): *Dramaturgie in der Ausstellung. Begriffe und Konzepte für die Praxis*, Bielefeld 2014.

14 Vgl. Aurelia Bertron, Ulrich Schwarz und Claudia Frey, *Projektfeld Ausstellung. Eine Typologie für Ausstellungsgestalter, Architekten und Museologen*, Basel 2012, S. 9f.

15 https://www.kunsthalle-bremen.de/de/view/exhibitions/exb-page/thomas-hirschhorn zuletzt abgerufen: 1.4.2023.

16 Aurelia Bertron, Ulrich Schwarz und Claudia Frey, *Projektfeld Ausstellung.*

17 Fritz Franz Vogel, *Das Handbuch der Exponatik. Vom Ausstellen und Zeigen*, Köln 2012.

18 Aurelia Bertron, Ulrich Schwarz und Claudia Frey, *Projektfeld Ausstellung*, S. 6.

19 Ebd., S. 9.

20 Ebd., S. 11.

21 Ebd., S. 10.

22 Ebd., S. 11.

23 Ebd., S. 14f

24 Ebd., S. 25.

25 Fritz Franz Vogel, *Das Handbuch der Exponatik*, S. 45.

26 Ebd., S. 42.

27 Ebd.

28 Ebd., S. 9.

29 Ebd., S. 42.

30 Ebd.

31 Vgl. Christine Haupt-Stummer, »Display – ein umstrittenes Feld«, in: *Handbuch Ausstellungstheorie und -praxis*, S. 93–102, hier S. 93ff

32 Paolo Bianchi, »Wegleitung«, in: Fritz Franz Vogel (Hg.), *Das Handbuch der Exponatik. Vom Ausstellen und Zeigen*, Köln 2012, S. 5–6, hier S. 5.

33 ARGE schnittpunkt (Hg.), *Handbuch Ausstellungstheorie und -praxis.*

34 Ulrike Jureit, »›Zeigen heißt verschweigen‹. Die Ausstellungen über die Verbrechen der Wehrmacht«, in: *Mittelweg 36* 13/1 (2004), S. 3–27.

35 Institut für Museumskunde (Hg.), *Ausstellungen – Mittel der Politik?*, Berlin 1980.

36 Anja Dauscher und Annett Rymarcewicz, »Ausstellungen als Medien zur Gesundheitsförderung – ein Ausblick«, in: dies. (Hg.), *Ausstellungen als Medium in der Gesundheitsförderung. Fachtagung 21. bis 23. November 1996*, Dresden 1997, S. 175–188, *hier* S. 175.

37 Vgl. exemplarisch Sergio Polano, »Über das Aus-stellen«, in: Margarete Erber-Groiß, Severin Heinisch, Hubert Christian Ehalt und Helmut Konrad (Hg.), *Kult und Kultur des Ausstellens*, Wien 1992, S. 81–89, hier S. 82.

38 Jürgen Harten, »Notizen für ein Ausstellungsplädoyer«, in: Hermann Auer (Hg.), *Bewahren und Ausstellen. Die Forderung des kulturellen Erbes in Museen*, München 1984, S. 90–96, hier S. 94.

39 Stephan Waetzoldt, »Ergebnis der Tagung aus der Sicht der Veranstalter, besonders der Ausstellungsmacher«, in: *Ausstellungen – Mittel der Politik?*, S. 265–273, hier S. 269.

40 Paetzold urteilt allerdings auch, dass den Theoretikern die Praxiserfahrung fehle. In diesem Sinne handelt es sich um eine Kritik, die beide Seiten betrifft: ebd., S. 269.

41 Clemens Krümmel und Susanne Leeb, »Vorwort«, in: *Ausstellungen. Vom Display zur Animation*, Texte zur Kunst 11/41 (März 2001), S. 4–5, hier S. 4.

42 Sergio Polano, »Über das Aus-stellen«, in: *Kult und Kultur des Ausstellens*, S. 81.

43 Severin Heinisch, »Exponierte Geschichte«, in: *Kult und Kultur des Ausstellens*, S. 39–45, hier S. 42.

44 Konrad Fiedler, »Über den Ursprung der künstlerischen Tätigkeit«, in: *Schriften zur Kunst I*, hrsg. von Gottfried Boehm, München [2]1991, S. 111–220, hier S. 192.

45 Karen van den Berg, »Zeigen, forschen, kuratieren. Überlegungen zur Epistemologie des Ausstellens«, in: dies. und Hans Ulrich Gumbrecht (Hg.), *Politik des Zeigens*, München 2010, S. 143–168, hier S. 157 ff.

46 Ebd., S. 157.

47 Beatrice von Bismarck, *Das Kuratorische*, Leipzig 2021, S. 19. Vgl. auch dies., »Ausstellen und Aus-setzen. Überlegungen zum kuratorischen Prozess«, in: Kathrin Busch, Burkhard Meltzer und Tido von Oppeln (Hg.), *Ausstellen. Zur Kritik der Wirksamkeit in den Künsten*, Zürich 2016, S. 139–156.

48 Ebd., S. 21.

49 Ebd., S. 29.

50 Ebd., S. 57.

51 Vgl. Ekkehard Mai, *Expositionen. Geschichte und Kritik des Ausstellungswesens*, München und Berlin 1986, S. 83.

52 Vgl. ebd., S. 51 ff

53 Ebd., S. 84.

54 Ebd.

55 Ebd., S. 89.

56 Beide Zitate ebd.

57 Uwe Christian Dech, *Sehenlernen im Museum*, S. 43 ff

58 Gottfried Korff, »Geschichte im Präsens? Notizen zum Problem der ›Verlebendigung‹ von Freilichtmuseen« (1985), in: ders., *Museumsdinge. deponieren – exponieren*, hrsg. von Martina Eberspächer, Gudrun Marlene König und Bernhard Tschofen, Köln, Weimar und Wien 2002, S. 60–74, hier S. 71.

59 Vgl. exemplarisch Gottfried Korff, »Speicher und/oder Generator. Zum Verhältnis von Deponieren und Exponieren im Museum« (2000), in: *Museumsdinge*, S. 167–178, hier S. 171 ff

60 Vgl. Maurice Merleau-Ponty, *Das Primat der Wahrnehmung*, hrsg. von Lambert Wiesing, Frankfurt a. M. 2003.

61 Gottfried Korff, »Speicher und/oder Generator. Zum Verhältnis von Deponieren und Exponieren im Museum«, in: *Museumsdinge*, S. 172.

62 Ders., »Zur Eigenart der Museumsdinge« (1992), in: *Museumsdinge*, S. 140–145, hier S. 144.

63 Jana Scholze, *Medium Ausstellung. Lektüren musealer Gestaltung in Oxford, Leipzig, Amsterdam und Berlin*, Bielefeld 2004, S. 8.

64 Ebd., S. 11.

65 Ebd.

66 Ebd., S. 12.

67 Ebd., S. 13.

68 Ebd.

69 Alexander Klein, *Expositum. Zum Verhältnis von Ausstellung und Wirklichkeit*, Bielefeld 2004, S. 3f

70 Ebd., S. 10.

71 Ebd., S. 95.

72 Ebd., S. 120.

73 Ebd.

74 Ebd., S. 10.

75 Hubert Locher, »Worte und Bilder. Visuelle und verbale Deixis im Museum und seinen Vorläufern«, in: Heike Gfrereis und Marcel Lepper (Hg.), *deixis. Vom Denken mit dem Zeigefinger*, Göttingen 2007, S. 9–37, hier S. 12.

76 Ebd., S. 13.

77 Ebd., S. 12.

78 Es ist eine Intuition, die auch vorwiegend im englischsprachigen Raum geteilt wird. Dort werden Ausstellungen als *exhibition* oder *exhibit* bezeichnet und die Tätigkeit des Ausstellens als *to exhibit* oder *to display*. Auch in diesen Debatten begegnet man dem Selbstverständnis, dass es sich beim Ausstellen um eine Form des Zeigens handelt, allerdings wird dieses Selbstverständnis auch dort in aller Regel nicht expliziert. Letztlich drücken die englischen Bezeichnungen dieses Verständnis durchaus bereits aus, jedoch ohne zu entfalten, wie sich diese Form von anderen Formen des Zeigens unterscheidet.

79 Eine Auswahl: Michael Tomasello, *Die Ursprünge der menschlichen Kommunikation*, Frankfurt a. M. 2011; Ulf Lubienetzki und Heidrun Schüler-Lubienetzki, *Was wir uns wie sagen und zeigen. Psychologie der menschlichen Kommunikation*, Berlin und Heidelberg 2020; Thomas Fuhr und Kathrin Berdelmann, *Zeigen*, Stuttgart 2020; und Simon Bieling, *Konsum zeigen. Die neue Öffentlichkeit von Konsumprodukten auf Flickr, Instagram, und Tumblr*, Bielefeld 2018.

80 Hierbei sind besonders zu nennen: Heike Gfrereis und Marcel Lepper (Hg.), *deixis – Vom Denken mit dem Zeigefinger*; Karen van den Berg und Hans Ulrich Gumbrecht (Hg.), *Politik des Zeigens*; Robert Schmidt, Wiebke-Marie Stock und Jörg Volbers (Hg.), *Zeigen. Dimensionen einer Grundtätigkeit*, Weilerswist 2011; und Gottfried Boehm, Sebastian Egenhofer und Christian Spies (Hg.), *Zeigen. Die Rhetorik des Sichtbaren*, München und Paderborn 2010.

81 Vgl. Georg Imdahl, »›Formale Anzeige‹ bei Heidegger«, in: *Archiv für Begriffsgeschichte* Vol. 37 (1994), S. 306–332.

82 Vgl. Wilhelm Vossenkuhl, »Sagen und Zeigen. Wittgensteins ›Haupt-

problem««, in: *Ludwig Wittgenstein. Tractatus logico-philosophicus*, hrsg. von Wilhelm Vossenkuhl, Berlin 2001, S. 35–63.

83 Vgl. Thomas Rentsch und Morris Vollmann: »Zeigen«, in: Joachim Ritter, Karlfried Gründer und Gottfried Gabriel (Hg.), *Historisches Wörterbuch der Philosophie*, Bd. 12, Basel 2004.

84 Vgl. Martin Weiß, »Zeigen«, in: Helmuth Vetter (Hg.), *Wörterbuch der phänomenologischen Begriffe*, Hamburg 2004, S. 632.

85 Wiesing, *Sehen lassen*, S. 78ff

86 Ebd., S. 14.

87 Martin Heidegger, *Sein und Zeit* (1927), Tübingen 1984, S. 78, § 17.

88 Wiesing, *Sehen lassen*, S. 15.

89 Vgl. ebd., S. 19.

90 Ebd., S. 21.

91 Zu klären wäre, inwiefern man sich mit einem Thermometer oder einer Windfahne etwas selber zeigen kann.

92 Wiesing, *Sehen lassen*, S. 21.

93 Ebd., S. 22.

94 Ebd., S. 22.

95 Vgl. ebd., S. 24.

96 Vgl. ebd., S. 109ff

97 Ebd., S. 180.

98 Ebd.

99 Ebd., S. 187.

100 Ebd.

101 Ebd., S. 189.

102 Ebd., S. 21.

103 https://www.phyletisches-museum.de/duftspuren-2017-2018.html, zuletzt abgerufen: 1.4.2023.

104 Wiesing, *Sehen lassen*, S. 22.

105 Ebd.

106 Die Funktion des Zeigefingers als Werkzeug des Zeigens ist eine kulturell weitverbreitete Technik; dies muss aber nicht heißen, dass dieser auch universell so eingesetzt wird.

107 Wiesing, *Sehen lassen*, S. 24.

108 Martin Seel, »Inszenieren als Erscheinenlassen«, in: ders., *Die Macht des Erscheinens*, Frankfurt a. M. 2007, S. 67–81, hier S. 80.

109 Elke Anna Werner ist hier der gegenteiligen Ansicht: Sie vertritt insbesondere die Position, dass »jede Form des Zeigens von Objekten eine Inszenierung ist«. Dies ist allerdings insofern ein Problem, da es die Frage aufwirft, welchen Sinn der Begriff der Inszenierung dann noch hat, insbesondere, wenn szenografisches Handeln seinerseits als eine besondere Form der Inszenierung verstanden wird. Vgl. Elke Anna Werner, »Evidenzen des Expositorischen. Zur Einführung«, in: *Evidenzen des Expositorischen*, S. 9–42, hier S. 23.

Man hat es hier mit einem ähnlichen Diskussionsstand wie beim Begriff des Designs zu tun, für den Daniel Martin Feige gleichermaßen feststellt, dass es dort eine weit verbreitete problematische Auffassung gäbe, dass alles als designt gelte. Vgl. Daniel Martin Feige, *Design. Eine philosophische Analyse*, Berlin ²2019, S. 24.

110 Karen van den Berg, »Das Museum als Simulakrum, Der Louvre-Lens und neue Epistemologien des Zeigens«, in: *Evidenzen des Expositorischen*, S. 233–250.

111 Vgl. Werner, »Evidenzen des Expositorischen. Zur Einführung«, in: *Evidenzen des Expositorischen*, S. 30.

112 Schon 2003 entwickelt Schwarte in »Das unvorhersehbare Bild. Kunstphilosophie, Wahrnehmungsinstallation und die Entstehung der Ausstellungsarchitektur im 17. Jahrhundert«, in: Michael Barchet, Donata Koch-Haag u. Karl Sierek (Hg.), *Ausstellen. Der Raum der Oberfläche*, Weimar 2003, S. 33–58, sowie 2010 in »Politik des Ausstellens« und in seiner 2015 erschienen Monografie »Pikturale Evidenz« diesen Ansatz und erweitert ihn im hier besprochenen Text.

113 Schwarte, »Zur Geltung bringen. Über expositorische Evidenz und die Normativität des Faktischen«, in: *Evidenzen des Expositorischen*, S. 83.

114 Ebd.

115 Dies wird im dritten Kapitel deutlich, wenn es darum gehen wird, den Erkenntniswert von Ausstellungen herauszustellen.

116 Schwarte, »Zur Geltung bringen. Über expositorische Evidenz und die Normativität des Faktischen«, S. 83.

117 Ebd.

118 Vgl. ebd., S. 85.

119 Ebd., S. 87.

120 Ebd.

121 Ebd., S. 88.

122 Ebd.

123 Ebd., S. 86.

124 Wiesing, *Sehen lassen*, S. 190.

125 Schwarte, »Zur Geltung bringen. Über expositorische Evidenz und die Normativität des Faktischen«, S. 88.

126 Karl-Heinz Lembeck, »Sammeln, Zeigen, Sehen. Was im Museum geschieht«, in: *Zeitschrift für Museum und Bildung* 84–85/2018, S. 20–38, hier S. 28.

127 Ebd., S. 29.

128 Ebd., S. 30.

129 Ebd., S. 34f

130 Schwarte, »Zur Geltung bringen. Über expositorische Evidenz und die Normativität des Faktischen«, S. 89.

131 Vgl. ebd.

132 Vgl. ebd., S. 88f

133 Vgl. auch: Johann Holten (Hg.), *Ausstellen des Ausstellens. Von der Wunderkammer zur kuratorischen Situation*, Berlin 2018. Vgl. auch insbesondere Anke Haarmann, *Artistic Research. Eine epistemologische Ästhetik*, S. 67–74.

134 Beide Zitate: Schwarte, »Zur Geltung bringen. Über expositorische Evidenz und die Normativität des Faktischen«, S. 89.

135 Vgl. https://www.zukunftsinstitut.de/artikel/die-zukunft-des-museums-ist-integrativ/, zuletzt abgerufen: 1.4.2023.

136 Vgl. Wolfgang Ullrich: »Stoppt die Banalisierung«, in: Die Zeit, Nr. 13/2015, https://www.zeit.de/2015/13/kunst-vermittlung-museum, zuletzt abgerufen: 25.9.2023.

137 Schwarte, »Zur Geltung bringen. Über expositorische Evidenz und die Normativität des Faktischen«, S. 89.

138 Ebd., S. 84.

139 Ebd., S. 86.

140 Ebd., S. 83.

141 Ebd., S.83.

142 Ebd., S. 87.

143 Ebd.

144 Für eine Gegenposition vgl. Siegfried Mattl, »Texte sehen. Bilder lesen«, in: *Wie zu sehen ist. Essays zur Theorie des Ausstellens*, Gottfried Fliedl, Roswitha Muttenthaler und Herbert Posch (Hg.), Wien 1995, S. 13–26.

145 Ebd., S. 85f

146 Ebd., S. 86.

147 Ebd., S. 85f

148 Ebd., S. 86.

149 Beide Zitate ebd.

150 Ebd., S. 85.

151 Ebd., S. 86.

152 Ebd., S. 87.

153 Eine Ansicht, die ähnlich auch Daniel Tyradellis vertritt.

154 Ebd., S. 83.

155 Ebd., S. 88.

156 Ebd., S. 93

157 Ebd.

158 Jean-Paul Sartre, *Was ist Literatur?*, Gesammelte Werke, Schriften zur Literatur, hrsg. von Traugott König, Reinbek bei Hamburg 1986, S. 13.

159 Ebd., S. 16.

160 Ebd., S. 17.

161 Ebd., S. 25.

162 Ebd., S. 26.

163 Ebd., S. 24

164 Schwarte, »Zur Geltung bringen. Über expositorische Evidenz und die Normativität des Faktischen«, S. 88.

165 Ebd.

166 Sartre, *Was ist Literatur?*, S. 24.

167 Schwarte, »Zur Geltung bringen. Über expositorische Evidenz und die Normativität des Faktischen«, S. 83.

168 Sartre, *Was ist Literatur*, S. 24.

169 Schwarte, »Zur Geltung bringen. Über expositorische Evidenz und die Normativität des Faktischen«, S. 88.

170 Obwohl es sich bei der Unterscheidung zwischen Poesie und Prosa in jenem Sinne um Idealtypen handelt, dass es Überzeichnungen sind, um die realen Phänomene differenzieren zu können, wird diese Unterscheidung doch auch normativ. Sartre ist nämlich der Ansicht, dass nur die Prosa dem eigentlichen Zweck der Sprache nachkomme, nämlich dem, mit Zeichen auf die Wirklichkeit zu verweisen. So ist nur das Prosaische engagierte Literatur.

171 Allerdings gibt es hier einen Zusammenhang zwischen Zeigen und Begriff in Adornos Theorie, dem aber hier nicht weiter nachgegangen wird.

172 Theodor W. Adorno, *Negative Dialektik*, Gesammelte Schriften Bd. 6, Frankfurt a. M. [8]2018, S. 27.

173 Ebd., S. 17.

174 Ebd., S. 23.

175 Ebd., S. 21.

176 Ebd.

177 Ebd., S. 164.

178 Ebd., S. 166.

179 Ebd., S. 26f

180 Schwarte, »Zur Geltung bringen. Über expositorische Evidenz und die Normativität des Faktischen«, S. 89ff

181 Hermann Sturm, »Designgeschichte ausstellen?«, in: ders. (Hg.), *Design retour. Ansichten zur Designgeschichte*, Essen 2000, S. 77–90, hier S. 77.

182 Wiesing, *Sehen lassen*, S. 22.

183 Wiesing, *Sehen lassen*, S. 23.

184 Ebd., S. 22.

185 Vgl. ebd.

186 Manfred Sommer, *Sammeln. Ein philosophischer Versuch*, Frankfurt a. M. 1999, S. 231.

187 Ebd., S. 61.

188 Exemplarisch: https://www.hamburger-kunsthalle.de/ausstellungen/impressionismus, zuletzt abgerufen: 1. 4. 2023.

189 Vgl. Wiesing, *Sehen lassen*, S. 181.

190 Ludger Schwarte, »Politik des Ausstellens«, in: *Politik des Zeigens*, S. 131.

191 Wiesing, *Sehen lassen*, S. 186ff

192 Ebd., S. 190.

193 Vgl. ebd., S. 189. Wiesing schließt sich hier der Museumstheorie Bazon Brocks an. Vgl. Bazon Brock, *Lustmarsch durchs Theoriegelände. Eine Kampfschrift*, Köln 2008.

194 Ebd., S. 188.

195 Ebd., S. 181.

196 Vgl. Peter Sloterdijk, »Museum – Schule des Befremdens«, in: ders., *Der ästhetische Imperativ. Schriften zur Kunst*, Berlin 2014, S. 354–370.

197 Vgl. das Projekt *hr.fleischer – Kiosk am Reileck*. Hier finden alle vier bis sechs Wochen wechselnde Kunstausstellungen in einem umfunktionierten Kiosk statt: https://www.herrfleischer.de, zuletzt abgerufen: 1.4.2023.

198 Wiesing, *Sehen lassen*, S. 190.

199 https://mfm.uni-leipzig.de/, zuletzt abgerufen: 1.4.2023.

200 Ebd.

201 Heinrich Wölfflin, *Kunstgeschichtliche Grundbegriffe. Das Problem der Stilentwicklung in der neueren Kunst* (1915), Basel/Stuttgart [13]1963, S. 7.

202 Ebd., S. 5.

203 Ebd.

204 Ebd., S. 24.

205 Ebd., S. 58. Wölfflin spricht zwar auch von Unterschieden des Sehens zwischen den verschiedenen »Rassen«, dass dies allerdings biologisch begründet sei, behauptet er nicht. Eine solche biologische Determiniertheit wäre auch widersprüchlich zu seiner Auffassung, dass man das Sehen lernen könne.

206 Ebd., S. 73 und S. 85.

207 Ebd., S. 38.

208 Vgl. ebd., S. 27f

209 Ebd., S. 33. Zu diesem Ansatz einer Variabilität der Wahrnehmung ist insbesondere auch das später geschriebene Nachwort aufschlussreich. Wölfflin behauptet, dass sich das Sehen stets »nach den Forderungen von Zeit und Rasse« angepasst habe; vgl. ebd., S. 281.

210 Ebd., S. 46.

211 Ebd., S. 33.

212 Ebd., S. 35.

213 Ebd., S. 36.

214 Ebd., S. 33.

215 Ebd., S. 24.

216 Ebd., S. 43.

217 Ebd., S. 50.

218 Ebd., S. 182.

219 Ebd., S. 185.

220 Ebd., S. 195.

221 Ebd., S. 185.

222 Ebd., S. 187f

223 Ebd., S. 215.

224 Ebd., S. 212.

225 Die Grundbegriffe Wölfflins sind rezeptionsästhetische Kategorien; hier werden sie für den Zweck der Ausstellungsphilosophie produktionsästhetisch gewendet.

226 Ebd., S. 182.

227 Vgl. hierzu exemplarisch das Porsche-Museum: »Entweder beginnt man mit der Firmengeschichte vor 1948 oder wendet sich direkt dem Hauptteil der Ausstellung zu – repräsentiert durch die chronologisch ablaufende Produkt- und Motorsportgeschichte.« https://www.porsche.com/germany/aboutporsche/porschemuseum/, zuletzt abgerufen: 1.4.2023.

228 Staupe und Vogel (Hg.): *Themen zeigen im Raum*, S. 15.

3. Der Erkenntniswert von Ausstellungen

1 Ludger Schwarte, »Politik des Ausstellens«, in: Karen van den Berg und Hans Ulrich Gumbrecht (Hg.), *Politik des Zeigens*, München 2010, S. 129–142, hier S. 137.

2 Philipp Aumann und Frank Duerr, *Ausstellung machen*, München 2013, S. 36.

3 https://www.geschichte.hu-berlin.de/de/bereiche-und-lehrstuehle/wissenschaftsgeschichte/forschung/forschung#Anke%20te%20Heesen, zuletzt abgerufen: 1.4.2023.

4 Anke te Heesen und P. Lutz (Hg.), *Dingwelten. Das Museum als Erkenntnisort*, Köln, Weimar und Wien 2005.

5 Alexander Gottlieb Baumgarten, *Ästhetik* (1750–1758), Hamburg 2007.

6 Immanuel Kant, *Kritik der Urteilskraft* (1790), AA 05, Berlin 1968, S. 165–485.

7 G.W.F. Hegel, *Ästhetik*, Frankfurt a.M. 1995.

8 Friedrich Nietzsche, »Über Wahrheit und Lüge im außermoralischen Sinne«, in: Kritische Studienausgabe I, hrsg. von Giorgio Colli und Mazzino Montinari, München [2]1988, S. 873–890.

9 Theodor W. Adorno, *Ästhetische Theorie* (1970), Gesammelte Schriften Bd. 7, Frankfurt a.M. 1996.

10 Nelson Goodman, *Sprachen der Kunst. Entwurf einer Symboltheorie* (1976), Frankfurt a.M. 1995, S. 237; ders., »Kunst und Erkenntnis«, in: Dieter Henrich (Hg.), *Theorien der Kunst*, Frankfurt a.M. [2]1984, S. 569–591.

11 Gottfried Gabriel, *Zwischen Logik und Literatur. Erkenntnisformen von Dichtung, Philosophie und Wissenschaft*, Stuttgart 1991; ders., *Ästhetischer »Witz« und logischer »Scharfsinn«. Zum Verhältnis von wissenschaftlicher und ästhetischer Weltauffassung*, Erlangen u.a. 1996.

12 Dieter Mersch, *Epistemologien des Ästhetischen*, Zürich u.a. 2015.

13 Vgl. Jakob Steinbrenner, »Kunst und Erkenntnis«, in: Martin Grajner

und Guido Melchior (Hg.), *Handbuch Erkenntnistheorie*, Stuttgart 2019, S. 435–439.

14 Vgl. exemplarisch Christoph Demmerling und Íngrid Vendrell Ferran (Hg.), *Wahrheit, Wissen und Erkenntnis in der Literatur. Philosophische Beiträge*, Berlin 2014, und Christoph Demmerling, »Literarische Erkenntnis? Überlegungen zum Verhältnis von Ästhetik und Erkenntnistheorie«, in: *Zeitschrift für Ästhetik und allgemeine Kunstwissenschaft* 64/1, 2019, 27–40.

15 Beispielsweise Andreas Beyer und Markus Lohoff (Hg.): *Bild und Erkenntnis. Formen und Funktionen des Bildes in Wissenschaft und Technik*, München 2005; Ludger Schwarte, *Pikturale Evidenz. Zur Wahrheitsfähigkeit der Bilder*, Paderborn 2015; Horst Bredekamp, *Bildwelten des Wissens. Kunsthistorisches Jahrbuch für Bildkritik*, Berlin 2003ff

16 Vgl. hierzu: https://cdn.ymaws.com/ella-artschools.org/resource/resmgr/files/26-september-florence-princi.pdf, zuletzt abgerufen: 1.4.2023.

17 Vgl. Annemarie Matzke, »Künstlerische Praktiken als Wissensproduktion und künstlerische Forschung«, in: Kulturelle Bildung Online (2012): https://www.kubi-online.de/artikel/kuenstlerische-praktiken-wissensproduktion-kuenstlerische-forschung, zuletzt abgerufen: 1.4.2023.

18 Vgl. Tom Holert, »Unmittelbare Produktivität? Künstlerisches Wissen unter Bedingungen der Wissensökonomie«, in: Sybille Peters (Hg.), *Das Forschen aller*, Bielefeld 2013, S. 225–238, hier S. 226.

19 Jens Badura u. a., *Künstlerische Forschung. Ein Handbuch*, Zürich und Berlin 2015.

20 Zuletzt steht gar die Frage im Raum – und damit wird dann auch die Fragestellung umgedreht –, ob nicht Philosophie als künstlerische Forschung bezeichnet werden könne: vgl. Arno Böhler und Susanne Valerie Granzer (Hg.), *Philosophy on Stage. Philosophie als künstlerische Forschung*, Wien 2018.

21 Judith Siegmund, *Wie verändert sich Kunst, wenn man sie als Forschung versteht?*, Bielefeld 2016.

22 Mersch, *Epistemologien des Ästhetischen*, S. 7.

23 Vgl. Jakob Steinbrenner, »Experimente in Kunst und Wissenschaft«, abrufbar unter: http://www.dgae.de/wp-content/uploads/2011/09/Streinbrenner.pdf, zuletzt abgerufen: 1.4.2023 Dies ist allerdings kein neues Merkmal: Schon Konrad Fiedler und Ernst Gombrich haben die Malerei als Praxis der Forschung zu Sichtbarkeit respektive Wahrnehmung untersucht. Vgl. Konrad Fiedler, »Über den Ursprung der künstlerischen Tätigkeit«, in: *Schriften zur Kunst I*, hrsg. von Gottfried Boehm, München ²1991, S. 111–220, und Ernst Gombrich, *Das forschende Auge*, Frankfurt a. M. und New York 1994.

24 Vgl. hierzu besonders den systematischen Überblick von Íngrid Vendrell Ferran, *Die Vielfalt der Erkenntnis. Eine Analyse des kognitiven Werts der Literatur*, Paderborn 2018, S. 71–108.

25 Vgl. Siegmund, *Wie verändert sich Kunst, wenn man sie als Forschung versteht?*

26 Beispielsweise Silvia Henke u. a. (Hg.): *Manifest der Künstlerischen Forschung. Eine Verteidigung gegen ihre Verfechter*, Zürich 2020, S. 13.

27 So beispielsweise Christoph Schenker, »Einsicht und Intensivierung. Überlegungen zur künstlerischen Forschung«, in: Elke Bippus (Hg.), *Kunst des Forschens. Praxis eines ästhetischen Denkens*, Zürich und Berlin 2009, S. 79–89.

28 Martin Tröndle, »Zum Unterfangen einer ästhetischen Wissenschaft – eine Einleitung«, in: ders. und Julia Warmers (Hg.), *Kunstforschung als ästhetische Wissenschaft. Beiträge zur transdiziplinären Hybridisierung von Wissenschaft und Kunst*, Bielefeld 2011, S. XV–XVIII.

29 Matzke, »Künstlerische Praktiken als Wissensproduktion und künstlerische Forschung«.

30 Ebd.

31 Ebd.

32 Ebd.

33 Henk Borgdorff, »Künstlerische Forschung und akademische Forschung«, in: Martin Tröndle und Julia Warmers (Hg.), *Kunstforschung als ästhetische Wissenschaft. Beiträge zur transdiziplinären Hybridisierung von Wissenschaft und Kunst*, Bielefeld 2011, S. 69–90.

34 Tasos Zembylas, »Das Wissen der Künstler/innen«, abrufbar unter: http://www.dgae.de/wp-content/uploads/2011/09/Zembylas.pdf, S. 4, zuletzt abgerufen am: 1.4.2023.

35 Sibylle Peters, »Das Forschen aller – ein Vorwort«, in: dies (Hg.), *Das Forschen aller*, Bielefeld 2013, S. 7–21.

36 Dies ist beispielsweise eine Position, die Anke Haarmann dezidiert für das Ausstellen im Kontext der künstlerischen Forschung vertritt: »Wir denken hier im Rahmen der epistemologischen Ästhetik nicht über das Ausstellen generell nach, sondern über das Ausstellen als Plattform und Facette der reflektierenden künstlerischen Praxis.« Anke Haarmann, *Artistic Research. Eine epistemologische Ästhetik*, S. 69.

37 Franz von Kutschera, *Grundfragen der Erkenntnistheorie*, Berlin und New York 1982, S. 9f.

38 Hermann Krings, Hans-Michael Baumgartner und Wolfgang Prinz, »Erkenntnis«, in: Joachim Ritter, Karlfried Gründer und Gottfried Gabriel (Hg.), *Historisches Wörterbuch der Philosophie*, Bd. 2, Darmstadt 1972, und Jörg Hardy, Stephan Meier-Oeser, Martin Mulsow, Andreas Arndt, Michael Anacker und Petra Gehring, »Wissen«, in: Joachim Ritter, Karlfried Gründer und Gottfried Gabriel (Hg.), *Historisches Wörterbuch der Philosophie*, Bd. 12, Darmstadt 2004.

39 Thomas Grundmann, *Analytische Einführung in die Erkenntnistheorie*, Berlin und New York 2008, S. 4. Siehe auch: Wolfgang Detel, *Erkenntnis- und Wissenschaftstheorie*, Grundkurs Philosophie Bd. 4, Stuttgart 2007, S. 49f.

40 Platon, *Menon*, Werke Bd. 2, Darmstadt 1990, 98aff

41 Edmund Gettier, »Is Justified True Belief Knowledge?«, in: Analysis, Volume 23 (1963), S. 121–123.

42 Für eine Zusammenfassung dieser Diskussion siehe: Peggy H. Breitenstein und Johannes Rohbeck (Hg.), *Philosophie. Geschichte – Disziplinen – Kompetenzen*, Stuttgart und Weimar 2011, S. 149ff

43 Platon, *Theaitetos*, Werke Bd. 6, Darmstadt 1990, 201c-d. Vgl. auch Kutschera, *Grundfragen der Erkenntnistheorie*, S. 16f

44 Diesen Umstand zeigt hinsichtlich des Wahrheitskriteriums schon ein Sammelband von 1977: Gunnar Skirbekk (Hg.), *Wahrheitstheorien – Eine Auswahl aus den Theorien des 20. Jahrhunderts*, Frankfurt a. M. 1977.

45 Vgl. Gottfried Gabriel, *Erkenntnis*, Berlin und Boston, Mass., 2015, S. 57–70, Christiane Schildknecht, »›Ein seltsam wunderbarer Anstrich‹? Nichtpropositionale Erkenntnis und ihre Darstellungsformen«, in: Brady Bowman (Hg.), *Darstellung und Erkenntnis. Beiträge zur Rolle nichtpropositionaler Erkenntnisformen in der deutschen Philosophie und Literatur nach Kant*, Münster 2007, S. 31–43.

46 So ist Holger Geschwindner – Privattrainer des wohl besten europäischen Basketballspielers Dirk Nowitzki – studierter Mathematiker und Physiker und hat ein Programm entwickelt, um aus sämtlichen Lagen den perfekten Wurf zu berechnen. Im Training selbst spielen diese theoretischen Grundlagen allerdings dann kaum Rolle: http://page.math.tu-berlin.de/~mdmv/archive/18/mdmv-18-3-173.pdf, zuletzt abgerufen: 1.4.2023.

47 Michael Polanyi, *Implizites Wissen*, Frankfurt a. M. 1985.

48 Vgl. Gilbert Ryle, »Knowing How and Knowing That: The Presidential Address«, in: *Proceedings of the Aristotelian Society*, New Series, Vol. 46 (1945–1946), S. 1–16.

49 Vgl. Bertrand Russell, *Probleme der Philosophie* (1912), Frankfurt a. M. [6]1976, S. 43ff

50 Vgl. Volker Caysa, *Empraktische Vernunft*, Frankfurt a. M. 2015.

51 Ganz ähnlich zu den Theorien des erweiterten Geistes.

52 Die Debatte um nicht-propositionales Wissen ist vornehmlich durch Rechtfertigungsargumente dafür, dass es diese Art des Wissens gebe, geprägt. Naheliegende, aber nicht hinreichende Kriterien für die Diskussion um ein Wissen des Könnens und des Kennens wären Erfolg und Evidenz.

53 Siehe folgende Debatte: Frank Jackson, »Epiphenomenal Qualia«, in: *The Philosophical Quarterly*, Vol. 32, No. 127 (April, 1982), S. 127–136; Frank Jackson »What Mary Didn't Know«, in: *The Journal of Philosophy*, Vol. 83, No. 5 (May, 1986), S. 291–295; David Lewis, »What Experience Teaches« (1988), in: ders., *Papers in Metaphysics and Epistemology*, Cambridge 1999, S. 262–290.

54 Alexander Klein, *Expositum. Zum Verhältnis von Ausstellung und Wirklichkeit*, Bielefeld 2004, S. 134.

55 Ebd., S. 142.

56 Ebd., S. 13.

57 Vgl. ebd.
58 Ebd., S. 9f.
59 Ebd., S. 63.
60 Ebd., S. 172.
61 Ebd., S. 22.
62 Ebd., S. 10f.
63 Ebd., S. 173.
64 Ebd., S. 21.
65 Ebd., S. 167.
66 Ebd.
67 Ebd., S. 95.
68 Ebd., S. 96.
69 Ebd., S. 115.
70 Ebd., S. 54.
71 Ebd., S. 55.
72 Vgl. ebd., S. 56.
73 Schwarte, »Zur Geltung bringen. Über expositorische Evidenz und die Normativität des Faktischen«, in: Klaus Krüger und Elke Anna Werner (Hg.), *Evidenzen des Expositorischen. Wie in Ausstellungen Wissen, Erkenntnis und ästhetische Bedeutung erzeugt wird*, Bielefeld 2019, S. 81–98, hier S. 83.
74 Ebd., S. 82.
75 Vgl. ebd., S. 89.
76 Ebd., S. 88.
77 Ebd., S. 89.
78 Vgl. Schwarte, *Pikturale Evidenz. Zur Wahrheitsfähigkeit der Bilder*, Paderborn 2015.
79 Ders., »Zur Geltung bringen. Über expositorische Evidenz und die Normativität des Faktischen«, in: *Evidenzen des Expositorischen*, S. 95.
80 Ebd.
81 Ebd., S. 96.
82 Ebd., S. 82.
83 Ebd.
84 Ebd., S. 83.
85 Ebd.
86 Ebd., S. 81.
87 Ebd., S. 94.
88 Ebd.
89 Ebd.
90 Ebd., S. 83f
91 Ebd., S. 85.
92 Ebd., S. 88.
93 Ebd.
94 Mersch, *Epistemologien des Ästhetischen*, S. 165.

95 Ebd., S. 193.
96 Ebd., S. 187.
97 Ebd., S. 191.
98 Ebd., S. 52.
99 Ebd., S. 144.
100 Ebd., S. 142.
101 Ebd., S. 157.
102 Ebd., S. 131.
103 Ebd., S. 131f
104 Ebd., S. 133.
105 Ebd., S. 163.
106 Ebd., S. 140.
107 Ebd., S. 171.
108 Ebd., S. 171f
109 Ebd., S. 170.
110 Ebd., S. 195.
111 Ebd.
112 Tyradellis, *Müde Museen*, S. 76.
113 Ebd., S. 16.
114 Ebd., S. 52.
115 Ebd.
116 Ebd.
117 Ebd., S. 75
118 Ebd., S. 128.
119 Ebd., S. 86.
120 Ebd., S. 125.
121 Ebd.
122 Ebd., S. 133.
123 Ebd., S. 134.
124 Ebd.
125 Ebd., S. 14.
126 Ebd.
127 Ebd., S. 15.
128 Ebd., S. 266.
129 Ebd., S. 128.
130 Ebd., S. 159.
131 Ebd., S. 163.
132 Ebd., S. 160.
133 Ebd., S. 162.
134 Ebd., S. 242.
135 Ebd., S. 204f
136 Ebd., S. 176.
137 Ebd., S. 171.

138 Ebd., S. 92.

139 Ebd., S. 171.

140 Ebd., S. 250.

141 Ebd., S. 198.

142 Ebd., S. 49.

143 Ebd., S. 152.

144 Ebd., S. 17.

145 Ebd., S. 23.

146 Ebd., S. 146.

147 Ebd., S. 147.

148 Vgl. ebd., S. 148.

149 Ebd., S. 50.

150 Ebd., S. 242.

151 Ebd., S. 170.

152 Ebd., S. 240. Diese Auffassung findet sich auch schon in Bazon Brocks Museumstheorie: »Wir beginnen also sinnvollerweise mit der Aufforderung, daß man eine Ausstellung von Bildwerken, Skulpturen, Objektensembles in erster Linie besucht, um zu lernen, den eigenen Augen nicht zu trauen.« Bazon Brock, *Lustmarsch durch das Theoriegelände – Musealisiert Euch*, Köln 2008, S. 45.

153 Bazon Brock, »Die Einheit von Zeigen und Weisen als Form der Erkenntnis«, https://bazonbrock.de/werke/detail/?id=3524, zuletzt abgerufen: 1.4.2023. Erschienen in: Elfie Miklautz und Wilhelm Berger (Hg.), *Neugier mehr zeigen*, Paderborn 2017, S. 193–204.

154 Ebd.

155 Vgl. auch hierzu Kathrin Busch, Burkhard Meltzer und Tido von Oppeln (Hg.), *Ausstellen. Zur Kritik der Wirksamkeit in den Künsten*, Zürich 2016. Hier wird exemplarisch deutlich, wie verbreitet der Konstellationsbegriff im Kontext des Ausstellens verwendet wird. Es lässt sich sogar sagen, dass er schon nahezu selbstverständlich benutzt wird.

156 Vgl. Klein, *Expositum*, S. 100, und Werner, »Evidenzen des Expositorischen. Zur Einführung«, S. 12.

157 Vgl. Beatrice von Bismarck, *Das Kuratorische*, Leipzig 2021, S. 99ff.

158 Vgl. ebd., S. 145.

159 Ebd., S. 29.

160 »Konstellation«, in: Rudolf Eisler (Hg.), *Wörterbuch der philosophischen Begriffe*, Bd. 1, Berlin [3]1910, S. 652.

161 W. B. Emminghaus, »Konstellation«, in: Joachim Ritter, Karlfried Gründer und Gottfried Gabriel (Hg.), Historisches Wörterbuch der Philosophie, Bd. 4, Darmstadt 1976, Spp. 988–992, hier Sp. 989.

162 Vgl. https://www.duden.de/rechtschreibung/Konstellation, zuletzt abgerufen: 1.4.2023.

163 Peter Niehenke, *Astrologie. Eine Einführung*, Stuttgart 1994, S. 25.

164 Vgl. Joachim Herrmann, »Einführung«, in: ders., *Wörterbuch zur Astronomie* (1993), München ²1996, S. 7–12.

165 Vgl. ders., »Astrologie«, in: ders., *Wörterbuch zur Astronomie*, S. 38–40, hier S. 39.

166 Der Versuch, den Begriff des Bildes über das Merkmal der Ähnlichkeit zu definieren, scheitert. Siehe hierzu: Nelson Goodman, *Sprachen der Kunst. Entwurf einer Symboltheorie* (1976), Frankfurt a. M. 1995, S. 15 f.

167 Vgl. http://www.ianridpath.com/startales/startales1a.htm, zuletzt abgerufen: 1.4.2023.

168 Zorica Prnjat und Milutin Tadić, »Asterism and Constellation: Terminological Dilemmas«, in: *Journal of the Geographical Institute »Jovan Cvijić« SASA* 67(1), 2017, S. 1–10.

169 Vgl. Niehenke, *Astrologie*, S. 31.

170 Andrea Albrecht, »›Konstellationen‹. Zur kulturwissenschaftlichen Karriere eines astrologisch-astronomischen Konzepts bei Heinrich Rickert, Max Weber, Alfred Weber und Karl Mannheim«, in: *Scientia Poetica,* Bd. 14 (2010), S. 104–149, hier S. 105 f

171 Vgl. ebd., S. 107 ff.

172 Vgl. Karl Mannheim, *Ideologie und Utopie* (1929), Frankfurt a. M. ⁹2015, S. 53 ff

173 Mannheim hält sich allerdings eine Hintertür offen: Er unterstellt die Möglichkeit, durch Bewusstsein das soziale Sein zu transformieren. Darin begründet sich auch das ganze Unterfangen der Wissenssoziologie, das den unterschiedlichen Teilperspektiven der Ideologien eine ganzheitliche Perspektive entgegenstellen soll. Es gibt nach Mannheim eine – fragwürdige – Ausnahme, nämlich die Intellektuellen. Seiner Ansicht nach können sie sich der normativen Vereinnahmung durch Ideologien entziehen. Dass die Geschichte dieses Theorem der »free-floating intelligentsia« (vgl. Karl Mannheim, »The Problem of Intelligentsia«, in: ders., *Essays on the Sociology of Culture* (1956), London 2003, S. 91–170) widerlegt hat, sollte eindeutig sein. Ansonsten zeigt zum Beispiel Mark Lilla den besonderen Hang Intellektueller zu autoritären Machthabern auf. Vgl. Mark Lilla, *The Reckless Mind. Intellectuals in Politics*, New York 2001.

174 Vgl. Mannheim, *Ideologie und Utopie*, S. 65 ff

175 Vgl. ders., »Das konservative Denken«, in: ders., *Wissenssoziologie. Auswahl aus dem Werk*, hrsg. von Kurt H. Wolff, Neuwied am Rhein und Berlin ²1970, S. 408–556, sowie ders., *Ideologie und Utopie.*

176 Ders., »Das Problem einer Soziologie des Wissens«, in: ders., *Wissenssoziologie*, S. 308–387.

177 Ebd., S. 308.

178 Ebd.

179 Ebd., S. 310.

180 Ebd., S. 336.

181 Ders., »Über die Eigenart kultursoziologischer Erkenntnis«, in: ders.: *Strukturen des Denkens*, hrsg. von David Kettler, Volker Meja und Nico Stehr, Frankfurt a. M. 1980, S. 33–154, hier S. 143.

182 Dies ist ein Ansatz, den später Michel Foucault in ähnlicher Weise unternimmt. Vgl. hierzu Michel Foucault, *Die Ordnung der Dinge. Eine Archäologie der Humanwissenschaften* (1966), Frankfurt a. M. [14]1997, und ders., *Archäologie des Wissens* (1969), Frankfurt a. M. [5]1992.

183 Karl Mannheim, »Das Problem einer Soziologie des Wissens«, S. 309.

184 Ebd., S. 310.

185 Dieter Henrich, *Konstellationen. Probleme und Debatten am Ursprung der idealistischen Philosophie (1789–1795)*, Stuttgart 1991, S. 13.

186 Ebd., S. 21.

187 Vgl. hierzu: Mulsow, »Zum Methodenprofil der Konstellationsforschung«, in: Martin Mulsow und Marcelo Stamm (Hg.), *Konstellationsforschung*, Frankfurt a. M. 2005, S. 74–97, S. 74.

188 Ebd., S. 35.

189 Vgl. ebd., S. 44.

190 Ebd., S.20.

191 Ebd., S. 26.

192 Ebd., S. 22.

193 Vgl. Karl Ameriks, »Konstellationsforschung und die kopernikanische Wende«, in: Mulsow und Stamm (Hg.), *Konstellationsforschung*, S. 101–124, hier S. 107. Im selben Band unterscheidet auch Fred Rush die Konstellationsforschung Henrichs von der »Mikroanalyse« Benjamins, siehe hierzu: Fred Rush, »Mikroanalyse, Genealogie, Konstellationsforschung«, in: *Konstellationsforschung*, S. 149–172, hier S. 149.

194 Theodor W. Adorno und Walter Benjamin, *Briefwechsel 1928–1940*, hrsg. von Henri Lonitz, Frankfurt a. M. 1994, Brief 113, S. 402 ff

195 Dies führte im Briefwechsel zwischen den beiden zu einem kleinen Eklat, da Benjamin enttäuscht darüber war, nicht in Adornos Antrittsvorlesung »Die Aktualität der Philosophie« (in: Theodor W. Adorno, *Philosophische Frühschriften* [1973], Gesammelte Schriften Bd. 1, hrsg. von Rolf Tiedemann, Frankfurt a. M. 2003, S. 325–345, besonders S. 335) genannt zu werden, da er der Meinung war, dass es ganz offensichtlich sei, dass sich Adorno auf ihn beziehe, und ihn durch die Blume gesprochen eines Plagiats bezichtige. In der publizierten Fassung taucht dann auf S. 335 der entscheidende Hinweis auf Benjamin auf. Vgl. Stefan Müller-Doohm, *Adorno. Eine Biographie*, Frankfurt a. M. 2003, S. 224.

196 Vgl. hierzu ebd., S. 944.

197 Vgl. Theodor W. Adorno, »Erinnerungen«, in: *Über Walter Benjamin*, Frankfurt a. M. 1968, S. 9–15.

198 Vgl. Helmut Salzinger, *Swinging Benjamin*, Hamburg 1990, S. 31 f

199 Walter Benjamin, »Ursprung des deutschen Trauerspiels« (1928), in:

ders., *Abhandlungen. Gesammelte Schriften Bd. I.1* (1974), hrsg. von Rolf Tiedemann und Hermann Schweppenhäuser, Frankfurt a. M. 1991, S. 203–430.

200 Vgl. Fred Rush, »Jena Romanticism and Benjamin's Critical Epistemology«, in: *Walter Benjamin. Critical Evaluations in Cultural Theory*, hrsg. von Peter Osborne, London und New York 2005, S. 63–81, hier S. 123.

201 Vgl. Sven Kramer, *Walter Benjamin zur Einführung*, Hamburg 2003; vgl. Fred Rush, »Jena Romanticism and Benjamin's Critical Epistemology«, in: *Walter Benjamin*, S. 123.

202 Vgl. Gottfried Gabriel, *Präzision und Prägnanz. Logische, rhetorische, ästhetische und literarische Erkenntnisformen*, Leiden und Boston, Mass., 2019, und Werner Stegmaier, *Formen philosophischer Schriften zur Einführung*, Hamburg 2021.

203 Benjamin, »Ursprung des deutschen Trauerspiels«, S. 207f

204 Vgl. zum Verhältnis von Erkenntnis und Wahrheit: ebd., S. 209.

205 Vgl. ebd., S. 210.

206 Vgl. hierzu auch Kramer, *Walter Benjamin zur Einführung*, S. 60.

207 Benjamin, »Ursprung des deutschen Trauerspiels«, S. 214.

208 Kramer, *Walter Benjamin zur Einführung*, S. 62.

209 Benjamin, »Ursprung des deutschen Trauerspiels«, S. 214.

210 Ebd., S. 215.

211 Ebd.

212 Ebd.

213 Ebd.

214 Walter Benjamin, »Der Autor als Produzent«, in: ders., *Aufsätze, Essays, Vorträge. Gesammelte Schriften II.2* (1977), hrsg. von Rolf Tiedemann und Hermann Schweppenhäuser, Frankfurt a. M. [6]2015, S. 683–701, hier S. 697.

215 Ernst Bloch, »Erinnerungen«, in: *Über Walter Benjamin*, Frankfurt a. M. 1968, S. 16–23, hier S. 19.

216 Benjamin, »Der Autor als Produzent«, S. 698.

217 Walter Benjamin, *Das Passagen-Werk. Gesammelte Schriften Bd. V.1* (1982), hrsg. von Rolf Tiedemann, Frankfurt a. M. 1991, S. 574.

218 Fred Rush, »Mikroanalyse, Genealogie, Konstellationsforschung«, S. 154.

219 Dies birgt eine gewisse Nähe zur Phänomenologie, in der der Text anleitend dazu verhelfen soll, eine erfahrungsbasierte Erkenntnis zu erlangen. Vgl. näher zu Benjamins Erfahrungsbegriff: Walter Benjamin, »Der Erzähler« (1936), in: ders., *Aufsätze, Essays, Vorträge. Gesammelte Schriften II.2* (1977), hrsg. von Rolf Tiedemann und Hermann Schweppenhäuser, Frankfurt a. M. [6]2015, S. 438–465, und ders., »Über das Programm der kommenden Philosophie«, in: *Aufsätze, Essays, Vorträge. Gesammelte Schriften II.2* (1977), hrsg. von Rolf Tiedemann und Hermann Schweppenhäuser, Frankfurt a. M. [6]2015, S. 157–170.

220 Adorno, »Die Aktualität der Philosophie«, S. 341.

221 Theodor W. Adorno, *Negative Dialektik*, Gesammelte Schriften Bd. 6, hrsg. von Rolf Tiedemann, Frankfurt a. M., S. 20.

222 Ders., »Die Aktualität der Philosophie«, S. 334.

223 Ders., *Negative Dialektik*, S. 18.

224 Ebd., S. 21.

225 Ebd., S. 23.

226 Ebd., S. 29.

227 Ebd.

228 Ebd., S. 26.

229 Theodor W. Adorno, »Thesen über die Sprache des Philosophen« (ohne Datierung, aber vermutlich frühe 1930er Jahre), in: ders., *Philosophische Frühschriften* (1973), Gesammelte Schriften Bd. 1, hrsg. von Rolf Tiedemann, Frankfurt a. M. 2003, S. 366–371, hier S. 370.

230 Adorno, »Die Aktualität der Philosophie«, S. 341.

231 Adorno, *Negative Dialektik*, S. 57.

232 Ebd., S. 164.

233 Ebd., S. 164f

234 Ebd., S. 52.

235 Adorno, »Die Aktualität der Philosophie«, S. 335.

236 Ebd., S. 343.

237 Adorno, *Negative Dialektik*, S. 38.

238 Ferner ist auch die Forschungsarbeit von Susan Buck-Morss zu beachten, die den Konstellationsbegriff ins Zentrum stellt: Vgl. Susan Buck-Morss, *The Origin of Negative Dialectics. Theodor W. Adorno, Walter Benjamin, and the Frankfurt Institute*, Sussex 1977. Martin Mittelmeier geht dem Konstellationsbegriff biographisch nach: Vgl. Martin Mittelmeier, *Adorno in Neapel. Wie sich eine Sehnsuchtslandschaft in Philosophie verwandelt*, München 2015.

239 Adorno, *Negative Dialektik*, S. 166.

240 Zitiert in: Rolf Tiedemann, »Editorisches Nachwort«, in: Theodor W. Adorno, *Ästhetische Theorie* (1970), Gesammelte Schriften Bd. 7, hrsg. von Rolf Tiedemann, Frankfurt a. M. 2003, S. 535–544, hier S. 541. Vgl. auch Müller-Doohm, *Adorno*, S. 720ff

241 Adorno, »Die Aktualität der Philosophie«, S. 335.

242 Elke Bippus verfolgt für Ausstellungen im Kontext künstlerischer Forschung einen ähnlichen Ansatz wie den hier vorgeschlagenen, vgl. Elke Bippus: »Modellierungen ästhetischer Wissensproduktion in Laboratorien der Kunst«, in: Martin Tröndle und Julia Warmers (Hg.), *Kunstforschung als ästhetische Wissenschaft*, Bielefeld 2012, S. 107–126.

243 Vgl. Gottfried Gabriel, *Zwischen Logik und Literatur. Erkenntnisformen von Dichtung, Philosophie und Wissenschaft*, Stuttgart 1991, S. 211f. und 213.

244 Ebd., S. 3.

245 Ebd., S. XII.

246 Gottfried Gabriel, *Präzision und Prägnanz. Logische, rhetorische, ästhetische und literarische Erkenntnisformen*, Leiden und Boston, Mass., 2019, S. 11.

247 Ders., *Zwischen Logik und Literatur*, S. 209.

248 Vgl. ders., *Präzision und Prägnanz*, S. 225ff

249 Ders., *Zwischen Logik und Literatur*, S. X.

250 Ebd., S. 9.

251 Ebd., S. 32.

252 Ebd., S. 214.

253 Ders., *Präzision und Prägnanz*, S. 18.

254 Ders., *Erkenntnis*, Berlin und Boston, Mass., 2015, S. 178.

255 Ders., *Zwischen Logik und Literatur*, S. 9.

256 Ebd., S. 175.

257 Ebd., S. 16.

258 Ders., *Erkenntnis*, S. 135.

259 Ders., *Zwischen Logik und Literatur*, S. 9.

260 Ders., *Erkenntnis*, S. 36.

261 Ebd., S. 136.

262 Ebd., S. 135.

263 Ders., *Präzision und Prägnanz*, S. 29.

264 Ders., *Zwischen Logik und Literatur*, S. 10.

265 Ebd.

266 Ebd.

267 Ebd., S. 16.

268 Ebd.

269 Ders., *Erkenntnis*, S. 105.

270 Ders., *Zwischen Logik und Literatur*, S. 216.

271 Ebd., S. 218.

272 Ders., *Erkenntnis*, S. 106.

273 Ders., *Präzision und Prägnanz*, S. 12.

274 Vgl. ebd., S. 12.

275 Ebd., S. 15.

276 Ebd., S. 16.

277 Ebd., S. 19.

278 Ebd., S. 20.

279 Ebd., S. 21.

280 Ebd., S. 15.

281 Vgl. ebd., S. 36.

282 Ebd., S. 33.

283 Ebd., S. 36.

284 Dies wäre auch ein Punkt, bei dem sich an Alexander Kleins Ausstellungstheorie anknüpfen ließe.

285 Brock, »Die Einheit von Zeigen und Weisen als Form der Erkenntnis«.

286 Ebd.

287 Gabriel, *Präzision und Prägnanz*, S. 40.

288 Ders., *Zwischen Logik und Literatur*, S. 219.

289 Ebd., S. 218.

290 Ebd., S. 175.

291 Ders., *Präzision und Prägnanz*, S. 29.

292 Ein radikales Gegenbeispiel wäre eine Ausstellung des Philosophen Jean-François Lyotard, die – abgesehen vom Titel – völlig ohne Text oder sprachliche Hinweise auszukommen versucht hat. Vgl. Antonia Wunderlich, *Der Philosoph im Museum. Die Ausstellung ›Les Immatérieux‹ von Jean-François Lyotard*, Bielefeld 2008.

293 Gabriel, *Erkenntnis*, S. 109.

294 Siegfried Mattl, »Texte sehen. Bilder lesen«, in: Gottfried Fliedl, Roswitha Muttenthaler und Herbert Posch (Hg.), *Wie zu sehen ist. Essays zur Theorie des Ausstellens*, Wien 1995, S. 13–26, hier S. 25.

Literaturverzeichnis

Adorno, Theodor W.: *Ästhetische Theorie* (1970), Gesammelte Schriften Bd. 7, Frankfurt a. M. 1996.

– und Benjamin, Walter: *Briefwechsel 1928–1940*, hrsg. von Henri Lonitz, Frankfurt a. M. 1994

– »Die Aktualität der Philosophie« (1931), in: ders., *Philosophische Frühschriften* (1973), Gesammelte Schriften Bd. 1, hrsg. von Rolf Tiedemann, Frankfurt a. M. 2003, S. 325–345.

– »Erinnerungen«, in: *Über Walter Benjamin*, Frankfurt a. M. 1968, S. 9–15.

– *Negative Dialektik*, Gesammelte Schriften Bd. 6, Frankfurt a. M. [8]2018.

– »Thesen über die Sprache des Philosophen« (ohne Datierung, aber vermutlich frühe dreißiger Jahre), in: ders., *Philosophische Frühschriften* (1973), Gesammelte Schriften Bd. 1, hrsg. von Rolf Tiedemann, Frankfurt a. M. 2003, S. 366–371.

Albrecht, Andrea: »›Konstellationen‹. Zur kulturwissenschaftlichen Karriere eines astrologisch-astronomischen Konzepts bei Heinrich Rickert, Max Weber, Alfred Weber und Karl Mannheim«, in: *Scientia Poetica* Bd. 14 (2010), S. 104–149

Ameriks, Karl: »Konstellationsforschung und die kopernikanische Wende«, in: Martin Mulsow und Marcelo Stamm (Hg.): *Konstellationsforschung*, Frankfurt a. M. 2005, S. 101–124.

ARGE schnittpunkt (Hg.): *Handbuch Ausstellungstheorie und -praxis*, Wien, Köln und Weimar 2013.

Aumann, Philipp, und Duerr, Frank: *Ausstellungen machen*, Paderborn 2013.

Badura, Jens, u. a.: *Künstlerische Forschung. Ein Handbuch*, Zürich und Berlin 2015.

Baumgarten, Alexander Gottlieb: *Ästhetik* (1750–1758), Hamburg 2007.

Baumunk, Bodo-Michael, und Vogel, Klaus: »Die neue Dauerausstellung des Deutschen Hygiene-Museums (2004/05). Ein Gespräch zwischen Bodo-Michael Baumunk und Klaus Vogel«, in: Gisela Staupe und Klaus Vogel (Hg.), *Themen zeigen im Raum. Ausstellungen des Deutschen Hygiene-Museums*, Berlin 2018, S. 150–153.

– »Begegnungen der unheimlichen Art«, in: Gisela Staupe und Klaus Vogel (Hg.), *Themen zeigen im Raum. Ausstellungen des Deutschen Hygiene-Museums*, Berlin 2018, S. 68–73.

Baur, Joachim: »Ausstellen. Trends und Tendenzen im kulturhistorischen Feld«, in: Bernhard Graf und Volker Rodekamp (Hg.): *Museen zwischen Qualität und Relevanz. Denkschrift zur Lage der Museen*, Berlin 2012, S. 131–144.

Bayer, Natalie, Kazeem-Kamiński, Belinda, und Sternfeld, Nora (Hg.): *Kuratieren als antirassistische Praxis*, Berlin und Boston, Mass., 2017.

Baxandall, Michael: »Exhibiting Intention: Some Preconditions of the Visual Display of Culturally Purposeful Objects«, in: Ivan Karp und Steven D. Lavine (Hg.), *Exhibiting Cultures. The Poetics and Politics of Museum Display*, Smithsonian Institution 1991, S. 33–41.

Benjamin, Walter: »Der Autor als Produzent«, in: ders., *Aufsätze, Essays, Vorträge. Gesammelte Schriften II.2* (1977), hrsg. von Rolf Tiedemann und Hermann Schweppenhäuser, Frankfurt a. M. [6]2015, S. 683–701.

– »Der Erzähler« (1936), in: ders., *Aufsätze, Essays, Vorträge. Gesammelte Schriften II.2* (1977), hrsg. von Rolf Tiedemann und Hermann Schweppenhäuser, Frankfurt a. M. [6]2015, S. 438–465.

– *Das Passagen-Werk. Gesammelte Schriften Bd. V.1* (1982), hrsg. von Rolf Tiedemann, Frankfurt a. M. 1991.

– »Über das Programm der kommenden Philosophie«, in: *Aufsätze, Essays, Vorträge. Gesammelte Schriften II.2* (1977), hrsg. von Rolf Tiedemann und Hermann Schweppenhäuser, Frankfurt a. M. [6]2015, S. 157–170.

– »Ursprung des deutschen Trauerspiels« (1928), in: ders., *Abhandlungen. Gesammelte Schriften Bd. I.1* (1974), hrsg. von Rolf Tiedemann und Hermann Schweppenhäuser, Frankfurt a. M. 1991, S. 203–430.

Bennett, Tony: *The Birth of the Museum: History, Theory, Politics*, London 1995.

Berg, Karen van den: »Das Museum als Simulakrum, Der Louvre-Lens und neue Epistemologien des Zeigens«, in: Klaus Krüger und Elke Anna Werner (Hg.), *Evidenzen des Expositorischen. Wie in Ausstellungen Wissen, Erkenntnis und ästhetische Bedeutung erzeugt wird*, Bielefeld 2019, S. 233–250.

– und Gumbrecht, Hans Ulrich (Hg.): *Politik des Zeigens*, München 2010, S. 143–168.

– »Zeigen, forschen, kuratieren. Überlegungen zur Epistemologie des Ausstellens«, in: dies. u. Hans Ulrich Gumbrecht (Hg.), *Politik des Zeigens*, München 2010, S. 143–168.

Bertron, Aurelia, Schwarz, Ulrich, und Frey, Claudia: *Projektfeld Ausstellung. Eine Typologie für Ausstellungsgestalter, Architekten und Museologen*, Basel 2012.

Beyer, Andreas, und Lohoff, Markus (Hg.): *Bild und Erkenntnis. Formen und Funktionen des Bildes in Wissenschaft und Technik*, München 2005.

Bianchi, Paolo: »Wegleitung«, in: Fritz Franz Vogel (Hg.), *Das Handbuch der Exponatik. Vom Ausstellen und Zeigen*, Köln 2012, S. 5–6.

Bieling, Simon: *Konsum zeigen. Die neue Öffentlichkeit von Konsumprodukten auf Flickr, Instagram, und Tumblr*, Bielefeld 2018.

Bippus, Elke: »Modellierungen ästhetischer Wissensproduktion in Laboratorien der Kunst«, in: Martin Tröndle und Julia Warmers (Hg.), *Kunstforschung als ästhetische Wissenschaft*, Bielefeld 2012, S. 107–126.

Bismarck, Beatrice von: *Das Kuratorische*, Leipzig 2021.

– »Ausstellen und Aussetzen. Überlegungen zum kuratorischen Prozess«, in: Kathrin Busch, Burkhard Meltzer und Tido von Oppeln (Hg.), *Ausstellen. Zur Kritik der Wirksamkeit in den Künsten*, Zürich 2016, S. 139–156.

Bloch, Ernst: »Erinnerungen«, in: *Über Walter Benjamin*, Frankfurt a. M. 1968, S. 16–23.

Boehm, Gottfried, Egenhofer, Sebastian, und Spies, Christian (Hg.): *Zeigen. Die Rhetorik des Sichtbaren*, München und Paderborn 2010.

Böhler, Arno, und Granzer, Susanne Valerie (Hg.): *Philosophy on Stage. Philosophie als künstlerische Forschung*, Wien 2018.

Borgdorff, Henk: »Künstlerische Forschung und akademische Forschung«, in: Martin Tröndle und Julia Warmers (Hg.), *Kunstforschung als ästhetische Wissenschaft. Beiträge zur transdiziplinären Hybridisierung von Wissenschaft und Kunst*, Bielefeld 2011, S. 69–90.

Brait, Andrea, und Früh, Anja (Hg.), *Museen als Orte geschichtspolitischer Verhandlungen. Ethnografische und historische Museen im Wandel*, Muttenz und Basel 2017.

Bredekamp, Horst: *Antikensehnsucht und Maschinenglauben. Die Geschichte der Kunstkammer und die Zukunft der Kunstgeschichte*, Berlin 1993.

– *Bildwelten des Wissens. Kunsthistorisches Jahrbuch für Bildkritik*, Berlin 2003 ff.

Breitenstein, Peggy H., und Rohbeck, Johannes (Hg.): *Philosophie. Geschichte – Disziplinen – Kompetenzen*, Stuttgart und Weimar 2011.

Brock, Bazon: »Die Einheit von Zeigen und Weisen als Form der Erkenntnis«, https://bazonbrock.de/werke/detail/?id=3524, zuletzt abgerufen: 1.4.2023. Erschienen in: Elfie Miklautz und Wilhelm Berger (Hg.), *Neugier mehr zeigen*, Paderborn 2017, S. 193–204.

– *Lustmarsch durchs Theoriegelände – Musealisiert Euch*, Köln 2008.

Buck-Morss, Susan: *The Origin of Negative Dialectics. Theodor W. Adorno, Walter Benjamin, and the Frankfurt Institute*, Sussex 1977.

Busch, Kathrin, Meltzer, Burkhard, und Oppeln, Tido von (Hg.): *Ausstellen. Zur Kritik der Wirksamkeit in den Künsten*, Zürich 2016.

Caysa, Volker: *Empraktische Vernunft*, Frankfurt a. M. 2015.

Coelsch-Foisner, Sabine, und Brown, Douglas (Hg.): *The Museal Turn*, Heidelberg 2012.

Collenberg-Plotnikov, Bernadette: »Das Museum als Provokation der Philosophie. Zur Einführung«, in: dies. (Hg.), *Das Museum als Provokation der Philosophie. Beiträge zu einer aktuellen Debatte*, Bielefeld 2018, S. 9–33.

– (Hg.): *Das Museum als Provokation der Philosophie. Beiträge zu einer aktuellen Debatte*, Bielefeld 2018.

Dauscher, Anja, und Rymarcewicz, Annett: »Ausstellungen als Medien zur Gesundheitsförderung – ein Ausblick«, in: dies. (Hg.), *Ausstellungen als Medium in der Gesundheitsförderung. Fachtagung 21. bis 23. November 1996*, Dresden 1997, S. 175–188.

– und Rymarcewicz, Annett (Hg.): *Ausstellungen als Medium in der Gesundheitsförderung. Fachtagung 21. bis 23. November 1996*, Dresden 1997.

Dawid, Evelyn, und Schlesinger, Robert (Hg.): *Texte in Museen und Ausstellungen. Ein Praxisleitfaden*, Bielefeld 2015.

Dean, David: *Museum Exhibition. Theory and Practice*, London und New York 1994.

Dech, Uwe Christian: *Sehenlernen im Museum. Ein Konzept zur Wahrnehmung und Präsentation von Exponaten*, Bielefeld 2003.

Demmerling, Christoph: »Literarische Erkenntnis? Überlegungen zum Verhältnis von Ästhetik und Erkenntnistheorie«, in: *Zeitschrift für Ästhetik und allgemeine Kunstwissenschaft* 64/1, 2019, S. 27–40.

– und Vendrell Ferran, Íngrid (Hg.): *Wahrheit, Wissen und Erkenntnis in der Literatur. Philosophische Beiträge*, Berlin 2014.

Detel, Wolfgang: *Erkenntnis- und Wissenschaftstheorie*, Grundkurs Philosophie Bd. 4, Stuttgart 2007.

Eisler, Rudolf: *Wörterbuch der philosophischen Begriffe*, Bd. 1, Berlin [3]1910.

Emminghaus, W. B.: »Konstellation«, in: Joachim Ritter, Karlfried Gründer und Gottfried Gabriel (Hg.), Historisches Wörterbuch der Philosophie Bd. 4, Darmstadt 1976, Spp. 988–992.

Erber-Groiß, Margarete, Heinisch, Severin, Ehalt, Hubert Christian, und Konrad, Helmut (Hg.): *Kult und Kultur des Ausstellens. Beiträge zur Praxis, Theorie und Didaktik des Museums*, Wien 1992.

Feige, Daniel Martin: *Design. Eine philosophische Analyse*, Berlin ²2019.

Fiedler, Konrad: »Über den Ursprung der künstlerischen Tätigkeit«, in: *Schriften zur Kunst I*, hrsg. von Gottfried Boehm, München ²1991, S. 111–220.

Fliedl, Gottfried, Muttenthaler, Roswitha, und Posch, Herbert (Hg.): *Wie zu sehen ist. Essays zur Theorie des Ausstellens*, Wien 1995.

Fuhr, Thomas, und Berdelmann, Kathrin: *Zeigen*, Stuttgart 2020.

Gabriel, Gottfried: *Ästhetischer »Witz« und logischer »Scharfsinn«. Zum Verhältnis von wissenschaftlicher und ästhetischer Weltauffassung*, Erlangen u. a. 1996.

– *Erkenntnis*, Berlin und Boston, Mass., 2015.

– *Präzision und Prägnanz. Logische, rhetorische, ästhetische und literarische Erkenntnisformen*, Leiden und Boston, Mass., 2019.

– *Zwischen Logik und Literatur. Erkenntnisformen von Dichtung, Philosophie und Wissenschaft*, Stuttgart 1991.

Gander, Robert, Rudigier, Andreas, und Winkler, Bruno (Hg.), *Museum und Gegenwart. Verhandlungsorte und Aktionsfelder für soziale Verantwortung und gesellschaftlichen Wandel*, Bielefeld 2015.

Genoways, Hugh H. (Hg.): Museum Philosophy for the Twenty-first Century, Lanham, Md., 2006.

Gettier, Edmund: »Is Justified True Belief Knowledge?«, in: Analysis 23 (1963), S. 121–123.

Gfrereis, Heike, und Lepper, Marcel (Hg.): *deixis. Vom Denken mit dem Zeigefinger*, Göttingen 2007.

– Thiemeyer, Thomas, und Tschofen, Bernhard (Hg.): *Museen verstehen. Begriffe der Theorie und Praxis*, Göttingen 2015.

Giedion, Siegfried: »Lebendiges Museum«, in: *Der Cicerone* 21 (1929), S. 103–106.

Gombrich, Ernst: *Das forschende Auge*, Frankfurt a. M. und New York 1994.

Goodman, Nelson: »Kunst und Erkenntnis«, in: Dieter Henrich (Hg.), *Theorien der Kunst*, Frankfurt a. M. ²1984, S. 569–591.

– *Sprachen der Kunst. Entwurf einer Symboltheorie* (1976), Frankfurt a. M. 1995.

Grasskamp, Walter: *Das Kunstmuseum. Eine erfolgreiche Fehlkonstruktion*, München 2016.

Greenberg, Reesa, Ferguson, Bruce W., und Nairne, Sandy (Hg.): *Thinking about Exhibitions*, London und New York 1996.

Greve, Anna: *Koloniales Erbe in Museen. Kritische Weißseinsforschung in der praktischen Museumsarbeit*, Bielefeld 2019.

Grundmann, Thomas: *Analytische Einführung in die Erkenntnistheorie*, Berlin und New York 2008.

Gürtler, Heinrich T., Korff, Gottfried, und Borsdorf, Ulrich: *Das Zeigen der Dinge. Wahrnehmung und Erkenntnis im Museum*, Köln 2014.

Haarmann, Anke: *Artistic Research. Eine epistemologische Ästhetik*, Bielefeld 2019.

Hanak-Lettner, Werner: *Die Ausstellung als Drama. Wie das Museum aus dem Theater entstand*, Bielefeld 2010.

Hantelmann, Dorothea von, und Meister, Carolin (Hg.): Die Ausstellung. Politik eines Rituals, Zürich und Berlin 2010.

Hardy, Jörg, Meier-Oeser, Stephan, Mulsow, Martin, Arndt, Andreas, Anacker, Michael, und Gehring, Petra: »Wissen«, in: Joachim Ritter, Karlfried Gründer und Gottfried Gabriel (Hg.), *Historisches Wörterbuch der Philosophie*, Bd. 12, Darmstadt 2004.

Harrison, Victoria S., Bergqvist, Anna, und Kemp, Gary (Hg.): *Philosophy and Museums. Essays on the Philosophy of Museums*, Cambridge 2016.

Harten, Jürgen: »Notizen für ein Ausstellungsplädoyer«, in: Hermann Auer (Hg.), *Bewahren und Ausstellen. Die Forderung des kulturellen Erbes in Museen*, München 1984, S. 90–96.

Haupt-Stummer, Christine: »Display – ein umstrittenes Feld«, in: ARGE schnittpunkt (Hg.), *Handbuch Ausstellungstheorie und -praxis*, Wien, Köln und Weimar 2013.

Heesen, Anke te, und Lutz, Petra (Hg.): *Dingwelten. Das Museum als Erkenntnisort*, Köln, Weimar und Wien 2005.

– *Theorien des Museums zur Einführung*, Hamburg 2013.

– und Vöhringer, Margarete: »›Wissenschaft im Museum – Ausstellung im Labor‹«, in: Dies. (Hg.), *Wissenschaft im Museum – Ausstellung im Labor*, S. 7–17.

– und Vöhringer, Margarete: *Wissenschaft im Museum. Ausstellung im Labor*, Berlin 2014.

Hegel, Georg Wilhelm Friedrich: *Ästhetik*, Frankfurt a. M. 1995.

Heidegger, Martin: *Sein und Zeit* (1927), Tübingen 1984.

Hein, Hilde: *Naturwissenschaft, Kunst und Wahrnehmung. Der neue Museumstyp aus San Francisco*, Stuttgart 1993.

Heinisch, Severin: »Exponierte Geschichte«, in: Erber-Groiß, Margarete, Heinisch, Severin, Ehalt, Hubert Christian, und Konrad, Helmut (Hg.): *Kult und Kultur des Ausstellens. Beiträge zur Praxis, Theorie und Didaktik des Museums*, Wien 1992, S. 39–45.

Henke, Silvia u. a. (Hg.): *Manifest der Künstlerischen Forschung. Eine Verteidigung gegen ihre Verfechter*, Zürich 2020.

Henrich, Dieter: *Konstellationen. Probleme und Debatten am Ursprung der idealistischen Philosophie (1789–1795)*, Stuttgart 1991.

Herrmann, Joachim: *Wörterbuch zur Astronomie* (1993), München [2]1996.

Hochreiter, Walter: *Vom Musentempel zum Lernort. Zur Sozialgeschichte deutscher Museen 1800–1914*, Darmstadt 1994.

Holert, Tom: »Unmittelbare Produktivität? Künstlerisches Wissen unter Bedingungen der Wissensökonomie«, in: Sybille Peters (Hg.), *Das Forschen aller*, Bielefeld 2013, S. 225–238.

Holten, Johann (Hg.): *Ausstellen des Ausstellens. Von der Wunderkammer zur kuratorischen Situation*, Berlin 2018.

Hughes, Philipp: *Exhibition Design. An Introduction*, London [2]2015.

Imdahl, Georg: »›Formale Anzeige‹ bei Heidegger«, in: Archiv für Begriffsgeschichte 37 (1994), S. 306–332.

Institut für Museumskunde (Hg.): *Ausstellungen – Mittel der Politik?*, Berlin 1980.

Jackson, Frank: »Epiphenomenal Qualia«, in: *The Philosophical Quarterly*, 32/127 (April 1982), S. 127–136.

Jackson, Frank: »What Mary Didn't Know«, in: *The Journal of Philosophy*, 83/5 (Mai 1986), S. 291–295.

Jannelli, Angela: *Wilde Museen. Zur Museologie des Amateurmuseums*, Bielefeld 2012.

Jureit, Ulrike: »›Zeigen heißt verschweigen‹. Die Ausstellungen über die Verbrechen der Wehrmacht«, in: *Mittelweg 36* 13/1 (2004), S. 3–27.

Kant, Immanuel: *Kritik der Urteilskraft* (1790), AA 05, Berlin 1968, S. 165–485.

Karp, Ivan, und Lavine, Steven D. (Hg.): *Exhibiting Cultures. The Poetics and Politics of Museum Display*, Smithsonian Institution 1991.

Kirchberg, Volker: *Gesellschaftliche Funktionen von Museen: Makro-, meso- und mikrosoziologische Perspektiven*, Wiesbaden 2005.

Kirchhoff, Heike, und Schmidt, Martin (Hg.): *Das magische Dreieck. Die Museumsausstellung als Zusammenspiel von Kuratoren, Museumspädagogen und Gestaltern*, Bielefeld 2007.

Klein, Alexander: *Expositum. Zum Verhältnis von Ausstellung und Wirklichkeit*, Bielefeld 2004.

Klonk, Charlotte: *Spaces of Experience. Art Gallery Interiors from 1800 to 2000*, New Haven, Conn., u. London 2009.

Knorr-Cetina, Karin: *Wissenskulturen. Ein Vergleich naturwissenschaftlicher Wissensformen*, Frankfurt a. M. 2002.
Kohl, Stefanie: *Wissenschaftsmuseen. Das Berliner Medizinhistorische Museum der Charité und die Londoner Wellcome Collection als Orte des Wissens*, Bielefeld 2020.
Korff, Gottfried: »Geschichte im Präsens? Notizen zum Problem der ›Verlebendigung‹ von Freilichtmuseen« (1985), in: ders., *Museumsdinge. deponieren – exponieren*, hrsg. von Martina Eberspächer, Gudrun Marlene König und Bernhard Tschofen, Köln, Weimar und Wien 2002, S. 60–74.
– *Museumsdinge. Deponieren – Exponieren*, hrsg. von Martina Eberspächer, Gudrun Marlene König und Bernhard Tschofen, Köln, Weimar und Wien 2002.
– »Speicher und/oder Generator. Zum Verhältnis von Deponieren und Exponieren im Museum« (2000), in: ders., *Museumsdinge. deponieren – exponieren*, hrsg. von Martina Eberspächer, Gudrun Marlene König und Bernhard Tschofen, Köln, Weimar und Wien 2002, S. 167–178.
– »Zur Eigenart der Museumsdinge« (1992), in: ders., *Museumsdinge. deponieren – exponieren*, hrsg. von Martina Eberspächer, Gudrun Marlene König und Bernhard Tschofen, Köln, Weimar und Wien 2002, S. 140–145.
Kramer, Sven: *Walter Benjamin zur Einführung*, Hamburg 2003.
Krings, Hermann, Baumgartner, Hans-Michael, und Prinz, Wolfgang: »Erkenntnis«, in: Joachim Ritter, Karlfried Gründer und Gottfried Gabriel (Hg.), *Historisches Wörterbuch der Philosophie*, Bd. 2, Darmstadt 1972.
Krüger, Klaus, Werner, Elke Anna, und Schalhorn, Andreas (Hg.): *Evidenzen des Expositorischen. Wie in Ausstellungen Wissen, Erkenntnis und ästhetische Bedeutung erzeugt wird*, Bielefeld 2019.
Krümmel, Clemens, und Leeb, Susanne: »Vorwort«, in: Texte zur Kunst 11/41 (März 2001), S. 4–5.
Krumeich, Gerd: »Ein einzigartiges Werk. Einführung zur Neuausgabe von ›Krieg dem Kriege‹«, in: Ernst Friedrich, *Krieg dem Kriege*, Berlin 2015, S. VII–XXXVII.
Kutschera, Franz von: *Grundfragen der Erkenntnistheorie*, Berlin und New York 1982.

Laube, Stefan: *Das Lutherhaus Wittenberg. Eine Museumsgeschichte*, Leipzig 2003.
Lembeck, Karl-Heinz: »Sammeln, Zeigen, Sehen. Was im Museum geschieht«, in: *Zeitschrift für Museum und Bildung* 84–85/2018, S. 20–38.

Stapferhaus Lenzburg, Lichtensteiger, Sibylle, Minder, Aline, und Vögeli, Detlef (Hg.): *Dramaturgie in der Ausstellung. Begriffe und Konzepte für die Praxis*, Bielefeld 2014.

Lepenies, Annette: »Die Expertise der Besucher*innen«, in: Gisela Staupe und Klaus Vogel (Hg.), *Themen zeigen im Raum. Ausstellungen des Deutschen Hygiene-Museums*, Berlin 2018, S. 88–93.

Lepp, Nicola: »Von der Logik der Themen zur Logik der Anordnung«, in: Gisela Staupe und Klaus Vogel (Hg.), *Themen zeigen im Raum. Ausstellungen des Deutschen Hygiene-Museums*, Berlin 2018, S. 104–109.

Lewandowsky, Via: »Die Kunst als Bergführer«, in: Gisela Staupe und Klaus Vogel (Hg.), *Themen zeigen im Raum. Ausstellungen des Deutschen Hygiene-Museums*, Berlin 2018, S. 124–125.

Lewis, David: »What Experience Teaches« (1988), in: ders., *Papers in Metaphysics and Epistemology*, Cambridge 1999, S. 262–290.

Lilla, Mark: *The Reckless Mind. Intellectuals in Politics*, New York 2001

Locher, Hubert: »Worte und Bilder. Visuelle und verbale Deixis im Museum und seinen Vorläufern«, in: Heike Gfrereis und Marcel Lepper (Hg.), *deixis. Vom Denken mit dem Zeigefinger*, Göttingen 2007, S. 9–37.

Lord, Beth (Hg.): *Philosophy and the Museum*, in: *International Journal of Museum Management and Curatorship*, 21/2, 2006.

Lubienetzki, Ulf, und Schüler-Lubienetzki, Heidrun: *Was wir uns wie sagen und zeigen. Psychologie der menschlichen Kommunikation*, Berlin und Heidelberg 2020.

Lutz, Petra: »Kraftwerk Religion. Über Gott und die Menschen«, in: Gisela Staupe und Klaus Vogel (Hg.), *Themen zeigen im Raum. Ausstellungen des Deutschen Hygiene-Museums*, Berlin 2018, S. 206–209.

Macdonald, Sharon (Hg.): *The Politics of Display. Museums, Science, Culture*, London und New York 1998.

Mai, Ekkehard: *Expositionen. Geschichte und Kritik des Ausstellungswesens*, München und Berlin 1986.

Mannheim, Karl: »Das konservative Denken«, in: ders., *Wissenssoziologie. Auswahl aus dem Werk*, hrsg. von Kurt H. Wolff, Neuwied am Rhein und Berlin ²1970, S. 408–556.

– »Das Problem einer Soziologie des Wissens«, in: ders., *Wissenssoziologie, Auswahl aus dem Werk*, hrsg. von Kurt H. Wolff, Neuwied am Rhein und Berlin ²1970, S. 308–387.

– *Ideologie und Utopie* (1929), Frankfurt a. M. ⁹2015.

– »The Problem of Intelligentsia«, in: ders., *Essays on the Sociology of Culture* (1956), London 2003, S. 91–170.

– »Über die Eigenart kultursoziologischer Erkenntnis«, in: ders.: *Strukturen des Denkens*, hrsg. von David Kettler, Volker Meja und Nico Stehr, Frankfurt a. M. 1980, S. 33–154.

Mattl, Siegfried: »Texte sehen. Bilder lesen«, in: Gottfried Fliedl, Roswitha Muttenthaler und Herbert Posch (Hg.), *Wie zu sehen ist. Essays zur Theorie des Ausstellens*, Wien 1995, S. 13–26.

Matzke, Annemarie: »Künstlerische Praktiken als Wissensproduktion und künstlerische Forschung«, in: Kulturelle Bildung Online (2012): https://www.kubi-online.de/artikel/kuenstlerische-praktiken-wissensproduktion-kuenstlerische-forschung zuletzt abgerufen: 1.4.2023.

Merleau-Ponty, Maurice: *Das Primat der Wahrnehmung*, hrsg. von Lambert Wiesing, Frankfurt a. M. 2003.

Mersch, Dieter: *Epistemologien des Ästhetischen*, Zürich u. a. 2015.

Mittelmeier, Martin: *Adorno in Neapel. Wie sich eine Sehnsuchtslandschaft in Philosophie verwandelt*, München 2015.

Müller-Doohm, Stefan: *Adorno. Eine Biographie*, Frankfurt a. M. 2003.

Museumskunde 84/2019.

Musial, Bogdan: »Bilder einer Ausstellung. Kritische Anmerkungen zur Wanderausstellung »Vernichtungskrieg. Verbrechen der Wehrmacht 1941 bis 1944«, in: Vierteljahrshefte für Zeitgeschichte 47 (Oktober 1999), S. 563–591.

Mulsow, Martin, und Stamm, Marcelo (Hg.): *Konstellationsforschung*, Frankfurt a. M. 2005.

Natter, Tobias G., Fehr, Michael, und Habsburg-Lothringen, Bettina (Hg.): *Die Praxis der Ausstellung. Über museale Konzepte auf Zeit und Dauer*, Bielefeld 2012.

– *Das Schaudepot. Zwischen offenem Magazin und Inszenierung*, Bielefeld 2014.

Neumann, Klaus: »Die ›saubere‹ Wehrmacht. Gesellschaftsgeschichte einer Legende«, in: *Mittelweg 36* 7/4 (1998), S. 8–18.

Nichols, Catherine: »Das Drama der Leidenschaften. Eine ›Ausstellung als …‹«, in: Gisela Staupe und Klaus Vogel (Hg.), *Themen zeigen im Raum. Ausstellungen des Deutschen Hygiene-Museums*, Berlin 2018, S. 230–235.

Niehenke, Peter: *Astrologie. Eine Einführung*, Stuttgart 1994.

Nietzsche, Friedrich: »Über Wahrheit und Lüge im außermoralischen Sinne«, in: Kritische Studienausgabe I, hrsg. von Giorgio Colli und Mazzino Montinari, München [2]1988, S. 873–890.

Noever, Peter (Hg.): *Das diskursive Museum*, Ostfildern-Ruit 2001.

Platon, *Menon*, Werke Bd. 2, Darmstadt 1990.
Polano, Sergio: »Über das Aus-stellen«, in: Erber-Groiß, Margarete, Heinisch, Severin, Ehalt, Hubert Christian, und Konrad, Helmut (Hg.): *Kult und Kultur des Ausstellens*, Wien 1992, S. 81–89.
Polanyi, Michael: *Implizites Wissen*, Frankfurt a. M. 1985.
Prnjat, Zorica und Tadić, Milutin: »Asterism and Constellation: Terminological Dilemmas«, in: *Journal of the Geographical Institute »Jovan Cvijić« SASA* 67/1 (2017), S. 1–10.

Reitstätter, Luise: *Die Ausstellung verhandeln. Von Interaktionen im musealen Raum*, Bielefeld 2015.
Rentsch, Thomas, und Vollmann, Morris: »Zeigen«, in: Joachim Ritter, Karlfried Gründer und Gottfried Gabriel (Hg.), *Historisches Wörterbuch der Philosophie*, Bd. 12, Basel 2005.
Rheinberger, Hans-Jörg: *Experimentalsysteme und epistemische Dinge. Eine Geschichte der Proteinsynthese im Reagenzglas*, Göttingen 2002.
– *Historische Epistemologie zur Einführung*, Hamburg 2007.
Russell, Bertrand: *Probleme der Philosophie* (1912), Frankfurt a. M. [6]1976.
Rush, Fred: »Jena Romanticism and Benjamin's Critical Epistemology«, in: Peter Osborne (Hg.), *Walter Benjamin. Critical Evaluations in Cultural Theory*, London und New York 2005, S. 63–81.
– »Mikroanalyse, Genealogie, Konstellationsforschung«, in: Martin Mulsow und Marcelo Stamm (Hg.), *Konstellationsforschung*, Frankfurt a. M. 2005, S. 149–172.
Ryle, Gilbert: »Knowing How and Knowing That: The Presidential Address«, in: *Proceedings of the Aristotelian Society*, New Series 46 (1945–1946), S. 1–16.

Sartre, Jean-Paul: *Was ist Literatur?*, Gesammelte Werke, Schriften zur Literatur, hrsg. von Traugott König, Reinbek bei Hamburg 1986.
Schenker, Christoph: »Einsicht und Intensivierung. Überlegungen zur künstlerischen Forschung«, in: Elke Bippus (Hg.), *Kunst des Forschens. Praxis eines ästhetischen Denkens*, Zürich und Berlin 2009, S. 79–89.
Schildknecht, Christiane: »›Ein seltsam wunderbarer Anstrich‹? Nichtpropositionale Erkenntnis und ihre Darstellungsformen«, in: Brady Bowman (Hg.)., *Darstellung und Erkenntnis. Beiträge zur Rolle nichtpropositionaler Erkenntnisformen in der deutschen Philosophie und Literatur nach Kant*, Münster 2007, S. 31–43.
Schmidt, Robert, Stock, Wiebke-Marie, und Volbers, Jörg (Hg.): *Zeigen. Dimensionen einer Grundtätigkeit*, Weilerswist 2011.
Schmitz, Colleen M.: »tanz! Wie wir uns in der Welt bewegen«, in:

Gisela Staupe und Klaus Vogel (Hg.), *Themen zeigen im Raum. Ausstellungen des Deutschen Hygiene-Museums*, Berlin 2018, S. 248–253.
– »Krieg und Medizin«, in: Gisela Staupe und Klaus Vogel (Hg.), *Themen zeigen im Raum. Ausstellungen des Deutschen Hygiene-Museums*, Berlin 2018, S. 194–199.
Schneede, Uwe M.: »Einführung«, in: ders., *Museum 2000 – Erlebnispark oder Bildungsstätte*, Köln 2000, S. 7–17.
– (Hg.): *Museum 2000 – Erlebnispark oder Bildungsstätte?*, Köln 2000.
Scholze, Jana: *Medium Ausstellung. Lektüren musealer Gestaltung in Oxford, Leipzig, Amsterdam und Berlin*, Bielefeld 2004.
Schwarte, Ludger (Hg.): »Ausstellungswert und Musealisierung«, in: *Paragrana. Internationale Zeitschrift für Historische Anthropologie* 26/1, 2017.
– *Pikturale Evidenz. Zur Wahrheitsfähigkeit der Bilder*, Paderborn 2015.
– »Politik des Ausstellens«, in: Karen van den Berg und Hans Ulrich Gumbrecht (Hg.), *Politik des Zeigens*, München 2010, S. 129–142.
– »Zur Geltung bringen. Über expositorische Evidenz und die Normativität des Faktischen«, in: Klaus Krüger und Elke Anna Werner (Hg.), *Evidenzen des Expositorischen. Wie in Ausstellungen Wissen, Erkenntnis und ästhetische Bedeutung erzeugt wird*, Bielefeld 2019, S. 81–98.
Seel, Martin: »Inszenieren als Erscheinenlassen«, in: ders., *Die Macht des Erscheinens*, Frankfurt a. M. 2007, S. 67–81.
Siegmund, Judith: *Wie verändert sich Kunst, wenn man sie als Forschung versteht?*, Bielefeld 2016.
Skirbekk, Gunnar (Hg.): *Wahrheitstheorien – Eine Auswahl aus den Theorien des 20. Jahrhunderts*, Frankfurt a. M. 1977.
Sloterdijk, Peter: »Museum – Schule des Befremdens«, in: ders., *Der ästhetische Imperativ. Schriften zur Kunst*, Berlin 2014, S. 354–370.
Sommer, Manfred: *Sammeln. Ein philosophischer Versuch*, Frankfurt a. M. 1999.
Spanka, Lisa: *Vergegenwärtigungen von Geschlecht und Nation im Museum. Das Deutsche Historische Museum und das Dänische Nationalmuseum im Vergleich*, Bielefeld 2019.
Spickernagel, Ellen, und Walbe, Brigitte (Hg.): *Das Museum. Lernort contra Musentempel*, Gießen 1976.
Staniszewski, Mary A.: *The Power of Display. A History of Exhibition Installations at the Museum of Modern Art*, Cambridge 2001.
Staupe, Gisela: »Ausstellungen immer wieder neu denken. Strategien eines Museums«, in: Gisela Staupe und Klaus Vogel (Hg.), *Themen zeigen im Raum. Ausstellungen des Deutschen Hygiene-Museums*, Berlin 2018, S. 18–23.

– (Hg.): *Das Museum als Lern- und Erfahrungsraum. Grundlagen und Praxisbeispiele*, Köln und Weimar 2012.
– und Vogel, Klaus (Hg.): *Themen zeigen im Raum. Ausstellungen des Deutschen Hygiene-Museums*, Berlin 2018.
Steffen, Dagmar: »Die Ausstellung als Plattform für Experimente? Betrachtungen zur (Un-)Sichtbarkeit und Präsentation von wissenschaftlichen und künstlerischen Experimenten«, in: Kathrin Busch, Burkhard Meltzer und Tido von Oppeln (Hg.), *Ausstellen. Zur Kritik der Wirksamkeit in den Künsten*, Zürich 2016, S. 267–290.
Stegmaier, Werner: *Formen philosophischer Schriften zur Einführung*, Hamburg 2021.
Steinbrenner, Jakob: »Kunst und Erkenntnis«, in: Martin Grajner und Guido Melchior (Hg.), *Handbuch Erkenntnistheorie*, Stuttgart 2019, S. 435–439.
Sturm, Hermann: »Designgeschichte ausstellen?«, in: ders. (Hg.), *Design retour. Ansichten zur Designgeschichte*, Essen 2000, S. 77–90.

Texte zur Kunst: *Ausstellungen. Vom Display zur Animation*, Heft 11 (2001).
Tiedemann, Rolf: »Editorisches Nachwort«, in: Theodor W. Adorno, *Ästhetische Theorie* (1970), Gesammelte Schriften Bd. 7, hrsg. von Rolf Tiedemann, Frankfurt a. M. 2003, S. 535–544.
– *Studien zur Philosophie Walter Benjamins*, Frankfurt a. M. 1973.
Tomasello, Michael: *Die Ursprünge der menschlichen Kommunikation*, Frankfurt a. M. 2011.
Tröndle, Martin: »Zum Unterfangen einer ästhetischen Wissenschaft – eine Einleitung«, in: ders. und Julia Warmers (Hg.), *Kunstforschung als ästhetische Wissenschaft. Beiträge zur transdiziplinären Hybridisierung von Wissenschaft und Kunst*, Bielefeld 2011, S. XV–XVIII.
– und Warmers, Julia (Hg.): *Kunstforschung als ästhetische Wissenschaft*, Bielefeld 2012.
Tyradellis, Daniel: »Das Museum, das Schiff, die Ausstellung und ihre Liebhaber«, in: Gisela Staupe und Klaus Vogel (Hg.), *Themen zeigen im Raum. Ausstellungen des Deutschen Hygiene Museums*, Berlin 2018, S. 242–247.
– *Müde Museen. Oder: Wie Ausstellungen unser Denken verändern können*, Hamburg 2014.

Uhl, Heidemarie, und Radonic, Ljiljana (Hg.): *Das umkämpfte Museum. Zeitgeschichte ausstellen zwischen Dekonstruktion und Sinnstiftung*, Bielefeld 2020.
Ullrich, Wolfgang: »Das Museum im Zeitalter des Ausstellens«, https://

ideenfreiheit.files.wordpress.com/2015/05/kunstraum-mc3bcnchen.pdf, zuletzt abgerufen: 1.4.2023.
- »Stoppt die Banalisierung«, in: Die Zeit 13/2015, https://www.zeit.de/2015/13/kunst-vermittlung-museum, zuletzt abgerufen: 27.9.2023.

Vendrell Ferran, Íngrid: *Die Vielfalt der Erkenntnis. Eine Analyse des kognitiven Werts der Literatur*, Paderborn 2018.

Vieregg, Hildegard: *Museumswissenschaften*, Paderborn 2006.

Vogel, Fritz Franz: *Das Handbuch der Exponatik. Vom Ausstellen und Zeigen*, Köln 2012.

Vogel, Klaus: »Das Deutsche Hygiene-Museum. Ein Diskursort für alle«, in: Gisela Staupe und Klaus Vogel (Hg.), *Themen zeigen im Raum. Ausstellungen des Deutschen Hygiene-Museums*, Berlin 2018, S. 12–17.

Vossenkuhl, Wilhelm: »Sagen und Zeigen. Wittgensteins »›Hauptproblem‹«, in: *Ludwig Wittgenstein. Tractatus logico-philosophicus*, hrsg. von Wilhelm Vossenkuhl, Berlin 2001, S. 35–63.

Waetzoldt, Stephan: »Ergebnis der Tagung aus der Sicht der Veranstalter, besonders der Ausstellungsmacher«, in: Institut für Museumskunde (Hg.), *Ausstellungen – Mittel der Politik?*, S. 265–273.

Warnke, Martin: »Show-Stücke im Büro«, http://www.zeit.de/2010/09/Macht-zeigen, zuletzt abgerufen: 27.9.2023.

Weiß, Martin: »Zeigen«, in: Helmuth Vetter (Hg.), *Wörterbuch der phänomenologischen Begriffe*, Hamburg 2004.

Weitz, Detlef: »Eine unsichtbare Kunst oder Wege der künstlerischen Szenografie«, in: Gisela Staupe und Klaus Vogel (Hg.), *Themen zeigen im Raum. Ausstellungen des Deutschen Hygiene-Museums*, Berlin 2018, S. 218–223.

Werner, Elke Anna: »Evidenzen des Expositorischen. Zur Einführung«, in: Klaus Krüger und Elke Anna Werner (Hg.), *Evidenzen des Expositorischen. Wie in Ausstellungen Wissen, Erkenntnis und ästhetische Bedeutung erzeugt wird*, Bielefeld 2019, S. 9–42.

Wiesing, Lambert: *Sehen lassen. Die Praxis des Zeigens*, Berlin 2013.

Witcomb, Andrea, und Message, Kylie (Hg.): *Museum Theory, The International Handbook of Museum Studies Volume 1*, Hoboken, N.J., 2020.

Wölfflin, Heinrich: *Kunstgeschichtliche Grundbegriffe. Das Problem der Stilentwicklung in der neueren Kunst* (1915), Basel und Stuttgart [13]1963.

Wolfgarten, Tim: *Zur Repräsentation des Anderen. Eine Untersuchung von Bildern in Themenausstellungen zu Migration seit 1974*, Bielefeld 2019.

Wunderlich, Antonia: *Der Philosoph im Museum. Die Ausstellung ›Les Immatérieux‹ von Jean-François Lyotard*, Bielefeld 2008.

Zembylas, Tasos: »Das Wissen der Künstler/innen«, abrufbar unter: http://www.dgae.de/wp-content/uploads/2011/09/Zembylas.pdf, zuletzt abgerufen am: 1.4.2023.

Internetquellen

http://www.alexandranocke.de/site/downloads/Flyer_DIG.pdf
https://cdn.ymaws.com/elia-artschools.org/resource/resmgr/files/26-september-florence-princi.pdf
https://www.ddr-museum.de/de/sammlung/ausstellung
https://www.dhm.de/ueber-uns/gruendung-geschichte.html
https://www.duden.de/rechtschreibung/Konstellation
https://www.geschichte.hu-berlin.de/de/bereiche-und-lehrstuehle/wissenschaftsgeschichte/forschung/forschung#Anke%20te%20Heesen
https://www.hamburger-kunsthalle.de/ausstellungen/impressionismus
https://www.herrfleischer.de
https://www.hgb-leipzig.de/lehre/kulturendeskuratorischen
http://www.ianridpath.com/startales/startales1a.htm
https://www.kunsthalle-bremen.de/de/view/exhibitions/exb-page/thomas-hirschhorn
https://mfm.uni-leipzig.de/
http://www.museumstechnik.de/wp-content/uploads/2014/09/Projektdaten_mittendrin_1998.pdf
http://page.math.tu-berlin.de/~mdmv/archive/18/mdmv-18-3-173.pdf
https://www.phyletisches-museum.de/duftspuren-2017-2018.html
https://www.porsche.com/germany/aboutporsche/porschemuseum/
https://www.staedelmuseum.de/de/vangogh
https://www.zukunftsinstitut.de/artikel/die-zukunft-des-museums-ist-integrativ/

Dank

Das vorliegende Buch ist aus meiner Dissertation mit demselben Titel an der Friedrich-Schiller-Universität Jena hervorgegangen. Eine solche Arbeit entsteht nicht ohne Hilfe, Ratschläge und Kommentare.

Lambert Wiesing und Jens Bonnemann danke ich für die Betreuung und Beratung. Noch viel mehr gilt ihnen mein Dank aber als meinen philosophischen Lehrern. Vielleicht ist es fehlende Vorstellungskraft, aber ich kann mir keine Situation vorstellen, in der ich besser hätte gefördert und gefordert werden können.

Der *Studienstiftung des Deutschen Volkes* habe ich für ein großzügiges Promotionsstipendium zu danken. Ohne dieses wäre meine Forschung nicht möglich gewesen. Daher gilt mein Dank dem in mich gesetzten Vertrauen.

Marcel Simon-Gadhof und dem *Felix Meiner Verlag* muss ich danken, dieses Buch ins Verlagsprogramm aufgenommen zu haben, sowie für die Betreuung und Zusammenarbeit. Es ehrt mich, in einem der wichtigsten Verlage für Philosophie veröffentlichen zu dürfen.

Mariana Schütt und Michael Jenewein habe ich für ihre Bereitschaft zur kritischen Lektüre zu danken, aber viel mehr noch für ihre Freundschaft.

Matthias Warkus danke ich vielmals für sein gewissenhaftes und hilfreiches Lektorat.

Den Beteiligten des Forschungskolloquiums des Lehrstuhls für Bildtheorie und Phänomenologie sowie den Mitgliedern des Instituts für Philosophie der Friedrich-Schiller-Universität Jena danke ich für viele produktive Anregungen und die stets gute Arbeitsatmosphäre.

Für hilfreiche Ratschläge, Anmerkungen und Literatur danke ich Ludger Schwarte, Christiane Voss, Charlotte Klonk, Elke Werner, Beatrice von Bismarck, Christoph Demmerling, Wolfgang Kienzler, Gottfried Gabriel und dem Deutschen Museumsbund.

Büsum, September 2023